我是谁？
我们是谁？
我能成为谁？

身份认同

[加] 杰伊·J. 范巴维尔（Jay J. Van Bavel）
[加] 多米尼克·J. 帕克（Dominic J. Packer）
著

崔学海 李娇 译

THE POWER OF US

中信出版集团 | 北京

图书在版编目（CIP）数据

身份认同：我是谁？我们是谁？我能成为谁？／（加）杰伊·J. 范巴维尔，（加）多米尼克·J. 帕克著；崔学海，李娇译. -- 北京：中信出版社，2023.4
书名原文：THE POWER OF US
ISBN 978-7-5217-5414-8

Ⅰ. ①身… Ⅱ. ①杰… ②多… ③崔… ④李… Ⅲ. ①社会心理学—通俗读物 Ⅳ. ① C912.6-0

中国国家版本馆 CIP 数据核字（2023）第 033752 号

Copyright © 2021 by Jay J. Van Bavel and Dominic J. Packer
This edition published by arrangement with Little, Brown and Company, New York, New York, USA. All rights reserved.
Simplified Chinese translation copyright © 2023 by CITIC Press Corporation
ALL RIGHTS RESERVED
本书仅限中国大陆地区发行销售

身份认同：我是谁？我们是谁？我能成为谁？
著者：［加］杰伊·J. 范巴维尔　［加］多米尼克·J. 帕克
译者：崔学海　李娇
出版发行：中信出版集团股份有限公司
（北京市朝阳区东三环北路 27 号嘉铭中心　邮编　100020）
承印者：嘉业印刷（天津）有限公司

开本：880mm×1230mm　1/32　印张：10.75　字数：221 千字
版次：2023 年 4 月第 1 版　印次：2023 年 4 月第 1 次印刷
京权图字：01-2022-6177　书号：ISBN 978-7-5217-5414-8
定价：59.00 元

版权所有·侵权必究
如有印刷、装订问题，本公司负责调换。
服务热线：400-600-8099
投稿邮箱：author@citicpub.com

利用彼此的共享身份，
提升表现，加强合作，促进社会和谐。

> 我们似乎还都是变色龙,
> 从我们的周边环境中汲取酊剂。
> ——约翰·洛克(John Locke),
> 《教育漫话》

> 身份是一个让人感兴趣的领域,
> 是你选择用来表达爱与承诺的一种形式。
> ——扎迪·史密斯(Zadie Smith),
> 《暗示》

目录

前言   V

第一章 "我们"的力量   001

飞机上的心理学家   004
社会真空   007
身份的转变和目标的改变   013
包罗万象的自我身份   016
银行家不诚实吗？   022
身份的原则   026
本书探讨什么？   030

第二章 身份视角   033

身份——一副有色眼镜   038
身份与食物   041

你闻起来像巧克力 046
你的敌人比你的朋友离你更近 050
视觉与身份认同 054
偏见盲点 057

第三章 共享现实 061
一切现实都是社会现实 064
稳固如曼哈顿 070
企业"邪教" 073
当预言失败时 076
避免群体思维 080
基于证据的身份 084
分裂世界中的准确性 090

第四章 避开回音室 097
党派偏见的崛起 099
大脑与政治身份 102
网络政治 105
被网络放大的情绪 107
割裂的种子 111
你会相信假新闻吗？ 115
党派政治下的疫情 119
争取合作 122
寻找解药 124

第五章 身份的价值 129
身份经济学 133
重视他人 135
人们的归属需求 139
不同凡"想" 142
不被看好者的吸引力 145

明示身份	147
地位需求	149
找到彼此	152

第六章　战胜偏见　　157

偏见的根源	159
漫长的历史	164
网络社交身份	167
足球疗法	173
制度偏见	176
采取行动	184

第七章　寻求团结　　187

伸出援手	190
扩大我们的道德圈	196
潜在新身份	199
众志成城	201
争取变革	206
阻力使我们更团结	211
选择正确的立场	214

第八章　培养异见　　217

权利和义务	219
危险的群体规范	221
为什么我们需要异见？	225
人们都会从众吗？	230
我们毕竟不是绵羊	233
理性的顺从和非理性的异见	236
表达异见的成本	240
鼓励表达异议	242

第九章　有效领导力　　253

领导力是什么？　　257
领导者的故事　　260
塑造你的身份象征　　263
言行一致　　266
应对威胁　　267
领导力的本质　　270
领导者的身份　　275
善意，丑陋，邪恶　　278
暴政与反抗　　280

第十章　身份的未来　　287

遏制不平等　　288
应对气候变化　　293
民主略谈　　298
你想成为谁？　　301

致谢　　303

注释　　305

前言

　　心理系接待厅里充斥着严肃的学术对话。我们两人站在大厅中央，跟一群研究生侃侃而谈，试图同他们打成一片。作为研究生工作室的新同学，我们之间并不熟络。杰伊出生于艾伯塔的一个乡下小镇，而我则出生于英格兰，颇见过些世面，刚从蒙特利尔搬来多伦多。几周前，杰伊搬进了我们的工作室，占用了一张空着的旧书桌。刚开始我们相处并不愉快，这是因为杰伊嫌自己在城市里的小公寓太拥挤，决定将他那一大包臭气熏天的曲棍球器械放在我们这个本就通风不畅的地下工作室。

　　那时候，这个曲棍球包使我们潜在的友谊迅速降温，在当时的状态下，我们本是要更倾向于井水不犯河水的，但开支预算毕竟紧张，我们谁都没法拒绝享用廉价葡萄酒和免费食物的机会。所以在之后的某些时间点上，我们搁置了分歧，开始讨论运用神经科学手段研究群体动力学的优势。在人们与他人互动、组建团队并努力直面他人偏见的过程中，对于能否运用这些新手段来探究人们当时的思想状态，我们感到由衷的兴奋。

在满屋子的杰出学者与学术能力极强的年轻教授中，我们处于学术层级的最底层。不过我们并不在意。

每个月，多伦多大学心理系都会从各高校邀请才华横溢的发言人，我们有机会与他们外出共进午餐，在他们彼此交谈时问些问题。此后，我们会与整个系一起，在系接待厅里举办聚会。于我们而言，这些便是多伦多大学最激动人心的活动，每个月我们都会有几个小时受邀参加此类活动。

但这次却发生了一场极为严重的意外。

正当我们在交流观点时，杰伊将几小块切达奶酪塞进嘴里。这些奶酪被切成了骰子大小的方块。这个时候，只听有人讲了句俏皮话。杰伊嘴里还嚼着奶酪，放声大笑后便想把奶酪咽下去，不巧的是，奶酪死死地卡在喉咙里了。

谈话仍在继续。没有人注意到杰伊突如其来的痛苦，此刻的他涨红了脸，汗水积聚在眉上闪着亮光。面对一屋子的教授，他不想让自己难堪，于是喝了一大口啤酒，试图把奶酪冲下去。结果此举非但没有成功，反而使情况变得更糟——他彻底无法呼吸了。

大多数人都有过一两次性命攸关的经历。为应对突如其来的危险，我们的大脑会启动一系列心理和生理反应。我们的心跳开始加速,瞳孔会放大,一系列激素会立刻分泌出来,以备我们战斗或逃跑。在这种时刻,我们的注意力都集中在如何自救,整个世界似乎都变小了。

杰伊看见我和其他学生向他投去好奇的目光,仿佛慢动作一般。他说不出话来,只能哽咽着一把掐住喉咙。但这并没有引起其他人的注意。他们只是困惑地看着他。周围再次响起了愉快的谈话声,从中听不出有任何不对劲的地方。

所剩的时间不多了。

杰伊环顾四周。他拼命地想引起教职工们的注意,而面对这致命的危险,他却陷入了两难——他既需要自救,又不想在公众面前丢脸。

突然,他想起很久以前看过的一段人身安全视频。他以前在艾伯塔省的油田里工作时读过多门安全课程,其中一课这样讲道:一个人在窒息时,更有可能死在洗手间等私人空间内。但如果你待在公共场所请求帮助,通常会有人知道如何运用海姆利希手法,挽救你的生命。

杰伊看到了几米外的酒保。这个人是整个房间里为数不多的非科研人员,他很有可能受过训练,并且能够头脑冷静地去救助一位被开胃小菜噎住的学生。杰伊跌跌撞撞地走到吧台后面,他说不出话,只好又打了一个窒息的手势。酒保马上便理解了这种表示不适的通用手势。他站到杰伊身后,双手抱住杰伊的腰部反复挤压他的肚子。

就在这时,教授和研究生们已经注意到吧台后面有些不对劲。

人们的谈话声渐渐小了，都转过身来盯着这两个尴尬地抱在一起的男人。

杰伊吐出来一些奶酪以后，终于感觉到一丝空气回流到了肺部。为了避免继续尴尬下去，他抓住我的胳膊，把我从人群中拉出来，离开了接待区。大厅对面就是男士洗手间。杰伊目前呼吸还有些困难，他仍然需要帮助。

这时的我才完全了解情况。多年以前我在夏令营学过海姆利希手法，但并不确定自己还记得该怎么做。但我意识到，杰伊是能活到将来成为一名心理学家，还是命丧洗手间，都取决于我，于是我双臂搂住了我的这位新同学。

在试探性地挤压了几下杰伊的腹部后，我掌握到窍门，最后我双拳抵住杰伊的腹部猛推了一下，奶酪终于蹦了出来，滚落到了地板上！

杰伊深吸了一口气，无比感激自己终于从中解脱。

我们互相盯着对方。

对于这场濒死体验，我们两个的即时反应截然不同。进出男士洗手间的教授们，用奇怪的眼神打量着我们，为了表示此情此景是多么荒诞，杰伊哈哈大笑起来。想到自己可能会死于葡萄酒和奶酪之手，这似乎太过于离奇了，导致他全然无法严肃对待这件事情。他甚至想着在盘子被吃空前，再回接待厅喝上几杯，而且还想再吃点奶酪。

然而，我却还处于惊吓之中，没能从刚刚发生的事情中缓过神来。我最不想看到的就是杰伊再去吃奶酪。

不过此事对两个人都造成了精神压力，并产生了更深层次的影响。正是这件令人不安且有点丢脸的事情让我们踏上了征程，朝着建立一个科研团队出发。我们不再只是在狭小的地下工作室里互相忍受的两个个体。因在一次聚会上与死神擦肩而过，我们团结在一起，从此变成了一对充满韧性的年轻科学家。

之后几周，我们开始越来越多地和对方交谈，讨论研究课题。散发异味的曲棍球包终于不再是我们之间的拦路虎，不过在杰伊后来带着它搬进了一个更大的公寓后，我还是悄悄地松了一口气。意外事件没过多久，我们就开始在一起碰撞想法，设计实验，并对实验数据进行分析。我们的其他同事一定觉得我们俩每天不停地相互打趣很无聊，但我们在这无窗的环境里却是乐在其中。

恐怖的窒息事件使我们之间产生了一种纽带，这条纽带在我们之后的整个研究生生涯中进一步巩固，这条纽带在我们都成为俄亥俄州立大学的博士后，以及此后我们分别在美国东海岸两所大学成为教授后也一直存在。我们一同步入了社会心理学家的圈子以及更宽广的科学家社区圈。后来，间隔不过数周，我们又先后为人父母，步入了一个美好而令人疲惫的世界。而现在，我们又成了本书的共同作者。所有这些都是我们各种身份的核心构成部分。

作为社会心理学家，我们研究的是人们所属的群体如何成为他们自我意识的一部分，以及这些身份如何从根本上塑造他们对世界的理解、他们的感受和信仰及如何做出决定。这便是本书的精华所在。

在本书中，我们将与你一起探索共享身份动力学。是什么使得人们形成某种社会身份认同？当人们以群体成员身份来定义自我时，会发生什么？共享身份又是如何提高人的能力、增加合作并促进社交和谐的，就像本书的两位作者在工作室的经历那样？

在本书中，我们将探索"我们"（us）这种感觉所蕴含的力量。我们将解释为何身份动力学是理解人类生活方方面面的关键。哲学家亚里士多德有一句名言："认识自己是通往一切智慧的开端。"但我们要证明的是，真正认识自己并不是一定要确定某种本质，或是一个关于你是谁的恒定不变的指令。相反，认识自己意味着去理解你的身份是如何被与你密不可分的社会环境塑造和重塑，以及你是如何塑造周围人的身份的。

理解身份如何运作会催生一种特殊智慧：它能够让你看清、理解并且有时能够抵制影响你的社会力量。它还将为你提供影响你的所属群体的诸多手段。此外，你还可以学习如何发展有效的领导力、避免从众思维、促进合作以及反抗歧视。

我们旨在为人们提供一种对身份的更深入理解，这种理解将会使人们不只是询问"我是谁？"，更要询问"我想成为谁？"。

第一章
"我们"的力量

黑措根奥拉赫位于德国南部，以流经此地的奥拉赫河命名，是一座充满田园风情的小城。这条河同时也是两位宿敌的分界线。

正如许多传奇故事一样，本故事始于两兄弟。达斯勒兄弟——阿道夫（即阿迪，Adolf）和鲁道夫（即鲁迪，Rudolf）都是鞋匠，二人在第二次世界大战前合伙制鞋。他们筚路蓝缕，在母亲的洗衣房里创立了达斯勒兄弟制鞋公司，专门生产运动鞋。

1936年柏林奥运会上，美国黑人田径明星杰西·欧文斯穿的鞋正是由达斯勒兄弟鞋厂制造的；欧文斯穿着达斯勒兄弟的鞋，在奥运会上赢得了四枚金牌,这令当时的德国元首阿道夫·希特勒大为恼火。但欧文斯的胜利却给达斯勒兄弟带来了国际曝光率,他们的鞋子也因此风行一时。

没有人确切知道兄弟二人因何心生嫌隙。但据传说,二人之间的矛盾起源于1943年发生的一次空袭。当时,阿迪和妻子同鲁迪一家躲进了同一个防空洞,阿迪大骂道:"这些无耻的浑蛋又来了。"当时阿迪更有可能骂的是盟军战机,但显然鲁迪却误会阿迪在辱骂自己和家人。

"二战"虽结束了,但阿迪与鲁迪之间的战争却开始了。这场战火也引燃了他们的家乡,使其分裂数十年之久。达斯勒兄弟制鞋公司最终没能幸存。1948年,兄弟二人分拆了业务,于是黑措根奥拉赫便成了同时拥有世界上最大两家制鞋厂的城市。在奥拉赫河两岸,两家公司旗帜鲜明地对立着。

这两家如今总价值已超过250亿美元的巨无霸制鞋公司,在当时变成了一对打得不可开交的同城对手。两家品牌之间的冲突同时还延伸到了员工及其家庭之间,该镇的居民纷纷标榜自己隶属于阿迪或鲁迪阵营。在镇上走动时,人们会低头观察对方的鞋子,以确保他们不会与对立阵营的成员打交道。因此,黑措根奥拉赫后来以"弯脖子城"而闻名。

芭芭拉·斯密特在她的图书《闯进球场》中描述过,小城两边都拥有各自的面包店、餐馆和商店。[1] 如果某一边居民进入对方的区域,对方就会拒绝为他们服务。许多家庭因此分裂。曾经友善的邻居也变成了敌人。跨公司阵营约会或婚姻也受到了极大阻碍！直到达斯勒兄弟去世，这种紧张局势才有所缓解。如今，两家公司之间的竞争更多地体现在业务和足球场上。但是当时达斯勒兄弟二人却把他们对彼此的敌意一直带进了坟墓——他们二人被分别埋葬在小镇墓地的两端。[2]

不过他们创办的公司却延续至今。它们正是由阿迪创立的阿迪达斯和由鲁迪创立的彪马。黑措根奥拉赫的市长近期解释道，"因为我姑妈，我曾是彪马家族的一员。小时候，我同众多彪马家族的孩子一样，只穿彪马的衣服。在我们的少年时代，有这样一句笑谈：你穿你的阿迪达斯，我穿我的彪马。我就是彪马家族的一员"。直到阿迪和鲁迪离世很久之后的 2009 年，在经历了数十年的对立之后，两家公司的员工共同参加了一场足球友谊赛，这才标志着这场宿怨的终结。

令人震惊的是，达斯勒兄弟之间这场漫长而又艰苦卓绝的对抗，并非起因于某件沉重的事情，起码没沉重到会让一座城市分崩离析。他们之间的对抗与政治或宗教无关，也与土地、黄金或意识形态无关，而仅仅是因为鞋子。或者更准确地说，是因为基于鞋子的对立身份。这些社会身份一旦被创造出来，它们就会产生巨大的力量，它们决定了员工及其家人还有后代会在哪边居住、用餐和购物。

然而，关键问题并不是达斯勒兄弟为什么会因鞋子开战。毕竟，自该隐与亚伯以降，亲兄弟俩便互为最容易滋生妒忌的对手。问题在于，为什么其他人也都随之彼此对立？为什么镇上的其他人会如此欣然地接受一方而仇视另一方？

第一章 "我们"的力量　　003

飞机上的心理学家

在旅行时,我们放好行李并挤进狭小的座位后,常常会和旁边友善的陌生人聊起天来。这些闲谈往往会遵循一种熟悉的模式。"你是哪里人?""你为什么要去达拉斯(波特兰、悉尼或台北)?"当然还有,"你是做什么的?"

"噢,呃,我是一名心理学家。"

十有八九,这种回答会引来相同的回复:"呃,噢——你不会是在对我做心理分析吧?你能读懂我的心思吗?"

我们通常只会一笑置之:"哈哈,别担心,我不是那种心理学家。"不过偶尔出于好玩,我们也会试一试。

我们是社会心理学家,更具体地说,我们是研究社会身份的心理学家。我们研究人们所认同的群体如何影响他们的自我意识,研究他们如何感知并理解世界,以及他们如何做出决定。

如果其他类型的心理学家想对一位乘客进行心理分析,他们会提出与我们截然不同的问题。临床心理学家可能会问你对于焦虑及抑郁的感受,或者关于精神疾病的家族史。一个老派的临床心理医生可能会问你的梦境或者问你与母亲的关系。个性心理学家可能会拿出一套大五人格特质测试清单,来测量你的外向性、责任心还有对新体验的接受程度。其他的心理学家可能会询问你在家中的长幼顺序,或者询问你认为对自己造成最大影响的一段生活经历。

而我们则会问你关于你的群体认同的情况:你对自己的哪些群体身份引以为傲?你发现自己会经常想起哪些群体成员?哪

些因素会影响别人对待你的方式？你觉得自己与哪些群体关系紧密？

你对这些问题的回答会提供一些定义你身份的有效线索。我们认为，你会倾向于遵守回答中给出的群体的规范，遵循这些群体的传统，并为具备这些群体的特征而自豪。我们还推测，只有身处这些群体中，你才会表达异见并谈论自己的真实想法。这可能有些出人意料，因为表达异见并不是一件容易的事情，而人们往往只在真正在意某群体时才肯表达异见。

我们可以做出如下推断：你往往会喜爱并信任这些群体里的成员，若有必要，你还愿意为他们牺牲自己的资源和福祉。我们还可以推测出，若你所属的任何群体存在宿敌，你会对敌对群体成员有何感受以及你会如何对待他们。若我们了解到，你认为你所属的一个重要群体受到了不公正对待，那我们基本上能明确你会支持谁，也能明确你会加入何种事业以及会为谁而战。

当然了，你身上体现出的要素还远远不止这些。但是，当一个人别无选择而与一个陌生人同处 3 万英尺[①]的高空时，这些分析已经完全足够了！

在旅行时，当人们之间进行了此类对话后，他们之间通常会形成一种微弱而短暂的纽带。但这种纽带几乎不会巩固并延续。比如，它们很少成为构成某人身份的一部分。

在本书中，我们会用大量的篇幅来讨论群体如何真正成为构

---

① 1 英尺约为 0.3 米。——编者注

第一章 "我们"的力量

成我们身份的一部分，因此我们最好事先定义这些术语。身处同一架飞机上的50人或150人并不是一个群体，起码在心理学上无法构成一个群体。他们只是一群人的集合，在某段时间内，他们聚集在狭窄的空间里，共同呼吸着污浊的空气，一起享用不合胃口的飞机餐。但他们缺乏团结意识，缺乏集体感和纽带感。他们仅仅同为乘客，并不具备有意义的社会身份。

大多数航班上的情况都属此类情形。乘务员们可能是一个群体，因为他们有着共同的身份感，一起旅行的家人或同事也是一个群体。但如果将飞机上的乘客视为一个整体，那么他们并不属于同一个群体。

特定的环境可以使一个整体产生集体感和团结意识，从而形成一个群体——即使这类群体的存在只是暂时的。几年前的一个暴风雨夜，我乘飞机沿着美国东海岸回家。透过飞机的舷窗，乘客们可以看到外面闪烁着一排雷暴——巨塔状的云层漆黑如墨，高高耸起，闪电在云塔中怪异地穿梭，不时发出耀眼的雷光。飞机继续向北航行，飞行员控制着飞机在云层间曲折前进。天气愈加恶劣了，这架小型通勤飞机开始不断颠簸震颤起来，机身也吱吱作响，情况十分不妙。"我们遇到了气流，乘客们，"一位飞行员在难免有些杂音的对讲机中广播道，"但别担心，我们会安然无恙的！"

那句"我们会安然无恙的"并没有达到预期效果。人们的神情惶恐起来，面面相觑。人们坐在一排排座位上，议论声开始嘈杂起来。在引擎的轰鸣声里，乘客们讲述着他们之前经历过的暴风雨航行，互相安慰着一切都会好起来。事实也确实如此。飞机最终冲破了雷暴区，并安全着陆，甚至都没有延误。

但那趟航班上乘客的心理特征与一般情况不同。飞机上每个人拥有的共有经历，是他们短时间内建立起集体纽带和团体意识的基础。乘客们一起度过了一段紧张而独特的时光。飞机着陆后，所有人都鼓掌欢呼。在航班上的这段时间里，他们共享着同一种身份。

在本章中，我们将介绍一些关于身份的基本原则，这些原则将为本书的其余章节奠定基础。原则之一如下：尽管我们拥有持久、稳固且意义深远的长期社会身份，但人类的心理特征也使我们在暂时团结的情况下愿意彼此联结在一起。某些情况会帮助你建立起与他人的身份认同感，比如在对同事实施海姆利希手法或祈祷你的航班安全着陆时。当一连串的境遇让我们意识到我们正与他人共享同样的经历或特征时，一系列心理活动会自发启动，使我们感觉自己是某个群体的一部分，不仅如此，这还会使我们真正成为一个群体。

这种以群体为导向的心理产生的影响是深远的。我们的社会身份为团结一致提供了强大基础。但正如我们在"弯脖子城"看到的那样，社会身份还可能是重大分歧的起源。

社会真空

如果我们把群体间发生冲突的所有原因列出来，那将是一份可怕的清单：争夺稀缺资源，如土地、石油、粮食、财富或水源；为神圣的信仰、神明还有圣地而战；长期积累的蔑视与侮辱；渴望荣誉的领袖为了追求财富、名望或更高的民众支持率；错误观念及误解；对未知和其他群体的恐惧；为争夺地位、炫耀权势和抢夺权力而战。

似乎任何事情都有可能导致不同群体分崩离析。事实证明，甚至连鞋子都可以。正如我们在"弯脖子城"看到的那样，从局外人的角度来看，构成他们群体身份认同的基础和他们之间分裂的缘由可能并无特别之处，但对群体成员自身而言，这些事情却有着深刻意义。鞋子看起来微不足道，不足以让人们因此形成群体，但为了理解这些看似不重要的事物如何会成为构成身份的有力基础，我们需要聊一聊我们认为的心理学史上最重要的研究。

这些研究被称为"最简群体研究"，它们基本上只是围绕一个控制条件而开展的。

诸多因素交叉在一起，可以使不同的群体彼此仇视、歧视，甚至想要给对方造成重击。为争夺稀缺资源而造成的冲突，可能与消极的刻板印象和权势差异彼此催化。领导人的分裂言论也可能会进一步激化这种敌对情绪，对几十年甚至几百年前的古老战争的记忆也会进一步强化这种情绪。包括以上种种因素在内的各种因素，都可以以独特的方式结合，促使群体间产生冲突。

为了掌握群体间关系的基本动力学，社会学家希望能够甄别出这些不同的因素并分别进行研究，就像化学家把化合物分离出来，以更好了解其性质一样。然而，在现实生活中，要想从存在于宗教、种族或政治群体之间的冲突中分离出一个单一组成部分是极其困难的，因为它们是相互依存的。这些因素往往作为一个整体而出现。

为了解决这个问题，并理解造成冲突的根源，布里斯托大学的亨利·泰弗尔与他的合作者想出了一个绝妙的主意。当化学家们想要分离出一种化合物时，他们会制造出密闭的真空环境。遵循这一逻辑，泰弗尔与他的同事们想出了一种制造社会真空的方法。他们制造出一种情境，其中，与群体之间冲突有关的刻板印象、资源不均、侮辱等因素被全部消除，只剩下一种最简单的群体间的环境。这一情境涉及两个群体，但不存在任何能够普遍引发歧视或冲突的因素。

消除了所有这些关键因素后，他们创造了一种社会真空形态，接下来他们可以慢慢地开始往这个情境里增添不同的因素，以探究是什么因素导致了区别对待和冲突。例如，他们可以在这里增加一点资源竞争，在那里增加一点刻板印象，诸如此类，他们便能够研究这些因素分别如何影响群体之间的关系。

为了创造一个社会真空，研究人员不能使用先前便存在于现实生活中的群体，因为他们具有一定的心理负担。相反，他们根据随机且基本上毫无意义的标准将受试者分配到全新的群体中。[3]在一项研究中，受试者被告知，根据他们认为图像上显示的点的数量，他们会被分成"高估者"和"低估者"。在另一项研究中，根据受试者对保罗·克利或瓦西里·康定斯基抽象艺术的偏好情况，他们被分为两个群体。但事实并非表面看起来的那样。分配到高估组的人并没有真的过高估算点的数量，克利粉丝组的成员也不一定就是喜欢《唠叨的机器》(*Twittering Machine*，没错，这是克利一幅著名作品的真实名字)。在每个案例中，研究人员基本上通过掷硬币的方式，将人们随机分成不同的群体。这确保了他们实际的点数估算状态或艺术家偏好问题不会影响他们如何对待群体内成员和群体外成员。

然后，研究人员要求这些受试者在他们的群体内成员（比如克利的粉丝）和群体外成员（即所谓的康定斯基的粉丝）之间分配资源。在几项研究中，受试者将钱分给匿名的群体内成员和匿名的群体外成员。研究人员采取了一些措施，尽可能保持此情境不受外界干扰，以确保实现社会真空。受试者与两组中的其他成员没有任何互动。他们没有经历相互了解的阶段，没有建立个人联系的机会，也没有产生资源方面的竞争。两个群体仅仅只是被分成了"我们"和"他们"，是两个最简群体。

受试者对于资源分配的决定并不是零和游戏。这一点很重要，因为这意味着给予其中一组更多资源并不意味着给予另一组更少的资源。最后，他们做出的决定对他们自己的结果也没有直接影响，他们个人不能通过不同的分配方式赚取更多或更少的收入。

研究人员认为这将是一个极佳的控制条件。因为所有可能在群体之间导致歧视的因素都已大致被排除，似乎群体间和谐共存的坚实基础已被奠定。此项工作一旦确定，他们就可以进行进一步研究，系统性地增添不同的成分，以探究出究竟什么才是造成群体间冲突的关键因素。然而，即便对于研究人员来说，研究结果也是十分令人震惊的。

被分配到最简群体的人们不但没有消除他们的群体间偏见，反而一直偏袒自己的群体，歧视对方群体。如果掷硬币的结果让他们相信自己是康定斯基的粉丝，他们会把更多的资源分配给康定斯基的粉丝，而不是克利的粉丝。反过来，对于克利的粉丝而言，情况也是如此。

有一点尤为值得注意，实际上人们有时会将群体间的差异最大化。如果可以选择的话，他们可以给群体内成员少分配钱，但前提是群体外成员得到的钱更少。

研究人员已经排除了他们能够想到的一切因素，包括刻板印象、资源冲突、地位差异。那么还有什么因素没被考虑到呢？社会真空中还有哪些因素导致人们对这些最随机、最短暂、最无意义的不同群体表现出如此明显的偏好？

亨利·泰弗尔及其同事得到的答案是社会身份认同。[4]似乎仅仅是被归类为一个群体而非另一群体，这一事实就足以将该群体的成员身份与群体中个人的自我意识联系在一起。身处实验室的时候，人们没有把自己看成一项古怪的资源分配实验中不偏不倚的观察者，而是一个具有价值和意义的真正社会群体的成员。即使在这种社会真空状态下，人们也会与匿名的陌生人共享一种身份认同感，而这仅仅是因为他们相信自己是同一群体的一部分。为了拥有这个既有意义又有价值的身份，受试者们采取了在这种情况下他们唯一能采取的行动来实现这点：他们向群体内成员分配了相较于群体外成员更多的资源。他们的行为确保了他们拥有一个积极而又与众不同的全新身份。通过这种行为，他们便可开始提升他们群体的利益，即使这并未给他们个人带来明显的利益。

全球范围都已开展过该实验的变种实验。这些实验的目的旨在研究"我们"这种共享感觉会对各种心理过程产生何种影响，其中包括关注、感知和记忆及其他情绪，如移情和幸灾乐祸——也就是有时候我们会在他人痛苦时出现的那种不厚道的愉悦感。

随后的研究发现，当一个人加入并认同一个最简或真实的群体时，所产生的偏见更多地表现为对群体内部的爱，而非对群体外部的恨。人们通常会更喜欢自己的群体，但这并不一定意味着他们会不喜欢或想要伤害另一群体。例如，当研究人员要求最简群体中的人向其他人传达负面消息时，他们对自己所属群体的偏好会明显偏低，因为他们并不是很想给群体外的成员带来伤害。[5] 在对最简群体的研究中，我们发现，人们会自然而然地对群体内成员感觉良好，但对群体外成员的感觉则是中性的。[6] 当然，群体间的关系可能会变成相互仇视的，特别是当带有贬损性质的刻板印象、煽动性言辞或资源竞争等因素被引入实验的时候。我们将在本书中讨论这些群体动力学，并向你介绍更多有关我们自己对于最简群体的研究。我们发现，将人们随机分配到一个群体，可以即时影响他们大脑活动的模式，改变他们看待他人的观念，并且至少会在短时间内使人们克服种族偏见。最简群体研究使我们的工作在诸多方面都得到了启发，它从根本上重塑了我们对人类身份认同本质的理解。这些研究向我们阐明，真正的社会真空是不存在的。在许多方面，群体心理是人类的自然状态。

身份的转变和目标的改变

自从人类能够自我反省以来，他们就开始思考自我的本质。拥有自我意味着什么？拥有自我的目的是什么？对于曾一度怀疑万物存在的哲学家勒内·笛卡儿而言，自我是一个确定的点，他可以从这个点推理出其他一切事物的存在："我思，故我在。"哲学家丹尼尔·丹尼特将自我描述为"叙事重心"[1]，令人记忆深刻。换言之，我们便是自己故事的核心。

但最简群体研究表明，人类的自我意识（你的叙事重心）并非一成不变。硬币一抛，人们就在短短几分钟内建立起了全新的身份认同。自我意识在身份的不同方面摇摆不定。这种摇摆对你如何感知、理解世界以及对你所做的选择都会产生影响。

---

[1] 关于叙事重心，可参阅丹尼尔·丹尼特的著作《直觉泵和其他思考工具》，叙事重心同样也是理论家的虚构。设置这样一个概念是为了能把构成一个人的那些变幻莫测又纷繁复杂的动作、表达、烦闷、抱怨和诺言等统一起来，让它们变得可以理解。它负责组织在人类层面上给出的各种说明。你的手签订不了一个合同，而你能；你的嘴巴说不出谎言，而你可以；你的脑子记不住巴黎，而你行。你是你鲜活身体"所有履历的所有者"，根据它我们才知道你是你。就像我们所说，你的身体投你所好。我们可以把世界所有其他的地方和树立于地面的方尖塔之间的万有引力简化成两个点之间的作用力，也就是地球的中心点和方尖塔重心间的作用力；同样，我们也可以把两个自我之间的互动，例如握手、对话、涂鸦等简化成买方与卖方，两者只是在完成一笔交易。每个自我都是一个人，有自己的履历、"背景"，还有许多正在做的事。与重心不同的是，自我没有贯穿着时间和空间的轨迹，他一边行进一边收集自己，随时积攒记忆，一路设想着自己的预期和计划。——译者注

在几小时的时间内，同一个人的身份（即活跃于某一时刻的自我意识）就可能从上班途中在拥堵的交通中奋力穿行的司机转变为代表公司出席电话会议的员工，之后转变为在社交媒体上争论新闻问题的某政党的支持者，接着转变为看电视中比赛转播的体育粉丝，最后在这天晚上又转变为浪漫的伴侣。同一个人可以拥有以上所有这些身份，甚至还会拥有更多。

当你的自我叙事重心发生转变，其中一种身份被激活时，那些能够激励你的目标还有你关心其命运的人们也会转变。更笼统地说，当你的身份从个人扩展到社会或集体层面的自我时，其他人就会被纳入你的自我利益范畴。从而我就变成了我们，我的也变成了我们的。

社会心理学家戴维·德克莱默与马克·范福特进行的实验完美地阐释了这些动机变化。[7]他们首先根据大学生的"社会价值取向"对其进行分类。社会价值取向反映了你做大多数决定时，分别对自己和他人的利益有多大程度的顾及。为了衡量你的社会价值取向，研究人员会让你考虑一下你会如何把不同数额的钱分配给自己和他人。每次实验，你都面临抉择。你会努力使自己的收入最大化吗？你会尽力去帮助你的同伴吗？还是你会倾向于拉大彼此间的差距？

举个例子，考虑一下你会选择以下哪一个选项。

选项 A：你和你的同伴每人得到 500 分。

选项 B：你得到 560 分，而你的同伴得到 300 分。

选项 C：你得到 400 分，你的同伴仅得到 100 分。

你会选择哪一项？

若每次实验，你选择的都是选项 A 这样的分配方式，那么你具备的是一种合作或亲社会的倾向，因为该选项提供了一种平等的结果分配方式。若你更倾向于选项 B，那么你具备的是一种更加个人化的倾向，因为不管别人得到什么，你都在让自己得到的结果最大化。最后，如果你选择了选项 C，则表明你具备一种竞争倾向，因为这种分配方式最大程度地凸显了你自己和其他人得到的结果之间的差异。这似乎就是阿迪和鲁迪在"弯脖子城"表现出的倾向，至少在关系到他们彼此的时候是这样的。

在这个案例中，研究人员将个人主义者和竞争主义者归为单一类别，称之为亲个人者，并将其与亲社会者进行比较。在弄清楚受试者的社会价值取向之后，研究人员设计了一个实验，来控制受试者自我概念中哪一方面在实验中表现得最为突出或活跃。实验的实施办法如下：研究人员给受试者随机分配了一项任务，这项任务会凸显每位受试者作为大学生或独立个体的身份。然后，研究人员将测试，在一场经济博弈中，受试者愿意为一个由自己的大学同学组成的群体做出多少贡献。

这些经济博弈的结构如下：选择做对群体最有利的事情需要一定程度的个人牺牲，选择为集体奉献更多，那么自己留下的就会更少。不出所料，被归类为亲社会的人总是相当慷慨。无论他们作为大学生的身份是否发挥主导作用，他们都会为他们所属的群体做出贡献，他们会捐出大部分金钱的概率大约为 90%。

具有亲个人社会价值取向的人则截然不同。正如所料，当突出他们的个人身份时，他们并没有亲社会者那么慷慨。在这种状态下，他们会为群体做出贡献的概率只有约44%。他们的慷慨程度只有亲社会者的一半。

然而，当亲个人者作为大学生的社会身份发挥主导作用时，他们为群体奉献的模式便全然不同了。当他们的身份被暂时定义为群体中的一员时，亲个人者的慷慨程度几乎翻了一倍，他们会为群体做出贡献的概率约为79%。这种时候，他们表现得与亲社会者几乎没有区别。

这一发现意义深远。亲个人者不太可能会奇迹般地变得不那么自私自利。事实上，他们转变的原因是他们的利己动机从个人自我转变成群体自我。这就是社会身份认同引起的一种错觉。它可以改变人的目标，甚至能够让自私的人以亲社会的方式行事。

包罗万象的自我身份

> 我自相矛盾吗？
> 那好吧，我是自相矛盾的。
> （我辽阔博大，包罗万象。）
>
> ——沃尔特·惠特曼，《自我之歌》

我们正在描绘一幅身份图像，这幅图像充满活力且涉及众多方面。人们经常自相矛盾，其身份有众多可能。不过，尽管大量证据都已表明，人类身份复杂而多变，但人们在直觉上仍很难接受这一点。我们的即时经历总是会形成一种连贯一致感，这让我们很难认识到人们的身份会随时间和地点发生变化,即便变化就发生在自己身上。有一次,我们两个人中的一个在课堂上谈到这个问题,一名学生沮丧地喊道:"如果你说的是对的,那我到底有多少个自我呢?我又究竟是谁?"

那么我们究竟是谁呢?我们包罗万象的自我身份又有多少个?

社会心理学家使用一种被称为"20题陈述测验"的方法来挖掘人们身份的不同组成部分。测验方法很简单,你只要写出20个"我(是)_____"这样的句子。以下是我们自己所举的范例:

多米尼克	杰伊
一名教授	一位父亲
一位父亲	一名科学家
一位丈夫	一个加拿大人
非常聪明的	一个儿子
压力很大	一名社会神经学家
一名社会心理学家	一个乐观主义者
一个音乐爱好者	一个福克斯·克里克的孩子
长着红头发	一名曲棍球守门员
一个宾夕法尼亚人	一个社交媒体成瘾者
一个业余厨师	一个政治迷

如果写下自己身份的清单,你可能会注意到一些有趣之处。

第一,想出二十几个你认为可定义自己的条目,通常并不难。在快写完的时候，我们会发现自己慢了下来，但关于我们自身的许多方面都会轻而易举地浮现在脑海中。

第二，大多数人的身份清单都包括可以归纳为某种类别的条目。有些很明显是关于自我的个人层面。聪明和乐观等表示稳定的性格特征以及像倍感压力这种更加临时性的状态显示的是一个人作为独特个体的方面。这些特征都是因人而异的。

其他组成自我的条目属于自我的关系层面。例如，作为一位父亲或丈夫就成了至少与另一个人相关的人，而你在这段关系中扮演的角色也就决定了你的身份。还有一些组成自我的条目涉及自我的集体层面；像宾夕法尼亚人和社会神经学家这样的社会身份会将你定义为某个群类的一员，而你会觉得这个群类对于回答你是谁这个问题至关重要。

这类列表还显示出其他有趣的特征。研究表明，人们更有可能将独特且标新立异的东西融入自己的身份。[8] 人群中大约只有2%的人才会天然长出红头发，所以，多米尼克更有可能在自我定义属性列表中写出自己拥有红头发，而杰伊把自己拥有深色头发写进去的可能性则相对较小。某些属性可能会分属不同的身份层面。把自己认定为红发人意味着你把头发的颜色视为区别于其他人的特征。但头发的颜色也可以作为社会分类的基础，一种将世界划分为不同群体的方式。事实上，人们对于长着红头发的人，怀揣着某些固有印象。正如《绿山墙的安妮》中提到的："她的脾气和她的头发很配。"[9] 红头发的人察觉到自己是一个独特的群体，他们甚至组织了自己的节日、在线社区还有约会网站。

事实上，身份的个人属性很难与身份的社会属性区分开来。这一点至少在以下两个方面是正确的。第一，许多个人特质本来就是相对的，只有在与他人比较时才有意义。比如，一个人自我定义为聪明，是认为自己比别人聪明；一个人自我定义为乐观主义者，就是认为自己比别人更积极乐观。非常重要的一点是，你用来比较以评估自己的人通常是你认为具备比较价值的人，而这些人更可能跟你同属同一群体而非不同群体。

第二，我们所属的社会群体塑造了我们作为个人的独特经历。你努力成为独立个体的方式会受到你所认同的群体规范的影响。规范是社会群体中公认的行为标准，对你的行为有约束作用。一个人对一个群体的认同度越高，他或她就会越加倾向于遵守该群体的规范。换言之，认同感强的成员比认同感弱的成员更可能与所属群体中大多数人具备一致的思考、感受和行动模式。

出身于集体主义文化的人可能会认同这一点，但如果你出身于个人主义文化，读到此处时你可能会产生怀疑。你可能认为自己并非一个墨守成规的人。然而，这种思想却会反过来证明其本身也是一种社会规范！

有些群体形成了较强的个人主义规范。例如，美国人的身份中具有强烈的独立性，强调个人自治、个人义务和个人权利的重要性，却不强调共识和凝聚力的重要性。这对认同度极高的美国人意味着什么？他们的身份认同层面会使他们更符合该群体的规范，从而让他们更加个人主义化。

这是否意味着美国的个人主义实际上是一种从众呢？昆士兰

大学的约兰达·耶滕和她的同事们的研究结果表明,事实确实如此。[10] 在一项研究中,他们发现对美国人身份认同度高的美国人比认同度低的美国人会更强烈地表现出个人主义。因此,表达个人主义的美国人实际上是一群异常顽固的社会规范守旧者。

用艺术评论家哈罗德·罗森堡的不朽名言来说,美国人的规范创造了"群体独立思想"。我们称之为"独立悖论",那些争取独立的人往往是为了融入相应群体中才这样做的。相较而言,在耶滕的研究中,对其国家认同度高的印度尼西亚人(印度尼西亚是一个集体主义氛围浓厚的国家)比认同度低的印度尼西亚人表现出了更高的集体主义水平。

请不要将此纯粹视为一个民族文化问题,因为在国家内部也存在诸多差异。我们在俄亥俄州立大学工作时就发现,大学生们都执着于融入群体,许多人自豪地穿着代表学校的绯红色和灰色衣服。到比赛日,就不仅是学生们了,整个哥伦布城的人都会穿上绯红色和灰色衣服。在七叶树队比赛的时候,体育场内聚集了超过十万人,和着传统战歌齐声吟唱。在俄亥俄州工作的第一年,我们的队伍向全国冠军发起了冲击,当时整个城市都沉浸在这种身份认同仪式中。

对于来自多伦多大学的两个小伙子而言,这是一项振奋人心又引人入胜的人类学体验,因为多伦多的橄榄球队刚刚创造了一个全国纪录——连续输掉49场比赛。但如今,我们在理海大学(多米尼克)和纽约大学(杰伊)开展新工作,规范就全然不同了。我们很少会看到纽约大学的学生身着代表学校颜色的衣服,因为这些学生最珍视的价值是"有趣"。对他们来说，只有标新立异才能融入群体。

当然，人们知道不同的大学会形成不同的校园文化。这有助于人们进行自我分类，根据当地规范和教育环境选择加入不同类型的学校。有强烈愿望融入高度凝聚力社会的大学申请人，可能会在俄亥俄州立大学获得比在理海大学更好的经历。有强烈愿望培养并张扬鲜明个性的申请人，可能会在纽约大学获得比在俄亥俄州立大学更好的经历。在学生进入校园后情况也是如此，他们可能会发现自己的身份有所变化，变得与学校的社会规范更一致、更统一。

多伦多大学的研究生工作室也出现了类似的状况。在杰伊还喜欢穿人字拖和搞怪 T 恤的时候，多米尼克已经开始模仿大他几岁的教授，穿西装外套上班。不久之后，杰伊发现自己被一件带肘部补丁的棕色灯芯绒外套吸引住了。虽然这一转变似乎是杰伊与日俱进的时尚观念的自然进化，但实话实说，这一转变更可能源于他对衣冠楚楚的工作室同伴以及系里教授的身份认同。这正是身份和规范影响我们决定的方式。杰伊搬到俄亥俄州后，没过几个月多米尼克也跟着搬到了俄亥俄州，等多米尼克发现哥伦布城的所有人都认为他在模仿杰伊时，他十分尴尬！更让人窘迫的是，杰伊并没有采取任何措施以消除人们的误解。

斯坦福大学的黑泽尔·马库斯和她的同事研究了生活于城市与乡村的美国人在这些规范上的差异。[11] 在许多大城市里，如果最好的朋友买了相同的衣服，或者他们把公寓装饰成相同的风格，人们会感到尴尬。因为过多的相似性会影响他们的个人主义。但在农村地区，人们更相信模仿才是他人最真诚的奉承形式，并十分乐于与朋友分享相同的经历。这就是为什么痴迷于真实性和独特性的"潮人"们会聚居在高阶层的城市社区，因为那些偏离规范的古怪行为在更为传统的乡村社区有可能会受到嘲笑或排斥。

群体最重要的功能之一是能够同时协调多人的行为和活动。同我们的朋友蜜蜂还有我们的敌人白蚁一样，人类也是一个高度社会化的物种，生活在从小规模（夫妻和家庭）到真正大规模（拥有数亿公民的国家）的集体中。然而，与蜂巢和白蚁群落不同的是，我们建立的群体、组织和社会会不断演变，使我们能够创新，从而建立起新的制度以适应不断变化的环境，并从合作的巨大优势中获益。

在很大程度上，这种协调是通过遵守规范来实现的。研究人员对日常生活的各领域进行研究，都在其中发现了从众现象。这些实验揭示了人们在时尚、政治、音乐偏好、道德价值观、饮食偏好、性行为、社会态度、合作还有冲突中对社会规范的遵从。人们的想法、感觉和行为往往会受到他们心中其他人的想法、感觉和行为的影响，这种影响往往会达到一种惊人的程度。而且，由于它们与群体和身份有关，因此在任何特定时刻指导人们的特定规范都可能因其自身最突出和最活跃的部分而有所不同。

银行家不诚实吗？

银行家同律师和政客一起，在诚信方面声名狼藉。例如，

2019年盖洛普民意调查发现，20%的人认为银行家的诚信和道德水平较低或极低，而认为护士和牙医的诚信和道德水平较低或极低的比例则分别为3%和6%。[12] 2008年金融危机后，公众对银行家诚信的评价进一步恶化，至今仍未完全恢复正常。55%的受访者将银行家评为道德极差，尽管他们的声誉仍优于美国国会议员。

为了检验这种对银行家的刻板印象在多大程度上符合他们现实中的表现，苏黎世大学（它位于世界上最大的银行中心之一的核心区域）的经济学家设计了一个巧妙的实验。[13] 他们要求一家跨国银行的银行家们掷十次硬币，并分别记录下正面朝上和反面朝上的频次。研究人员事先告知这些银行家，出现某面（正面或反面）朝上的结果就会得到奖励。举例而言，如果正面朝上会得到奖励，那他们每次在硬币正面朝上的时候会获得大约20美元的奖励，而反面朝上时就什么也得不到。为放大其中的利害关系，研究人员又告知银行家们，只有当他们的奖金总额超过另一项研究中随机选择的参与者赢得的金额时，他们才会获得奖金。

关键在于，银行家们是在私下里抛硬币，如此便避开了实验组织者的窥探。因此，他们可以报出任意数量的正面或反面，没有人会察觉真相。参与者欺骗获利的动机十分强烈，银行家们的诚信度在此实验中经受了严格的考验。

在银行家们开始抛硬币任务前，其中一半人会被问及他们的职业身份，比如"你目前在哪家银行工作"。问及他们的工作，将会激活他们的身份认同中的职业方面，使这种身份认同在投币前非常突出。相反，另一半的银行家会被问及与他们的工作无关的问题，比如"你一周看几小时电视"。这会让他们突出自己的个人身份或工作之外的其他身份。

我们并不知道某位银行家在抛硬币时实际上抛出了多少次正面和反面，实验确实是私下进行的。但我们确切知道，抛出一枚硬币，有 50% 的概率是正面朝上。通过比较每种情况下报告的正面和反面的数量与概率预期的接近程度，研究人员可以确定处于同一种情况下的银行家是否比处于另一种情况下的银行家作弊更多。

被问及看电视的习惯和生活中的其他日常方面的那一组银行家，似乎并没有作弊。从平均数来看，他们报告硬币显示为获利一面的概率是 51.6%，这与实际概率不存在统计学上的差异。然而，在被问及职业身份的那一组银行家中，作弊程度显著提高！这组报告显示，他们的硬币翻向获利一面的概率高达 58.2%。

银行家不诚实吗？答案似乎是，这取决于这些银行家是否将自己视为银行家！银行家和其他人一样，身份也包罗万象。

这项实验进一步表明，"银行家是否诚实"这个问题实际上并没有什么意义。一个人作为银行家的身份是否会影响一个人的诚信度，这取决于他们所认同的银行业规范。这些规范在不同群体之间可能存在差异，并可能随着时间的推移而变化。

这可能是最近一份关于激活职业身份对中东及亚洲银行家诚信度有何影响的论文并没有达成同样效果的原因。[14] 这些地区的银行业规范，当然还有它们驻地的更广泛的文化规范，可能与原始研究中的规范不同。[15] 不同类型的银行家之间也可能存在着差异：最初研究中的银行家主要从事投资交易业务，而第二组研究中的银行家主要从事贷款业务。

> **复制**
>
> 近几年来，心理学乃至许多科学领域对以前发表的研究结果无法通过实验进行复制的担忧大幅增加，这引发了一种人们称为"再现性危机"的现象。正如对银行家的研究强调的那样，若之前的研究被发现无法复制，人们就很难相信它的真实性。也许初始研究就存在造假情况。也许只是一种统计上的侥幸（样本量太小可能会增加这种侥幸的机会）、一种隐瞒数据的处理手段，或者在极少数情况下就是彻头彻尾的学术造假。还有许多其他情况，比如研究在实验环境中发现了一种行为模式，在其他环境中却无法再次发现，有可能只是因为制约结果的重要变量发生了变化。这是社会和文化心理学的主要关注方向之一。在对银行家研究的案例中，我们有充分的理由怀疑不同的规范解释了为什么一些银行家的身份导致其不诚实，而其他银行家没有。但事实是，若不开展进一步研究，我们也无法确定事实究竟是否如此。
>
> 对于我们在本书中讨论的所有研究，在这些研究的具体发现与其阐明的更普遍身份原则之间，存在一个重要区

别。在此前提下，还有大量文献也表明，人们会受到群体规范的高度影响，其中一些影响我们会在后续章节中更深入地讨论。所以，如果你的孩子或朋友在银行业工作，那你不应仅根据我们的研究就认定他们的工作会损害其道德。更为重要的一点，也是你应更多关注的一点，是他们的雇主遵循何种规范。如果你想在银行或任何其他行业工作，我们认为你应对该行业的规范多加关注，因为它们可能会对你的行为和生活产生重要影响。

在本书中，我们曾试图将论述重点放在那些我们高度自信的研究发现上。但是，本书讨论的身份认同的基本原则基于许多不容我们置疑的研究。这些原则得到了众多实验室大量研究的支持，而且这些研究大多都得到了时间的验证。当然，仍然还有很多思想演变、争议不断、问题依然存在的地方，并不是所有的问题都已得到解答，我们会继续展开讨论。事实上，随着时间的推移，科学见解会在未来如何发展，这才是研究最有趣的部分！

身份的原则

本章列出了几条关于身份及其在人们生活中扮演的角色的关键经验。第一，人们所属的群体往往是他们自我意识和自我理解的基础。第二，人们非常愿意与他人形成团结的集体，并基于共同经历、共同特征甚至被随机分配到新群体而形成认同感——尽管此过程可能转瞬即逝。第三，当一个特定的社会身份突出而又活跃时，它会对人们的目标、情感和行为产生深远的影响。第四，大多数人很可能遵守与活跃的身份相关的规范，并尝试以他们认为会促进其利益的方式行事，并在必要时做出个人牺牲。

当我们创造并与他人共享同一社会身份时，会有诸多良性结果显现。但事情总有两面性：我们表现出的合作和慷慨是基于我们的共同身份。任何群体，通常都会存在一个与其不同的群体。社会身份会让人们愿意帮助自己群体的成员，但也会使他们倾向于伤害或至少不愿帮助属于其他群体的人。

关于群体之间的冲突，我们将使用大量篇幅来讨论政治身份认同。在许多国家，政治两极分化或派系冲突正在造成大规模的社会冲突。政治在许多地方已经变成一种剧毒。

当群体之间的关系变得僵硬时，当我们开始视"我们的"利益与"他们的"利益根本对立时，我们对自己所属群体的自然积极情绪与同理心便可能会转而带我们走上一条危险的道路。我们会开始认为我们不仅优越，而且天生就优越。如果这种情形真实发生，那么这种身份认同在本质上就是恶性的，我们应不惜一切代价予以抵制。许多问题被以有利于我们观点的方式道德化。我们会愈加无法容忍异见，也会警惕对任何可能削弱"我们"与"他们"之间至关重要的界限的反常行为。放眼望去，我们在群体内外看到的皆是敌人。我们开始相信，一旦涉及群体利益，为达目的而采取任何手段都是正当的。而我们伤害其他群体，往往也是因为我们误以为此举是为了实现一个更远大也更崇高的目标。

很多人都没有意识到，在某种程度上竞争与合作是相互依存的。人们在玩跳棋、曲棍球或在竞争晋升职位时，他们会默许遵守一套共同商定的规则。规则也存在于政治中，它们就写在宪法里，是由传统还有先例规定的。这些规则体现在政治体制上，它们允许竞争对手在不诉诸暴力的情况下展开激烈辩论和具体讨论。

能实现公平规则和问责制度的有效机制是人类社会产生的最重要社会产物之一。只要有足够多的人信任这些机制，只要他们还相信有比赢得下一次选举更重要、更远大的事情，那么这些机制就能发挥作用。当糟糕的政治对这些信念造成破坏时，它们将变得极为危险。当公民失去其作为公民的共同身份感，再加上群体对自身正义的信念，会导致其成员认为遵守规则是一件愚蠢无比的事情，或者他们认为必须不择手段阻止另一群体时，事态将会极度恶化。

我们相信，这些糟糕的模式是标准群体和身份动力学的产物，但这些不良后果绝非不可避免。群体间的互动与政治并非一定要以上述方式进行。了解身份认同如何运作，可以帮助我们理解正在发生的事情，或许还可以帮助我们弄清楚如何从这场混乱中脱身。

虽然我们的社会身份可能在我们的生活中具有强大的力量，但我们对其仍有控制手段以及一定程度的控制权。所有人都可归入某些他们并不特别重视或认同的类别，而其他人则可能对此类别格外重视。因此，当我们作为研究人员研究人们的社会身份时，我们并不认为某一类别中的每一个人都能同等程度地认同它，无论他们的性别、种族、职业、宗教信仰还有国籍（仅举几个例子）是什么。相反，我们经常会去衡量每个人对该群体的认同程度。我们可能会要求人们评价他们为属于该群体而感到何种程度的自豪，以及该群体对他们的自我意识有何种程度的重要性。

当然，人们并不能完全控制自己属于何种群体，但他们通常有能力选择自己认同的群体身份。在你选择一所大学或一份职业，支持一支球队，或加入某个政党的时候，你就是在主动地选择某种身份。同样，如果你脱离某个政党，辞去一份工作，甚至只是戒烟，你就会失去一种身份。考虑到人们的情感、信仰和行为在很大程度上都与他们的社会身份有关，所以选择一个他们关心的、能推动他们做选择的以及能确定他们与世界关系的群体就至关重要了。事实上，这些可能是人生中最重要的决定之一。

当人们抵制群体规范或是在群体中起到更积极的领导作用时，他们也能发挥他们的能动性。身份认同是实现上述两个目标的核心要素。如果人们深切关注一个群体，他们会更愿意发表异见，而当追随者能够形成对领导者的认同感时，领导者的工作效率会更高。这些我们会在下文详细解释。

本书的核心前提是，明确身份的运行机制可以让我们更好地控制其影响。正如我们之前所说，理解社会身份使我们能够从疑惑"我是谁"过渡到明白"我想成为谁"。

本书探讨什么？

本书的第一章着眼于社会身份如何塑造我们对世界的体验及如何影响我们做出决定。第二章、第三章和第四章则会描述社会身份如何为我们提供观察事件的视角，以及它们如何影响我们最重要的信仰。我们将会一起探讨身份在政治党派中所起的作用，包括社交媒体在内的新技术如何使党派之争变得更恶劣，以及弥合分歧的潜在解决方案。在第五章中，我们会探究为什么一些人比其他人更看重某些社会身份，以及这些身份如何赋予个体象征符号和价值。

社会身份总是存在于群体间语境中，我们会常常表现出有利于我们自己所属的群体而有损于其他群体的偏见。在第六章中，我们将探讨内隐偏见和外显偏见的性质，并讨论这些偏见是如何在长期的约束环境和制度结构中形成的。了解社会身份的运行机制有助于我们找到消除偏见的解决方案，但解决系统性歧视则需要更广泛的行动。

之后的章节将探讨身份如何构成集体行动的基础。在第七章中，我们会讨论社会身份是如何在困境中形成的，又如何为实现社会变迁提供团结的基础。在第八章中，我们将探讨内部人员如何从内部改变他们的群体，身份动力学如何影响异见者，以及群体如何才能充分利用异见。第九章将解释领导者在所有这些领域中起到的关键作用。我们将研究有效的领导者会如何努力满足团队成员的身份需求，以帮助他们了解自己是谁以及何去何从。这种身份领导的工具可以为善，也能为恶。

最后，在第十章中，我们将会推测群体生活的未来。我们将关注人类在不平等加剧、气候变化还有民主受到的威胁等方面面临的挑战。而能否有效解决这些问题取决于我们能否理解身份的作用。

从第二章开始，我们将深入探讨身份如何改变感知，以及身份如何影响我们过滤并理解周围世界的信息。身份虽然为我们提供了体验世界和创造意义的视角，但也会让我们的注意力偏离，使我们的判断产生偏差。

第二章

身份视角

1966年国际足联世界杯决赛进入了加时赛,那一刻有4亿观众屏息观看。英格兰队和联邦德国队距离世界上这最令人梦寐以求的冠军奖杯仅一步之遥,比分此时僵持在2∶2。令人紧张的加时赛开始十几分钟之后,英格兰队队员艾伦·鲍尔将球传给了吉奥夫·赫斯特,后者是一位出身兰开夏的瘦瘦高高的前锋。

赫斯特在倒地的同时,飞起右脚射门。足球越过联邦德国队守门员伸出的指尖,击中球门横梁内侧后反弹到了门线,随后联邦德国队后卫便将球踢了出去。

世界杯冠军究竟花落谁家,就取决于那一瞬间。

英格兰队队员认为他们已经赢下比赛，开始庆祝。观众席上呼喊声一片！然而瑞士裁判员戈特弗里德·迪恩斯特并不确定英格兰队是否进球得分。当时，迪恩斯特是世界上公认的最优秀的裁判员。由于不确定当时的赛况，迪恩斯特在做出裁决前与其助理裁判进行了商议，并最终裁定该球越过门线。英格兰队得分！

然而，最终录像画面却显示，该球实际上并未越过门线。英格兰不应该获得 1966 年世界杯冠军，至少不该因这一球获得冠军。然而距离该球最近的英格兰队队员罗杰·亨特发誓，他看到球越线入门了。若非确信见到足球已经入门，他也不会转身庆祝，而是会跑上前将球补射入门。

他所见，即他所想见。

这种情况看似极少发生。如此具有争议的比赛裁决，要多久才能在全世界备受瞩目的体育竞赛里出现一次呢？然而，世界各地的球迷却经常发现自己总难以与裁判员，以及审判员达成一致意见。出现该现象的原因在于，许多球迷深受自己是相应球队球迷身份的影响，这就导致他们总认为裁决充满偏见，对他们不利，在事实模糊不清的时候该现象尤为显著。

人们对这一问题的研究始于一场橄榄球比赛。1951 年 11 月下旬，一个晴朗的周六下午，两支常春藤盟校球队在新泽西州普林斯顿大学的帕尔默体育场进行了一场橄榄球比赛。这是当赛季的最后一场比赛。普林斯顿大学老虎队试图击败达特茅斯学院印第安人队，以保持他们全年不败的纪录。

开赛不久，大家便发现，这场比赛进行得甚为激烈。球员们怒火高涨，彼此间冲突不断，场上的暴力行为也迅速升级。没过多久，普林斯顿大学的杰出球星、全美最佳四分卫——迪克·卡兹迈尔就因鼻梁骨折而退出比赛。（卡兹迈尔后来获得了海兹曼奖，该奖颁发给当年大学最佳橄榄球球员，而他以历史上最大票差赢得了该奖。）普林斯顿大学的超级球星被迫离场激怒了他们的球员。他们进行了反击报复。在比赛第三节，一名达特茅斯学院的球员因腿部骨折被抬出场——这并不出人意料。

普林斯顿大学最终以13∶0的比分赢下比赛。但故事并未就此画上句号。

双方马上又打起了口水战。普林斯顿大学的学生报称这场比赛是一场"肮脏的表演"，并在报道中写道："（造成这一切的）罪魁祸首肯定是达特茅斯学院。"然而，达特茅斯学院的学生报的记者却对该事件持截然不同的看法。他们声称普林斯顿大学的教练查理·考德威尔向其队员灌输了"以牙还牙"的老派观念。

达特茅斯学院和普林斯顿大学的心理学家从两校之间的唇枪舌剑里获得启发，他们联手研究为何各自大学的球员会对该场比赛的客观事实产生如此严重的分歧。赛后一周，他们对达特茅斯学院和普林斯顿大学的学生进行了问卷调查。[1] 正如两所大学的校报的记者一样，普林斯顿大学和达特茅斯学院的学生对这场比赛也有着截然不同的解读。总体而言，有122名学生都声称对方球队是这次暴力比赛的始作俑者，而只有2名学生认为是自己学校的球队引发了冲突。

让我们再强调一遍结果：122∶2。几乎所有人都认定对方球队有过错。

由于这些分歧可能源于记忆错误或接触了偏颇报道,研究人员又从两所学校分别招募了一批新的学生,并向他们展示了比赛的片段。他们记录了这些学生观看比赛时的反应。也许影像能为学生提供核实比赛真相的机会。

尽管观看的是相同的影像证据,但两所大学的学生仍然对该场比赛的事实存在分歧。普林斯顿大学的学生声称达特茅斯球员的犯规行为是普林斯顿球员的两倍;达特茅斯学院的学生则声称,两支球队的犯规次数几乎相同。即使观看的是同一个比赛录像,两所大学的学生似乎仍然看到了极为不同的内容。

如果你认为这是部分大学生的错觉而嗤之以鼻,那请参见俄亥俄州一位达特茅斯学院的校友向母校发的电报。该校友的几位朋友(普林斯顿大学的毕业生)给他寄去了比赛录像,并向他讲述了他心爱的达特茅斯学院队的种种卑劣行径。但在观看录像时,他却因为没看见朋友指控的犯规行为而感到相当困惑。

他计划在即将举行的校友活动中展示比赛录像,所以向达特茅斯学院的校方管理人员发了一封电报。"我看了普林斯顿大学的朋友寄来的录像前半部分,似乎比赛的一些关键片段被剪辑掉了。请解释缘由。我们定于1月25日放映录像,请在放映前通过航空邮件寄送被剪辑的部分,我们有拼接设备。"

他认为从普林斯顿大学的朋友那里听到的一些极其严重的犯规的录像,一定从录像带中被删除了!

研究人员在距今 60 多年前就得出了以下结论："橄榄球场发出'相同的'感官冲击，通过视觉机制传递到大脑，却显然给不同人带来了不同的体验。"换言之，球迷是带有偏见的——在观看比赛的过程中，他们从自己所支持的球队的视角来观看比赛，他们看到了对手的每一次犯规，却对己方球员的犯规行为视而不见。

这项研究揭示了关于人类感知的一个重要观点：我们经常被我们的身份驱使，以某种方式诠释世界。在下一章中，我们将讨论这如何影响我们的世界观。在本章中，我们看到了身份甚至能影响感官判断，即我们的所看、所听、所尝、所闻，均受到影响。

在任何比赛过程中，可以基于一个人的身份进行解释的模棱两可的事件有数十件甚至数百件。当代裁判和技术的进步，让我们能够通过即时回放处理这些不明确的情况。但是，身份对判断的影响远远超出了体育场地的边界，继而延伸到了我们的生活领域，即时回放无法纠正我们的判断。

在过去十年里，我们两人研究了群体身份（从运动队，到政党，再到国家）如何深刻影响人们对周围世界的看法。体现身份动力学的例子无处不在——无论是在餐桌上，还是在刑事司法体系中。虽然身份可以增强我们的感官能力，让我们尽情品尝巧克力的滋味，或是渴望美味的粗玉米粉的味道，但是身份也会削弱我们准确或公平地感知事物的能力。在大部分情况下，我们对此毫无知觉。如果我们中有人不受身份的影响，那也是极少数。

身份——一副有色眼镜

> 我们看到的不是事物本身,我们只是以自己的方式看待它。
>
> ——阿奈·宁《牛头怪的诱惑》

一天中每时每刻到达你感官的信息量,多于你能够有意识地处理的信息量。在理想状态下,注意力让你的神经系统能够选择一部分最相关的信息,以便更深入地进行处理。在人们注意到前,诸如动作、声音、气味散发等大量信息已被过滤。拥有筛选感官轻重缓急的系统,不仅有用,而且极其重要。

这方面的一个经典例子便是"鸡尾酒会效应"。[2] 在任何大型聚会中,当你关注交谈对象时,嘈杂的音乐和谈话声便如同背景一般,你的大脑会过滤噪声,让你专注于朋友转述的精彩故事或八卦之中。

现在,假如在房间的另一边,有人在谈话中提及你的名字,会出现什么情况呢?如果你如同大多数人一样,在听到自己的名字时,便会突破背景噪声而将注意力转移。突然间,你会全神贯注地倾听别人说的与你有关的那些话。他们是在讲你的好话还是在八卦你曾经的窘事呢?

"鸡尾酒会效应"之所以产生,是因为你的大脑并没有对背景中的一切听而不闻。在聊天的过程中,你的潜意识会监听周围的谈话,以防错过与你相关的事。当然,有人向其他人提及你的名字，是可能发生的最相关的事情！

注意力的工作原理非常复杂，但基于以下两种不同形式，你可以考虑哪些事能吸引人们的注意力。有些事情之所以引起人们的注意，皆因其在环境中最为突出。突然的动作，奇怪的声响，美丽或有毒的物件，以及你自己的名字——所有这些都需要你的关注，以便能够对其做出适当反应。人们有时将这种类型的注意力定位称为"自下而上"的处理模式。

然而，其他事物之所以能引起你的关注，是因为你早已留意。你所期望、想要或需要的一切，往往能得到你更多的关注，因为你的大脑已经判定它们与你相关。例如，找车钥匙的时候，你可能会发现，自己的眼睛会特别留意细小闪亮的东西。这是因为你的视觉系统在寻找你的急需之物。这种注意力定位便是所谓"自上而下"处理模式。目标、需求、欲望，当然还有身份，会改变你的感官系统关注的内容。

当你使用某个身份时，就好像你戴上了一副过滤你世界观的眼镜。[3] 身份帮助你应对不断冲击感官的大量信息，告诉你什么是重要的，告诉你看向何方，告诉你何时聆听，甚至可能告诉你品尝何物。

加入某群体后，你将深入关注"我们"（该群体成员）认为重要的内容，而会去忽略不会造成太大影响的内容。在大多数情况下，这相当有效。例如，在工作中，你可能会格外关注你的老板，出席恰当的研讨会，并揣摩如何驾驭办公室政治。你学会了忽略部分耗时费力的电子邮件、大型会议和种种工作。

下班回家后，你便戴上了另一副眼镜，开始承担家庭责任、与吵闹的邻里交涉以及在当地酒吧里结交朋友。这是身份最为有用的一方面。就如同人们进入昏暗的建筑，会将太阳眼镜换成普通眼镜，而坐在电脑前的时候，则会戴上老花镜一样。从一种情景转移到另一情景之时，人们可以自由切换身份。

人们拥有不同的身份。他们随着自身不同方面被激活而切换感知世界的方式。对接受二元文化的个体而言，这种影响可能更为深远。对接受不止一种文化或拥有不止单一种族身份的人而言，不同的情况可以激活他们自身不同的分区，进而影响他们对周遭人群的看法和感知。

文化神经学家琼·西奥与其同事针对这种现象进行了一项有趣的研究。[4] 在一项实验中，她让黑人、白人和父母分别为黑人和白人的混血儿来完成一项视觉注意力任务。每次测试，受试者会在半秒钟内看到 8 张面孔。有时候，他们的任务是快速确定一群白人面孔中是否存在黑人面孔。在其他测试中，他们必须确定一群黑人面孔中是否存在一张白人面孔。

西奥及其同事发现，与在白人面孔中识别黑人面孔这一测试相比，每组受试者均能更快地在黑人面孔中识别出白人面孔。然而，实验中有两个有趣的发现揭示了种族身份影响视觉注意力的方式。第一个是，黑人受试者在识别人群中的黑人面孔时速度比白人受试者更快。他们能立刻发现与自己种族相同的人。第二件引人注意的事情发生在混血儿群体中。在这项视觉注意力任务开始之前，受试者需要写一篇关于他们父母其中一方种族身份的短文，这在前文我们并未提及。这项任务旨在激活他们非此即彼的文化身份。这改变了他们对视觉呈现的反应。

当二元文化受试者的白人种族身份被激活时，他们的视觉注意力模式看起来几乎与白人受试者一模一样；当他们的黑人种族身份被激活时，他们的视觉注意力模式看起来与黑人受试者几乎相同。换言之，他们的注意力系统会根据当时活跃的身份进行切换。

对于人类而言，视觉往往是最重要的感觉。对于狗而言，最重要的则是嗅觉；而对于蝙蝠而言，则是听觉。但是，一旦涉及身份，其他感觉可能变得特别强而有力，并能唤起我们的记忆：祖母做的食物的味道或某地特有的气味；特定语言的声音又或是孩童时期所学的歌曲；又或是在你所属的文化中，那些历史悠久的传统食物所独有的味道。

事实上，食物和身份之间似乎存在着深刻的联系。正如已故厨师兼作家安东尼·波登在接受《石板》杂志采访时说的那样："食物就是我们的一切。它是民族情感、种族情感、你的个人经历、你所在的省份、你所属的部落甚至是你的祖母的延伸。从一开始，食物就与上述这一切密不可分。"

身份与食物

1992 年上映的电影《我的堂兄文尼》中，乔·佩西饰演的纽约市律师文尼为他衔冤负屈、因谋杀罪受审的堂弟辩护。这位自以为是的意大利裔美国人从纽约前往亚拉巴马州，试图体验美国南部的乡村文化。在电影关键的一幕中，佩西来到当地一家小餐馆，他在那里了解到食用粗玉米粉是美国南方人身份重要的一部分。将粗玉米粉煮到恰到好处需要 20 分钟，而美国南方人的骄傲让他们不屑于吃速溶粗玉米粉。

没过多久，佩西扮演的角色文尼在法庭上询问检方的一名证人——一位名叫蒂普顿的美国南方人。蒂普顿说，在他刚准备做早餐时看到文尼的堂弟走进了一家商店。5 分钟后，蒂普顿准备要吃早餐的时候，突然听到了一声枪响。

"蒂普顿，你早餐吃的是什么？"文尼问道。"鸡蛋和粗玉米粉。"蒂普顿答道。凭着新了解的南方烹饪知识，文尼知道传统的粗玉米粉不可能那么快煮熟，所以他问蒂普顿早餐是否吃了速溶粗玉米粉。这是对蒂普顿这位南方人引以为傲的传统极大的侮辱和冒犯！此刻，证人要么承认他的证词有误，要么承认自己背叛了南方传统，吃了较差的速溶粗玉米粉。

一个无辜之人的生命悬而未决。

法庭里挤满了街坊邻里。在法官和邻居面前，这位证人决定必须捍卫自己的南方人身份，即便这表明他提供的时间线不能被采信。蒂普顿挑衅般地声明："'没有自尊的'南方人才食用速溶粗玉米粉。我为自己只吃传统的粗玉米粉感到自豪。"

有人会为了捍卫自己喜欢吃的粗玉米粉而承认提供了虚假证词吗？也许不会。但这绝不是与粗玉米粉有关，而是关乎身份。由于文化传统往往与饮食紧密相关，因此对许多人而言，他们的身份与食物之间有着深厚的联系。

人们环游世界，品尝各国美食。但即便只在一国游览，人们也能体验到各种各样的风味、口感、食材以及烹饪传统。在美国，不同地区的烹饪偏好存在巨大差异。纽约人认为他们的比萨是全国最棒的，费城人喜欢尽情享受他们著名的奶酪牛排，加州人总被习惯性地认为会津津有味地吃牛油果吐司，而美国南方则因粗玉米粉、黑眼豌豆和美味烧烤而闻名。

我们从《我的堂兄文尼》中汲取灵感，决定研究南方身份与人们的饮食体验之间的联系。人们对粗玉米粉的偏好与南方身份之间的关系有多深？我们想知道，提醒人们他们的南方身份是否会引起他们对其传统食物的垂涎。

在莱尔·哈克尔领导的一系列实验中，我们招募了超过250名南方人受试者，旨在探究他们的身份和食物偏好之间的关系。[5] 我们注意到的第一点是，我们采集的南方人样本中，他们对南方的认同程度差异性很大。尽管许多人告诉我们认同南方是他们身份的核心部分，但同样有许多人认为自己和南方地区的联系很弱甚至没有。正如我们在第一章中讨论的，这种差异在群体中很常见。例如，一些学生非常认可自己的大学。他们会穿学校代表色的衣服，会参加大学运动会，还会极为自豪地谈论自己的学校。但其他的学生对自己学校则怀着一种矛盾情绪，甚至会主动断绝与学校的联系。

我们要求这些南方人告知他们与南方之间的联系，并要求他们对一些食物（包括炸鲶鱼和黑眼豌豆这些具有南方特色的食物）进行评价，评价的标准是他们认为该食物与南方身份之间联系的密切程度，以及他们对每种食物的喜爱程度。我们想看看他们的身份认同程度，和他们与南方地区以外的食物相比更喜欢南方食物的程度，二者之间是否存在联系。

正如我们预测的那样，人们对南方的认同程度显然与对他们对南方美食的偏好相关。仅仅出身于南方这一点并无法决定人们的食物偏好，对南方的认同感才是关键所在。这些自豪的南方人理所当然地对比萨、金枪鱼三明治以及其他地方的食物不太感兴趣。对于食物偏好而言，身份很重要，因此，食物不仅仅代表着卡路里，还更多地代表着一种情感共鸣。

但纵观我们的实验，正如我们发现的那样，身份并非稳定或一成不变的。这是南方人惯有的文化传统，但这并不意味着他们的这一面"自我"时刻都处于活跃或发挥作用的状态。就像银行家在其银行家身份被激活时，他们会表现得更不诚实，我们猜想若南方人的身份得以激活且他们实际在乎这一身份时，他们对食物的口味会更偏向南方。

在第二项研究中，我们招募了一组新人。我们对其中一半受试者通过以下方式激活其南方人身份：他们需要描述两件南方人常做的事、两件他们擅长的事，并且分别列举南方人正面和负面的特征各两个。另一半受试者则需要描述他们作为个体会做的事情，以及他们认为自己身上具有的正面和负面特征。这些问题旨在激活两组受试者的南方人身份或个人身份，由此，我们可以看到这是否会改变他们的食物偏好。

相较于那些个人身份处于激活状态的人，南方人身份处于激活状态的人会更喜欢粗玉米粉、羽衣甘蓝及其他南方佳肴。若鼓励人们视自己为个体并专注于自己的个性特征，他们就不会因其南方身份而对南方美食表现出明显偏好。

我们在加拿大首都渥太华进行的实验也得到了类似结果。[6]我们与卡尔顿大学的心理学教授迈克尔·沃尔合作。他在加拿大的拜沃德市场——加拿大最古老的公共市场之一——设立摊位，让路人比较新鲜蜂蜜和枫糖浆之间甘甜滋味的区别。

虽然这两种糖都十分甜蜜黏稠，但只有枫糖浆才是加拿大身份的象征。毫无疑问，正如枫叶处于加拿大国旗中央最显眼的位置，枫糖浆对加拿大人而言也非常重要，加拿大甚至因此将枫糖浆作为国家战略储备，以防突发性短缺（并非玩笑之言）。一如曲棍球和海狸，枫糖浆也被视为国家宝藏。

我们对加拿大受试者进行味道测试时，他们的反应与他们的南方邻居——美国人的反应大致相同：他们更喜欢与文化遗产相关的食物（在本测试中是枫糖浆），但得出此种实验结果有一个前提：我们要先激活他们的加拿大人身份。思忖自己的加拿大人身份会让他们更垂涎美味的枫糖浆而非蜂蜜。

我们的研究表明，激活身份可以影响人们喜爱的食物的种类。也许这就是为什么许多具备民族文化特色的美食餐厅会努力营造正宗的体验氛围：希腊餐厅可能会用帕特农神庙的画像装饰墙壁，而韩国烧烤餐厅会播放韩国流行歌曲，如此种种都能加深食客对与这些文化相关的菜肴的垂涎之心。

这不仅仅限于成年人（或韩国流行歌曲的狂热粉丝）。孩子

第二章 身份视角 045

们也有他们的社会身份，并且类似的身份提示也会指引他们如何饮食。针对幼儿进行的一系列研究发现，年仅 1 岁的孩子就已会使用社会身份的提示决定吃什么。当婴儿在两种食物之间选择时，他们会选择说母语的人认可的食物，而对说外语的人认可的食物并不是很有兴趣。[7]

自幼时起，人类对自己身份的提示就非常敏感了，而语言似乎是两者共享纽带的最强大标志之一。这是惊人的发现，因为人们很难将 1 岁的孩子当成美食家，关于吃什么，他们需要向成年人寻求指导。然而，似乎在他们有能力理解其他许多事情之前，就已经凭直觉明白了食物和身份之间的联系。

这项研究揭示了身份如何塑造我们的食物偏好，甚至塑造我们的饮食习惯。但对于不同身份如何塑造人们体验世界的方式这一问题，该研究只触及了表面。我们相信，这些偏好远非单纯的渴望，而实际上会更直接地塑造人们的基本认知，甚至影响人们的嗅觉。

你闻起来像巧克力

为了研究身份认同更深层的影响，我们与同事杰拉尔丁·科潘在瑞士日内瓦大学进行了一系列研究。[8] 我们通过研究巧克力这一罪恶感与快乐并存的食物，来探究人们的身份如何塑造其对世界的嗅觉（尽管多米尼克喜欢黑巧克力，而杰伊喜欢丝滑的牛奶巧克力）。

瑞士以其银行、令人惊叹的阿尔卑斯山脉、多功能军刀以及几家世界上最好的巧克力制造商而闻名。为制作本实验的刺激物，我们与化学家合作，制作出带有美味的瑞士巧克力香味的毡尖马克笔（类似孩子们使用的水果香味马克笔）。

我们让瑞士和非瑞士公民身份的学生进入实验室，所有学生均来自日内瓦同一所大学。就像我们对南方食物和枫糖浆的研究一样，我们随机选择了一部分受试者并唤醒他们的瑞士人身份。对于其他人，我们则唤醒其个人身份。然后我们让他们闻巧克力香味的马克笔20次，并记录他们每次嗅到的气味浓度。这使我们能够随着时间推移而观察身份对嗅觉的影响。

为了创造实验控制组的条件，我们使用了闻起来像黄油爆米花的马克笔。人们容易将这两种气味辨识为食物。但是，正如人们可能将爆米花的气味与电影院联系起来一样，我们认为巧克力的气味与瑞士人身份有着强烈的关联性。我们预期只有巧克力的香味才会引起瑞士受试者的共鸣，尤其当他们使用自己的瑞士人身份思考世界时。

在这样的实验中，人们一开始会发现所有气味都很浓烈，这属于正常现象。但由于人们会经历一个逐渐适应的过程，随着时间推移，他们会发现气味浓度越来越低。你可能有过这样的经历：你走进一家面包店，被新鲜出炉面包散发的浓郁香气吸引，又或是走进一间到处都能闻到某人香水味的办公室。然而，几分钟后，气味就会消退并成为办公室环境的一部分。如果刻意想起它的存在，你仍可察觉到，但它已不再浓烈。你的感官系统已经适应了。

当我们研究中的受试者闻到爆米花气味时，同样的事情发生了。起初，气味非常浓烈，但最终气味还是淡褪了。事实上，人们对我们的实验中的所有条件，包括带有巧克力香味的马克笔，都表现出了逐渐适应的过程。然而，我们得到了一项惊人的例外发现：瑞士身份被唤醒的瑞士公民会一直闻到浓郁的巧克力味道。即使在第 20 次试验后，这种香甜的气味对他们而言依然相当浓烈。当他们想到瑞士美丽的阿尔卑斯山、高档手表以及举世闻名的银行系统，似乎改变了他们对巧克力气味的敏感度。

无论如何，对大多数人而言，巧克力都带有令人愉悦的诱人香味。但人们对气味的感受不总是诱人的，也有难闻的。社会身份能影响人们对生活中某些更难闻气味的感受吗？由斯蒂芬·赖歇尔领导的英国研究小组决定一探究竟。[9]

他们在这项研究中使用的材料不同寻常。他们要求一名男性研究助理在一周内穿同一件 T 恤，即使在锻炼甚至是睡觉期间也不能换衣服。可以确定地讲，这件 T 恤穿了一周后，气味相当刺鼻。研究人员随后将它小心地封存在密封容器中，以使其气味能一直保存到研究开始时。

不久后，他们便向几名毫无戒心又运气不佳的萨塞克斯大学学生询问是否介意闻一闻这件臭衣服。（读者不妨也设身处地想象一下，若你也出现在研究当中，并被要求闻一闻别人的脏衣服。）闻过 T 恤后，他们评估了自己的反感程度。大部分人都表示感到极度恶心，这自是理所当然。

不过，研究人员使用了一个可以观察社会身份是否影响人们对难闻气味的反应的小技巧。所有受试者都必须闻一闻这件臭T恤的味道，而且这件衣服上还印有竞争对手布莱顿大学的标志。在闻T恤的味道前，研究人员筛选了一半学生，并使他们在心理上的萨塞克斯大学学生身份更为突出；而另一半学生则是随机筛选出的，他们在心理上的一般大学生的身份更为突出。

人们可能会设想，就体臭而言，无论是萨塞克斯大学的学生还是一般大学生，他们对其厌恶程度应该大致相当。但事实上，如果学生们在心理上认为自己属于普通大学生的一分子，那么当他们闻来自竞争对手的成员穿过的T恤时，他们的厌恶感会降低，突出他们的共享身份能让学生们更容易忍受这件臭气难闻的T恤。

在苏格兰，研究人员对圣安德鲁斯大学的学生进行了另一个版本的实验。[10]在该实验中，他们让一名女学生穿着两件不同的T恤慢跑，一件带有海军蓝色的圣安德鲁斯大学标志，另一件则带有其竞争对手邓迪大学的标志。

他们发现，相比于用手拿过印有自己学校标志的臭T恤后，人们在拿过印有竞争对手大学标志的臭T恤后，会使用更多的洗手液，花更长的时间洗手。当用手接触过脏T恤后，共同的社会身份认同感似乎再次阻止了他们反胃（或至少反胃次数不高于其他情况）。

对嗅觉的研究揭示了身份如何塑造我们对世界的感知。无论是闻令人愉悦的气味还是令人厌恶的气味，我们的感官体验都是由我们当前被激活的身份的内在或外在因素塑造的。现在是时候更深入地探索身份如何影响边界之外的认知，即身份如何影响人们对"外部群体"的看法了。

你的敌人比你的朋友离你更近

从中国的万里长城到美国与墨西哥之间备受争议且尚未竣工的边境墙，人类为了保持与外部群体之间的距离而倾注了大量的鲜血和财富。在某些情况下，威胁确实存在，但在其他情况下，威胁并不存在或是被故意夸大了。

过去几年里，我们的研究涉及了群体冲突与空间感受之间的关系，特别是人们对群体间实际距离的感知。在珍妮·肖领导的一组研究中，我们发现，相比于安全感更高的人，那些感觉受到某外部群体威胁的人会认为自己与该群体之间的实际距离比事实上的距离更近。[11]

比起未感受到移民威胁的美国人，那些相信"墨西哥移民正在腐蚀美国文化"的美国人会认为墨西哥城离他们所在的城市更近。我们对纽约人的调研也印证了这一规律，之后我们也对美国各地的人们进行了研究。无论住在哪里，威胁感都会让人们觉得外部群体与自己的距离比事实上的距离更近。

威胁感也会让人感觉外部群体比实际规模更大。在另一项研究中，与没有感受到移民威胁的人相比，感受到威胁的人认为越过边境而后进入美国的移民数量要多得多。[12]

令人惊讶的是，这种模式的驱动因素是心理学上的"象征性"或"文化"威胁，而非"实际"威胁。感受到象征性威胁的人认为，外部群体成员正在侵蚀他们的文化，继而威胁自己的身份。而遇到实际威胁的人则会关注更实际的问题，例如，他们可能认为外部群体成员正在抢夺他们的工作机会，或在滥用某项重要资源。许多美国人对移民的担忧是象征性的而非实际的，这使得他们夸大了外部群体与他们之间的距离之近。

但需要重点指出的是，我们仅仅在高度认同其美国人身份的受试者身上观察到了这一现象。那些国家自豪感表现最突出的人，心中所有的象征性威胁感与他们认为墨西哥城离他们太近而引起的不适感的关联最密切。在自身对美国人身份认同感不深的受试者身上则未发现这种现象。

如果人们认为美、墨边境形势稳定的话，这一切都会改变。当受试者阅读了南部边境是"世界上防护最严密的边境之一"的消息后，感受到移民威胁的美国人便不再夸大他们与墨西哥城之间的距离之近。然而，如果提醒他们"经常有人越境"和"边境基本没有安全保障"，我们发现他们表现出了与上文所述相同的情况。

在我们完成这个项目后不久，唐纳德·特朗普就参选了美国总统，他承诺在美、墨边境建造一堵长长的边境墙。这成为特朗普竞选之旅的核心议题，以至于在之后的政治集会上，他本人及其支持者都会高呼："筑起那堵墙！筑起那堵墙！"[13]尽管大多数专家认为建造边境墙是一项糟糕的政策，也认为边境墙无法解决移民问题，但特朗普还是执着于建造边境墙。他利用的便是我们两人在研究中观察到的这种心理现象，即通过加深人们对象征性威胁的感受，以加剧支持者们对移民问题和移民的担忧。

为外部群体构建实际的和象征性的障碍以谋取政治权力，是一项久经考验的策略（我们将在第九章谈论领导力时进一步讨论）。然而，这些动力学并不仅仅适用于移民或是政治语境。我们在研究其他形式的社会身份认同时，也发现了类似的思考模式。

在一个美丽的夏夜，我们的研究团队来到了纽约市洋基体育场，那里正在进行一场棒球比赛。当洋基队球迷（以及游客、其他球队的球迷）涌上看台时，我们请部分人填写了问卷，内容是填写自己最喜欢的球队及他们对其他球队的感受。然后我们递给他们没有任何标记的美国东海岸地图（从北卡罗来纳州到缅因州，实际距离长达804公里），并让他们标出洋基队的主要竞争对手波士顿红袜队的主场芬威球场的位置，或标出同分区的另一支球队巴尔的摩金莺队的主场卡姆登园球场的位置。地图上有一个标记洋基体育场位置的大头针，大约在另外两个体育场的中间。若受试者在纽约以北约190英里[①]处，即波士顿市中心用X标记芬威球场，或在纽约以南约170英里的巴尔的摩，用X标记卡姆登园球场，那他们就准确地完成了任务。

在棒球圈，球迷都知道洋基队和红袜队的球迷互相鄙视。许多人认为这是美国体育界竞争最激烈的两支球队。在我们进行研究时，洋基队在其分区排名榜首，红袜队排名第二，只落后一个胜场。而金莺队则排名倒数第一（总共落后洋基队23个胜场），

---

① 1英里约为1.6千米。——编者注

无望进入季后赛。洋基队和红袜队的球迷之间有世纪宿怨，这场比赛无非是让他们又多了一个互相憎恨的理由。

仇恨影响了人们对实际距离的判断。纽约洋基队的球迷认为波士顿红袜队的主场比起巴尔的摩金莺队的主场距离自己更近。实际上恰恰相反。在本次调研中，至关重要的一点是，当我们在比赛过程中向非洋基队球迷提出同样的问题时，平均而言，他们能更准确无误地标示金莺队的主场比红袜队的主场更接近纽约。[14]

我们还发现，无论人们是否去过这些城市，或者是否对自己的判断有信心，这些都并不重要。对洋基队的球迷而言，他们为观看球队客场比赛前往其他球场的途中可能获得的专业知识，似乎无助于他们做出更准确的判断。激烈的竞争显然极大影响了他们的经验判断。

这些知觉错误带来了相应的后果。一年后，我们针对洋基队的球迷进行了另一项研究，以了解空间上的近距离感是否会激发他们对对手的歧视。[15] 这一次，我们准备了两张印有红袜队和洋基队标志的图片，并向他们展示其中一张来操控他们的近距离感。在其中一张图片中，两队标志靠得很近（可能近到让人感觉不适）；在另一张图片中，两队标志相距甚远。

那些看到红袜队的标志在空间上更接近自己球队的洋基队球迷，更愿意支持区别对待对手的政策。他们赞成在洋基体育场为红袜队球迷提供更差的座位。我们还向洋基队球迷展示了体育场的座位表，并让他们标记他们认为红袜队球迷应坐的位置。令我们惊讶的是，有几个洋基队球迷甚至想将红袜队球迷完全踢出体育场！

在全球范围内，人们在不断放大群体间的冲突。我们的研究表明，社会身份认同能为诠释这一现象提供视角。但我们认为，这只是身份影响力的冰山一角。各种不同身份可能会导致认知偏见，并产巨大的影响，包括对法律体系的公平产生显而易见的负面影响。

视觉与身份认同

2014年8月，密苏里州圣路易斯的警察开枪击毙了25岁的黑人男子卡杰米·鲍威尔，死者有精神疾病史。鲍威尔先生涉嫌在商店里盗窃了两瓶能量饮料和几个甜甜圈，警察赶往现场后对其抓捕，并在不到20秒的时间里向他开了数枪。

这场悲剧发生在距离密苏里州弗格森镇数英里的地方。而就在几天前，另一名黑人男子迈克尔·布朗在弗格森镇被一名警察击中后重伤而亡。两名黑人男子接连因警方暴力执法而死亡，引发了全美反对警察暴力的抗议活动。

警方关于卡杰米·鲍威尔死亡的声明与视频证据不符。据警察局长称，鲍威尔先生"掏出一把刀并高高举起，朝着警察冲过去"，当警察开枪击毙他时，他"距离警察不足一米"。[16]然而，一段记录该枪击事件的手机视频显示，鲍威尔与警察的距离远不止一米，而且他的双臂似乎垂在身体两侧。

这起案件引发了激烈争论。人们争论到底发生了什么，以及警察使用的武力手段是否合理。在对法医、视频和证人证据进行长时间调查后，圣路易斯巡回检察官詹妮弗·M.乔伊斯的结论是，"因无合理怀疑而放弃针对两位警察的刑事犯罪指控"。她做出不起诉决定符合国家惯例——很少有警察会因其执法导致公民丧命后而受到指控。

警察开始佩戴随身摄像机后，许多人认为这将有助于解决警察与平民百姓互动过程中发生的争议，其拍摄的影像将客观展示实际发生的事情。人们希望随身摄像机的影像能够使警察和公民承担责任。最后，针对那些令人不安的互动案件将基于确凿证据做出判决。法官和陪审团可以亲眼看到在这些致命遭遇中到底发生了什么。

世界各地数以百计的警局已斥巨资为其警官配备随身摄像机，以期改善警察的执法工作。部分警局随机指派警察穿戴摄像机。结果喜忧参半，也尚不清楚这些摄像机能否减少警察使用暴力的次数或公众投诉警察行为的次数。[17]另一个问题是，影像本身能否减少刑事司法调查中的偏见，能否让检察官、陪审团和法官获取更真实的信息？

南卡罗来纳大学的法学教授塞思·斯托顿制作了一系列影片，专门研究随身摄像机就评判警民冲突的情况达成共识的有效性。[18]斯托顿本人曾是警官，他支持让警察佩戴摄像机以帮助认定警民互动事实的倡议。

然而，尽管斯托顿对此寄予厚望，但是人们对他制作的影片的看法不尽相同。大多数人通常都认同这些影片中的警察面临安全威胁。但是，相比于不信任警察的人，那些高度信任警察的人更可能相信警察的生命面临着严重威胁。

与现实生活中的许多遭遇一样，这些影片的场景都让人难以做出明确判断。这使得人们对警察的先入之见和看法影响了受试者的判断。就像罗夏墨迹测验一样，他们从影片中看到的往往是他们相信的东西，这影响了他们对警民间冲突的看法。人们对影片中的警察和平民产生的认同感并不一样，并转而引导他们以完全不同的方式看待同一冲突。

为了更好地了解身份认同和视觉注意力在此类判断中所起的作用，耶尔·格拉诺特和她的同事在人们观看警察与嫌疑人身体对抗的影片时监测了他们的眼球运动（眼动实验）。[19] 受试者观看了数段45秒关于警民争执的实录影片。在这些影片中，警察是否做出了不道德或暴力的行为，例如在逮捕嫌疑人时是否过度使用武力，是模糊不定的。

在一个片段中，一名警察试图给一名吞下一包毒品并拒捕的嫌疑人戴上手铐。他们发生搏斗，警察将嫌疑人推向警车。该嫌疑人咬了警察的手臂，随后警察击打了嫌疑人的后脑勺。当人们观看影片时，研究人员使用计算机显示器内置的眼动仪"偷偷"观察受试者的视觉注意力。然后，受试者被问及该警察是否应该得到惩罚，以及应受何种程度的惩罚。

尽管观看了同一影片，但受试者的评论却大相径庭，实在令人震惊。与不认同警察但却花更多时间关注影片中警察举动的人相比，那些认同警察并花更多时间在视觉上关注影片中警察的人，更不希望警察受到惩罚。

简而言之，观看影片几乎没有解决不同个体对同一现象有着彼此截然相反的印象这一问题。相反，人们对警察的关注越多，他们对警察是否该受惩罚的看法就越两极分化。通过将注意力转移到警察身上，人们会在大脑中生成一个关于罪责的故事线，这个故事线与他们早已存在的身份相一致。

事实上，身份深度影响了我们想法、理念、理论和语言，将我们的注意力集中到重要的事情上，帮助我们向自己（和他人）解释我们周遭正在发生的事情。我们的身份塑造了我们对社会和现实世界的看法，改变了我们的关注点以及我们对周遭的诠释方式。这种选择性的关注和筛选过程，有助于解释为何人们经历相同的事情，却对发生的事情得出了截然不同的结论。值得庆幸的是，针对这些挑战有一些潜在的解决方案。

偏见盲点

通过身份的视角看待世界会引发社会问题，对警方维护治安过程中持有的偏见虽非其唯一体现，但却是最重要的体现之一。不幸的是，身份认同的视角不仅影响第三方如何判断警察的行为，也影响了警察如何评判民众的行为。以下仅举一例说明：研究人员调查了美国 2011—2018 年近一亿次"警察拦停汽车"的情况，以确定有关种族身份的视觉信息如何影响警察的决策。[20]

白天，警察更容易看到司机的种族身份；日落后，警察很难看清司机属于哪个种族。这很重要，因为许多执法判断是在事情不明确的情况下做出的。司机是否违规驾驶？某人是否形迹可疑？司机是不是和某通缉犯相貌相似？警察做出此类微不足道的决定的方式可能会导致严重后果。

若某人的肤色会影响警察做出是否让此人靠边停车的决定，那么"警察拦停汽车"在白天因种族导致的区别对待应该比晚上更多，因为晚上更难区分司机所属的种族。这其实也是研究人员的发现。与白天相比，黑人司机在天黑后被要求"靠边停车"的比例更小。在"黑暗面纱"的遮盖之下，警察所做的决定较少受种族偏见影响。他们不能再使用种族身份和刻板印象来弄清原本不明确的信息。

研究小组还分析了警察对某人的汽车进行毒品或武器等非法物品搜查的决定。这里也发现了种族偏见的证据。例如：在市级警察局，被警察拦停汽车并被搜查的司机中，黑人司机所占的比例是9%，西班牙裔司机为7%，而白人司机仅占4%。

然而，当警察执行搜查时，实际上警察在白人司机的车上发现违禁品的概率更高。在同一批警察局中，他们搜查的白人司机中有18%藏有非法物品，而仅有11%的西班牙裔司机和14%的黑人司机会出现同类情况。因此，如果警察拦停黑人司机，他们藏有非法物品的可能性要低于白人司机。但由于黑人司机被拦停的次数要多得多，所以他们更容易被捕。

这种情况之所以发生，是因为警察的心理偏见影响了他们每天决定该拦停哪位司机以及对谁进行搜查。在这种情况下，肤色成为他们利用的视觉信息，并决定了他们如何解释和处理其他信息。

　　事实证明，在这种情况下，身份是造成问题的部分原因，但也能提供部分解决方案。例如，最近在芝加哥进行的一项大规模研究发现，增加警察群体的多样性极大地改变了警察群体的执法行为。[21] 黑人和西班牙裔警察比白人警察更少拦截汽车和逮捕司机，也更少使用暴力，在他们与黑人平民之间的互动中尤其如此。当研究人员仔细检查数据时，他们注意到这些差异的根源在于多样化的警察组合减少了对黑人平民轻微违法行为的关注。在情况不明确的场景中，基于身份的暗示最有可能引导人们的注意力和判读。

　　这些数据非常具体地阐释了代表性很重要的原因。就警方而言，警察群体的种族民族越多元化，就越能代表他们管理的社区，从而有助于减少种族差异导致的激进执法。这些警察能通过不同的视角看世界，也由此改变了警察群体判读和处理不明确情形的方式。

　　我们相信，同样的原则也适用于其他情形和机构。我们的身份帮助我们理解这个世界。身份揭示了许多事实，但也让许多事情变得模糊。如果我们专注于一件事，就会不可避免地错过另一件事。更糟糕的是，我们很难意识到自己的偏见。虽然我们很容易看出别人的感知经常犯错，但常常看不到自己的身份视角是如何影响我们的经历的。

　　研究人员将此称为"偏见盲点"，这是一种普遍的现象。一组针对 661 名美国人的研究发现，超过 85% 的人认为他们持有的偏见少于一般民众。[22] 值得注意的是，只有一个人承认自己持有的偏见高于平均水平。从体育赛事到警方执法等一切事情，我们了解到身份塑造了我们对事物的判读，我们应该就此进行深思。在草率地得出结论前，我们不仅应该去反思我们潜在的偏见，还要将"事实上我们通常无法看到这些偏见"这一现象纳入思考中。

在本章中，我们大篇幅聚焦于身份塑造感知的方式，部分原因是：认识到我们自身存在的偏见是找到解决方案的重要一步。在下一章中，我们将研究群体如何塑造我们对世界的信念，并且关键的是，探索我们如何建构追求准确性及真相的身份。

第三章
共享现实

1954年的一个秋日,《芝加哥先驱报》的读者在该报纸头版读到了这样一个古怪的故事,该文章题为"来自号角星的预言,号召诸市民:避世者得自天外的消息,12月21日,灭世洪水将至,请提前躲避"。题目里提及的避世者名为多萝西·马丁夫人,该文章还有一个颇有趣的读者是明尼苏达大学的社会心理学家利昂·费斯汀格。

居住于芝加哥的多萝西·马丁是一位家庭主妇。同时她还是当地一个末日派邪教的领袖。报纸告诉读者,马丁确信自己可以与来自号角星和塞勒斯星更高级的外星生命(名为"守护者")进行交流,他们已经向她发出一个紧急而又不祥的警告。根据马丁的说法，守护者们乘飞碟到访地球时，察觉到地球地壳中存在难以令人心安的断层线，他们通过该断层预测到大规模洪水即将来袭，美国西海岸难以幸免。而外星人此前便和马丁保持着密切联系，故他们出于友善给了她一线生机，而她出于使命感才向当地一家报社报告了这个消息。

当时，利昂·费斯汀格正试图研究明白人们是如何处理彼此间冲突的信仰的；即便其信仰有违逻辑，或是存在反证，人们往往也不会改变他们的信仰，这让费斯汀格感到困惑。费斯汀格认为，这则世界末日预言是检验群体动力学何以坚定人们信念的一个绝佳机会。[1]

费斯汀格和他的一位同事决定加入这个名为"探路人"的邪教组织，并以可信的内部成员的身份来收集数据。他们想观察12月21日，即预计世界末日大洪水暴发的那天，邪教成员会作何反应。费斯汀格知道这个预言纯粹是胡说八道。他推论说，这一天到来后这些邪教成员就会面临无可辩驳的反证，证明他们的期望是何等荒谬。他希望在他们的整个世界观崩溃时，与他们共处一地，以观测"探路人"们的反应。

12月中旬，多萝西·马丁宣布她已从"守护者"那里收到了振奋人心的新消息：她与这群忠实的信徒将从大洪水中得救！根据这次对预言的更新，在12月21日午夜，他们将会接到一个电话，从中得知飞船的下落，飞船会将他们带到安全地带。这成了该群体希望的源泉和坚实的信念。

12月20日晚，邪教成员聚集在多萝西·马丁的家中。只有那些已证明自己是虔诚信徒的人才会获准进入此处。在领导者的指示下,他们将身上所有的金属物件都取了下来,包括拉链、带钢圈的胸罩以及钥匙,他们耐心地等待着外星人的救援。可以料想到,这些信徒们此时一定是无比激动。他们将首次见到外星人,并共同经历他们确信的共享现实。对"探路人"们而言,这一晚是极其重要的一个夜晚。

午夜即将来临。众信徒满怀期盼地等待着。

午夜的钟声敲响了,该邪教的信徒们环顾四周,奇怪为何无事发生。时间一分一秒地流逝。一些人变得忧心忡忡起来。

其中一位信徒注意到另一座时钟的读数显示仍是晚11点55分,不由得松了一口气。这一定才是准确的时间。外星人将会在5分钟后与众人联系!

然后,第二座时钟又敲响了。

仍无事发生。

时间一分一秒地过去,几秒钟,几分钟,几小时……离迫在眉睫的大灾难只剩数小时了。

这群人坐在那里,在震惊中陷入了沉默。现实无比残酷,并没有人来拯救他们。雪上加霜的是,他们必须面对整个信仰体系都是错误的这一现实。一名信徒开始哭泣起来。

之后,在时钟指向清晨5点之前,马丁夫人突然又收到另一条信息:"这一小群人整夜守候,为人世洒下无量光,故而上帝决定让世界免于毁灭。"他们终究没有错信!通过坚守信仰,这一小群信徒为人类赢得了救赎!

但问题的症结在于，拯救世界之后，他们接下来又会做什么？他们是否会悄悄收拾好他们丢弃的物品，然后回归他们的家庭继续之前的生活？他们今天会到此为止吗？

恰恰相反，那些此前拒绝接受采访的"探路人"们，没过几小时就给报社打去电话，尽可能广泛地将他们的救世消息散播了出去。

为什么他们即使目睹其信仰体系被揭穿，却仍坚持他们的信仰呢？在本章中，我们将探讨这个20世纪50年代的邪教对我们理解身份及信仰的本质会有何启示。在此过程中，我们将讨论促使人们遵守群体规范的重要且通常非常明智的心理动机。我们的世界是如此复杂而混乱，无人可以独自面对，遵守我们群体的规范也是我们向世界表达我们的价值认同的途径。通常情况下，遵守群体规范成效良好，但当群体和组织变得像邪教那样时，以及我们被群体思维驱动时，那么导致的后果可能会极其恶劣。即便如此，在群体内部我们仍可以拥有共同目标与基于证据的身份认同，这两者都有助于坚定我们的共同信念并改善我们的决策。

一切现实都是社会现实

众人共历之幻觉即现实。

——埃里希·弗洛姆，《基督教义分析》

大约在费斯汀格潜伏进入"探路人"内部的同时，社会心理学家所罗门·阿施正在进行有关从众的开创性实验。在他的实验里，阿施要求斯沃斯莫尔学院的一小组学生完成一系列极简单的视觉任务。[2] 在每次实验中，他向学生展示一组三条垂直线，并要求他们判断哪一条与第四条线的长度相同。这很简单，连一个蹒跚学步的孩子都能判断出。（这一点我们俩人是确定的，因为我们在自己的孩子蹒跚学步时就给他们做过这个测试！）

在受试者独立完成任务时，他们总能给出正确答案。但阿施希望观测如果人们处在小组中会出现何种结果，所以他让学生们在一张桌子边围坐在一起，然后测试者举起简单的视觉刺激物，让他们一起宣布答案。然而，受试者并没有意识到，实际上每次测试只有一个真正的受试者；该小组的所有其他成员都是阿施的傀儡，他们接到指令要在实验进行到关键处时给出错误答案。还有一项实验条件也是预先安排好的，即无防备的真正受试者总是被安排在最后给出答案。

因此，在其他所有学生都给出了错误答案后，真正的受试者会面临一个选择：他究竟是该给出明显正确的答案，还是向群体妥协给出错误答案？正如奇科·马克斯在电影《鸭羹》中所说的："你会相信谁，我还是你自己的眼睛？"

在所罗门·阿施的实验的受试者中，76% 的人在面对视觉证据与其他人的错误反应存在明显差异时，实际上会忽略自己的视觉判断，并且会至少重复一次错误答案。平均而言，受试者在大约三分之一的时间中都在顺应大多数人的意见。而在每次实验中，只有不到四分之一的受试者完全抵制住了群体的力量。

他们为什么会如此？为什么人们会屈从群体并给出他们明知错误的答案？如果你考虑的是"同伴压力"，那你便找到了正确答案。同伴压力（心理学家称之为规范性影响）在促成一致性方面起着关键作用。我们之所以能明确这是造成实验结果的一个因素，是因为当阿施让受试者匿名写下答案而非大声说出答案时，错误答案的频率会降低到几乎为零。

此类型的从众压力通常是由一个人想要融入群体并避免社会不适感及潜在排斥的愿望驱动的，而这种不适感和排斥往往来自反常行为。但这并不是人们顺从的唯一原因。我们进行了类似的实验，在实验中，我们赋予受试者一项更困难的视觉任务，该任务要求他们判断朝向不同方向的两个图形是否相同。在此情形下，答案并非显而易见。在他们观察这些图形几秒钟后，我们会给他们看一个饼状图，该饼状图显示了先前受试者给出的每个答案的比例。

当饼状图中显示多数人的选择是正确的时候，受试者明显会给出更多的正确答案，反之亦然。但事实是，所有的受试者都是在小隔间里的电脑上独立完成实验的，在其中并没有其他人观察他们的反应。他们并不需要屈从以融入群体，但饼状图显示了其他人的判断，他们以此作为信息来源来辅助自己选出答案。这种类型的从众被称作信息影响，其动机是人们在假设他人是良好的信息来源的基础上，希望做出正确的选择。[3]当不确定该如何行动时，人们往往会向他人寻求如何思考并行动的线索。

在阿施最初的研究中，信息影响并不是其中的一项变量。因为任务非常简单，人们并不需要依赖他人获取信息。但是，就像我们在生活中经常遇到的那样，当任务或情况变得更加困难或模棱两可时，我们会求助于其他人帮我们厘清到底发生了什么。成年人经常劝阻青少年勿屈从于"同伴压力"，告诫他们"直言拒绝"，但对这些青少年而言，许多情况下顺应他人的行为才是明智之举。

如果你认为大体而言，其他人跟你处于同样的情形，那么你在做决定时，赋予他们的偏好与你自己的偏好同等权重是合理的。[4]例如，想象一下，在独自开启长途旅行之前，你试图在两本有声读物中进行取舍。你对其中一本书有些许偏好，但你知道你的好朋友最近选择了听另一本书（尽管你不知道她听了之后是如何评价的）。在此情形下，假设你的朋友与你处于同一学识水平，那抛一枚硬币来随机选择任意一本读物都是合理的。换言之，无论是选择朋友喜欢的，还是自己喜欢的，你有同样多的理由。也许你的朋友知道一些你不知道的事情。

接下来，假设你有两位密友选择了另一本有声读物。现在支持你选择该读物的比例是 2∶1，你甚至不需要掷硬币了——你理应选择他们的偏好，而非坚持自己的偏好。此种类型的动力学可能促进行为"连锁反应"（即所谓时尚）的发展，在此类时尚中，对特定音乐家、书籍、服装风格、发型、大学专业或语言表达的偏好会在广大人群中迅速传播。如果你翻阅旧杂志，你会看到无数流行趋势，比如垫肩和喇叭裤，它们流行了一段时间，然后就销声匿迹了，当然它们也可能会再度流行。我们总认为其他人对何种音乐好听、对何种服饰好看等都极富洞察力,如此一来无论我们最初对某事有何想法、印象,通常情形下我们很快都会随波逐流。

这一观点可能会帮助我们解释为什么人们开始偏好新的事物时,旧时尚往往便随之消亡。[5] 随着连锁反应的进行,我们可以假设会有越来越多的人放弃自己的学识专业带来的偏好,而将他们的决策建立在其他人做出的决策上。在某种意义上,事实显而易见:我们追求其他人的选择,并不是因为他们的选择更优良,而仅仅因为大多数人都如此选择。

现在,少数人做出的与众不同的选择,可以给我们带来启发,因为他们必定有很好的理由才会做出这样不同寻常的决定。突然间,今日之时尚已寡淡无味,令人疲惫不堪,而你也已经准备好与时俱进,迎接下一件大热事物了!

所以,当我们想融入群体之时,当我们以为他人拥有真知灼见之时,我们会和他们一起随波逐流。我们会从众的第三个原因是我们想要表现出有价值的身份。[6] 正如我们在第一章中讨论的,我们所属的群体有明确表述"我们在此应如何行事"的规范,即定义我们属于特定群体成员的思维、情感和行动模式。我们越认同一个群体,我们就越想通过自己的行为以身作则阐述其规范。

人们有时把从众描述为"传染行为",这意味着思想和行为会在整个人群中像病毒那样传播,甚至是在整个物种中传播。但传染并不是最好的比喻,因为与大多数病毒不同,从众通常会在群体的边缘结束。它是有边界的,因此我们才更可能遵守群体内的规范，而不是群体外的规范。上述三种从众动机都促成了此种现象。我们更关心的是如何被群体内部成员接受并融入他们。我们经常会认为我们所属的群体比其他群体要更睿智，因此我们所属的群体才是更佳的信息来源。我们想要表达的是我们自己的群体的身份。

事实上，从众现象不仅仅以群体为边界，它甚至可能存在于对立群体中，比如当一个群体中的人选择不做某件事仅仅是因为另一个群体中的人正在做此事，反之亦然。[7]这种情况经常发生在富人群体或新潮群体中，一旦他们中流行的一种趋势流入大众阶层，他们就会转而推崇不同的风格。不难看出，在高度极化的环境中，如果某些群体只为保持相对于竞争对手的独特性，而受此驱使接受谬误信念或进行自我毁灭，那么这些身份动力学就会导致恶果。你有时可以在社交媒体上观察到这种动态，人们为表明他们抵制某一公司的政治立场，而发布自己烧掉鞋子或毁坏咖啡机的视频。

但是，尽管从众现象有其阴暗面，但它在人类群体中所起的作用至关重要。人类拥有分享思想和信息从而协调彼此行为的能力是我们与其他物种（包括其他灵长类动物）的根本区别。正如认知科学家菲利普·费恩巴赫和史蒂夫·斯洛曼指出的那样："黑猩猩能够在数字和空间推理类任务上超越幼儿，但它们无法完成需要与他人合作才能实现目标的任务。我们每个人知道的很少，但通过合作，我们可以取得非凡的成就。"[8]

没有一个人能掌握并储存引导世界发展所需的全部知识。与其说知识是我们头脑中的东西，不如说知识是在人与人之间共享的东西。当艾萨克·牛顿写下"如果说我比别人看得更远的话，那是因为我站在巨人的肩膀上"这句话时，他表达了对知识的共有性的感激之情。[9]

若无这种共有性的知识，人类就无法清晰地区分事实与虚构。如果你嘲笑所谓的外星飞船拯救"探路人"，可能只是因为你所属的群体对不明飞行物事件及世界末日预言持怀疑态度。这并不是因为你缺乏社会认同感，而是因为你的信仰与截然不同的群体的信仰是一致的。

虽然与社群团结互助在大多数时候比孤身奋斗好得多，但显然也存在例外。若人们受到江湖骗子、邪教领袖或宣传者的过度影响，他们便可能会误入歧途。可能我们会觉得邪教成员仅是极为例外的一类群体，但其实类似形式的群体心理体现在生活的方方面面，包括政界和企业界。一个群体不需要发展到真正成为邪教的地步，而仅需加大对其成员的压力，要求他们屈从其意志，隔绝其所寻求的信息，使其对自身发展、社会地位产生过度信仰，就会接近歧途。如果对这些动力学不施以有效控制，就会造成经济和人力成本的巨大浪费。

稳固如曼哈顿

2019年5月的一个清晨，多米尼克把牢骚不满的孩子们从床上叫醒，分给每人一根格兰诺拉燕麦卷，然后再将他们塞进车里。在周日清晨六点半，车辆稀少，没几分钟他们就抵达了目的地——理海大学校友纪念馆停车场的顶层。他们加入那里的人群中，许多人仍穿着睡衣，几乎所有人都手捧咖啡。尽管时间很早，周围环境也很简陋，但人群中还是弥漫着节日早起的氛围。因为他们要在那里目睹马丁大厦的倒塌。

马丁大厦是宾夕法尼亚州理海谷有史以来最高的建筑。这座雄伟的建筑建于20世纪70年代初，曾是美国第二大钢铁生产商伯利恒钢铁公司的总部。伯利恒钢铁公司是国家军事力量的组成部分，曾在第二次世界大战期间供应了足以建造1000多艘船舶的材料，其生产的钢铁还曾用来建造金门大桥。1955年，伯利恒钢铁公司在《财富》杂志500强企业排行榜上名列第8。[10]

马丁大厦是为彰显伯利恒钢铁公司实力而特意建造的。然而，这座大厦在无意间也成了狭隘傲慢的企业文化的象征，从跨度漫长的时间周期来看，也正是狭隘导致了其消亡。这座大厦的外形犹如一个巨大的加号，这并非出于任何建设结构的原因，只是为了最大限度地增加办公室的数量，以安抚那些高层管理人员的自尊。

如果你身处管理层，那么伯利恒钢铁公司就是一家极好的公司。与高管共进午餐是该公司著名的"四星级"体验；午餐时间很长，餐厅布置优雅，餐厅里摆满了银制餐具。在那个年代，许多行业都在高尔夫球场上谈重要的生意，伯利恒钢铁公司也不例外，它在自己众多的工厂周边为其管理层修建了高尔夫球场。

曾几何时，全美12位薪酬最高的高管中的9位都来自伯利恒钢铁公司。他们完全有理由对自己志得意满，他们觉得自己的地位是如此牢不可破。正如 CEO（首席执行官）尤金·格雷斯指出的，曼哈顿岛地区的花岗岩上耸立着引人注目的直冲天际的建筑，这些建筑大部分都是用伯利恒公司生产的钢铁建造的，这便是伯利恒钢铁公司地位稳固的象征。

但若走出这膨胀的傲慢，在现实世界中，伯利恒钢铁公司的一切发展都不顺利。国外的竞争愈发激烈，技术变革愈加迅猛。这些因素在 20 世纪下半叶加速爆发，最终对整个美国钢铁产业形成了致命挑战。一些公司适应了新的外部环境并生存下来，但伯利恒钢铁公司却没有。

当然，一家大型企业的倒闭是由诸多因素导致的，但伯利恒钢铁公司的故事仿若一则警世寓言，它告诉我们当一个组织闭关自守，只在内部窃窃私语，沉迷于自己的神话中时，会发生什么。

伯利恒钢铁公司成立的前 66 年里，只经历了四任 CEO。尤金·格雷斯执掌公司到 80 多岁。在他晚年，有时在董事会会议上他都会睡着，其他人只好等他醒来后再继续会议。董事会主要由公司内部人员组成，管理人员也是如此，他们通常是从公司内被拔擢的，而不是从经验丰富且日益危险的竞争对手那里招聘来的。身处这样一个竞争日益激烈的行业，缺乏局外人的视角可能会带来致命危机。

压死伯利恒钢铁公司的最后一根稻草是该公司在发展蒸蒸日上、利润丰厚时实行的养老金和医疗福利相关制度。[11] 管理层在津贴和福利上奢侈挥霍，却缺乏长远目光。他们误以为今日的风光会一直延续，提前透支未来的收入。但当未来到来时，缺口已经太大而无法填补。2001年该公司宣告破产，到2003年公司已经解散。

于是，2019年一个明媚的清晨，刚过7点，停车场顶层上的人群便目睹了这样一幕：那加号形状的建筑两侧自上而下爆闪着亮光，爆炸的尘埃从建筑物的结构支撑处冲击而出。在万众屏息中，马丁大厦支撑了片刻，随后便在一片遮天蔽日的尘土中坍塌。

企业"邪教"

本章从一个邪教的故事开始。伯利恒钢铁公司绝不是一个邪教，但作为一个组织，它表现出了类似邪教的一些病态，对自身的优越、智慧和韧性盲目自信。随着伯利恒钢铁公司在20世纪末的衰落，另一家美国大公司正沿着这条轨迹走得更远。

20世纪80年代中期，肯尼思·莱执掌了一家新公司——安然，这是两家能源巨头合并重组后的产物。在之后的十年间，在莱和一群高层管理者紧密团结地领导下，安然由一家以石油天然气基础设施实体资产为基础的传统能源公司转变成为一家从事大宗商品交易的金融机构。[12]该公司大获成功：2000年，它的雇员高达两万多，并宣布年营收超1000亿美元（至少在年报里是这样）。

然而，事实最终证明，安然公司的大部分账面利润都是虚报的，它是由不可靠的会计做假做出来的，而非实际利润。这场骗局涉及了诸多方面，内情复杂又极富创造性。例如，安然公司的高管们将大量债务转移到有限合伙公司，然后将其视为独立公司，从而将债务成功地从安然公司的账目中转移出去。这种做法最终引起了审计人员的质疑，危若累卵的纸牌屋便开始坍塌。

安然公司的欺诈规模太过于庞大，仅仅归咎于"几颗老鼠屎"已毫无说服力，尽管前总统乔治·布什是这样说的。包括《经济学人》杂志撰稿人在内的评论员们，建议将安然公司理解为"某种福音派邪教"。组织研究人员丹尼斯·图里什和纳希德·瓦查对这一观点进行了细致研究，并得出了结论，这一类比是恰当的。他们特别指出，在安然公司的鼎盛时期，其具有诸多邪教组织特征。[13]

例如，邪教组织往往会存在极富魅力的领袖。"探路人"们的领袖是多萝西·马丁，据说她拥有与更高级的存在沟通的特殊能力。在安然公司，它的高层领导几乎受到了神话人物般的崇拜。这些高管自诩为天才革命者，并得到了广泛认可，他们为了追求更高的利润而颠覆了一个稳健保守的行业。

接替肯尼思·莱担任 CEO 的杰弗里·斯基林将自己塑造成了黑武士达斯·维达（《星球大战》中的人物），因为他是"能量宇宙的大师，有能力控制人们的思想。他正处于力量的巅峰，他胁迫众生"，所以才赢得了"黑武士"的声誉。[14] 他还将他的交易员命名为暴风突击队（同样出自《星球大战》）。

邪教领袖为其群体成员传播"极权主义愿景"，这是一种可解释万物并明确指导其行动的超越性意识形态。比如说，宣称世界即将终结，宣称只有一种方法可以拯救人类，再没有比这更攫人心魂的愿景了。在安然公司，此种愿景具体为该公司不只是能源行业的一分子。

正如安然公司大楼入口处悬挂的巨大旗帜所言，安然的使命是从世界领先的能源公司转变为世界领先的公司。图里什和瓦查指出，尽管这只是一个世俗愿景，而非宗教类或末日派愿景，但"它还是向人们许诺了人间天堂。如果安然公司实现其目标，有幸成为其员工的人将获得难以想象的财富和幸福"。

与广义的邪教组织如出一辙，安然公司首先就利用其招聘程序对员工灌输信仰。安然公司招聘选拔过程竞争之激烈闻名于外，应聘者会在同一时间面对8名不同面试官的快速提问。任何过关获得工作的人都会觉得自己是被特别挑选才加入这个精英团队的。这些新员工对自身的独特感得以加强，并与他们对安然公司的认同感紧密相连；"安然公司的员工经常被告知，他们是世界上最聪明、最优秀的员工，他们也开始对此深信不疑"。与这一赞誉相对应的是，那些被认为一心为公司争取利益而进取心十足的员工，会获得高额薪酬和奖金。

最后，为将这种信念延续下去，安然的领导层不容异见存在。他们采取了一些其他措施，比如末位淘汰的严厉评估体系，这催生了一种竞争白热化的环境，管理者因此能迅速革除任何不称他们心意的员工。正如其他人在评论安然公司时指出的："在试图快速且有效地将那些不尽责员工从公司分离出来的过程中，安然公司创造了一种环境，使大多数员工怯于表达自己的意见，并失去质疑不道德、潜在非法商业行为的勇气。由于末位淘汰制度主观武断又有失严谨，它很容易被管理者用来奖赏盲目忠诚者以及排除潜在异己者。"[15]

这些群体和组织具有种种邪教组织的特征，如个人魅力极强的领袖、极权主义愿景、精心灌输信仰、消除打击异见，也因此获得了众多狂热追随者。他们全身心地投入使命中，排斥不同观点，对集团的内部矛盾、高昂成本甚至潜在的非法行为视而不见。这种世界观会在社群中得到其他群体成员的强化，正如多萝西·马丁的末日邪教中的"探路人"一样。

当安然公司的幻想和错误信念破灭后，它也走向了破产解散。肯尼思·莱和杰弗里·斯基林一同受审并被判处诈骗罪；莱在宣判前离世，而斯基林则锒铛入狱。其他高管也纷纷入狱。数千名雇员失去了工作和养老金，美梦由此如泡影般破灭。在这一点上，"企业邪教"成员在期望破灭时的遭遇与"探路人"这类群体成员在期望破灭时的遭遇是不同的。

当预言失败时

在多萝西·马丁的外星朋友未能神奇出现的 50 年后，一位名叫哈罗德·康平的传教士散播了另一则世界末日预言。康平是一家名为"家庭电台"的基督教广播网的董事长，他预测获救日将在 2011 年 5 月 21 日到来。

康平先生在他的广播节目中耗费了无数个小时讨论审判日，并花费数百万美元制作广告牌以警告 40 多个国家的人民。这一宣传大获成功，他的预言吸引了众多知名新闻机构的注意，包括

《纽约时报》、美联社和《时代》杂志。

它还吸引了一组经济学家的注意,他们决定在费斯汀格对"探路人"的原初研究的基础上深入挖掘。作为经济学家,他们想用真实的美元衡量信仰的力量。他们还引入了一个关键的对照小组,这个小组在对"探路人"的研究中是没有的。这些经济学家中包括一批基督复临安息日会信徒,他们与康平的追随者有些相似,因为其中许多人确信在他们有生之年将迎来审判日(一说获救日),但他们不相信审判日是在5月21日,而这正是康平预言的那一天。这使得研究人员能够直接对两个不同末日信仰的相似宗教团体的反应进行比较。

研究人员在圣经研习班结束后与"家庭电台"的追随者和基督复临安息日会信徒分别接触,并向他们提供资金。但是他们必须做出选择,他们可以马上得到5美元,或是在4周后获得最多500美元(金额各不相同)。[16] 然而,关键之处在于,受试者在5月21日(被预测为世界末日的那一天)之前不会收到那笔更大的资金。

任何一个理性投资者读到这篇文章都会意识到,只需静待几周就可以获得比股票市场上任何基金都要高的回报率。但当然了,这一切建立在你认为这个世界能够存续到你获得回报之日,这才是重中之重!

基督复临安息日会信徒的表现一如此前经济学研究中的受试者。平均下来,如果他们能在不久的将来获得至少7美元,那他们就愿意等待这笔钱,而不是立即得到5美元。在数额加大到

20美元后，全部对照组受试者就都愿意等待几周的时间了。他们愿意保持耐心以此多挣几块钱，这是明智的财务抉择。

与之相反，具体到个人，哈罗德·康平的追随者现在就想获得这笔钱。只有获得极高的出价时，他们才会考虑拒绝5美元而等待推迟的回报。事实上，绝大多数人都拒绝了几周后拿到几百美元的机会，而是坚持要求立即付款。

那么，在2011年5月21日究竟发生了什么呢？

虽然该研究团队的成员并没有像费斯汀格团队那样潜伏于邪教组织之中，但他们也拥有次佳的优势：他们能够在雅虎上浏览该组织的留言板。在预言中的获救日（根据康平的说法，获救日将在5月21日第一时区日落时分开始，然后从第一时区蔓延至全世界）之前的几天里，留言板上主要都是些满怀信念和希望的消息。而在当日第一时区日落前数小时，留言板便沉寂下来。

然后，随着预言中的时刻来临又逝去，留言板又开始活跃起来。留言板上的帖子所揭示的人们的反应与费斯汀格半个世纪前观察到的并无不同。追随者们并没有放弃希望，而是苦苦搜寻某种解释，以维护预言的核心原则不被动摇。他们提出了获救日降临的另一时间，但由于每个新的预测时间都未能实现，因此他们又很快地做出了修改。

这种情况一直到5月23日康平先生亲自发表声明才结束。在一则新的启示中，他说，虽然获救日在物质世界中没有来临，但"灵魂领域的审判"确实发生了，这也引发了世界末日的降临。尽管其自相矛盾之处证据确凿，但他和他的追随者仍坚称没有错，一切都能自圆其说。这简直超乎人们的想象：在互联网时代竟出现了一个比"探路人"更完美的案例。

在预言失败后，为什么邪教成员会做出这样的反应？

利昂·费斯汀格和他的同事观察了这些"探路人"后提出，当身份和信仰受到严重质疑时，会引起人们严重的不适感——这种状态被称为认知失调。人们由此抛弃了这个群体，回归家庭和朋友，尝试重新开始，似乎才是合情合理的。但人们反而会竭尽全力保持自己的身份认同和群体的共享现实感。对于信仰坚定的成员而言，漠视矛盾并寻找有助于减弱其不和谐感的新信息往往才是更容易的事情。

当在生活某方面遇到重大障碍时，我们大多数人都还能求助于其他身份和社会关系。比如在办公室不顺心的时候，你可以在工作结束后与家人待在一起，登录社交媒体与朋友畅聊，或是打开电视为你喜爱的球队加油助威，以此来寻求慰藉。在问题出现时，这些替代身份可以为你提供心理缓冲。但是，"探路人"和"家庭电台"的追随者，可能还包括安然公司的一众员工，都已深陷在困境中。这就为他们催生了巨大的动机，寻求各种途径去支撑他们的身份和群体，对此类事件强加解释和辩护。

面对确凿无疑的相反证据，仍能保持信念的关键是获得社会支持。孤立无援的信徒很少能经受住预言失败产生的压倒性证据的打击。事实上，正如我们在"探路人"身上观察到的，社会支持在维持共享现实感方面是如此重要，它可能会支撑信徒在受到现实打击后去修正他们的信仰，同时信众还会劝诱别人信教以此增加信徒的数量。正如费斯汀格写的那样："如果有越来越多的人相信其信仰体系的正确性，那么无疑，它终究必须是正确的。"[17]

在群体预言败露后，这种为信仰加倍下注的模式是很寻常的。在考察完历史上诸多宗教团体在预言未实现的反应后，费斯汀格观察到："尽管预言失败，但狂热之火愈烧愈烈……失败似乎激发了更大的忠诚表现。"

在我们写这本书的时候，我们还看到"匿名者Q"阴谋论的追随者也出现了类似的动态，他们对2020年美国总统选举的预测被一再推翻。人们常常认为阴谋论者与其他人有本质上的不同。但我们发现，许多阴谋论者只是因为其身份认同目标而被这类信仰系统所吸引。他们依托于有相同的身份认同的阴谋信仰，与其他信徒分享此类信仰，并从中获得归属感。[18]

避免群体思维

我们当然不是说群体注定或总会成为类似邪教一样的组织。但是，驱使人们寻求共享现实的身份动力学确实会对各种群体产生影响，即便自相矛盾的信息就摆在他们眼前。一篇相关的科学文献将这些动态描述为群体思维。

根据该观点的提出者欧文·贾尼斯的判断，约翰·F.肯尼迪任总统一年后，他的政府发动的对古巴偏远地区猪湾的登陆入侵事件（猪湾事件，亦称吉隆滩之战），便是一个明显的群体思维案例。[19] 他们的目标是推翻古巴领导人菲德尔·卡斯特罗。卡斯特罗是一位共产主义者,也是美国经济外交政策利益相关方的眼中钉。

在肯尼迪的前任德怀特·D. 艾森豪威尔总统执政期间,此项秘密军事行动的准备工作就已经开始了。为了避免美军介入,中央情报局训练了 1 400 名古巴流亡者,准备突袭猪湾,然后进军哈瓦那。这些侨民迫切想要回国推翻他们心中的非法独裁者。美国人的想法是,此行动将会激励古巴人民站起来反抗卡斯特罗,并对共产主义意识形态进行强有力的打击。

然而,事实与预期截然相反,这些古巴流亡者很快便遭遇了 20 000 名古巴士兵,他们很快被击溃。不到 4 天时间,共有 60 多人死亡,1 100 多人被俘。美国舰艇试图将残存的战士撤离,但遭到古巴的炮火压制,最终无奈撤退。对肯尼迪这位刚上任的总统而言,"猪湾事件"无疑是一场灾难和羞辱。

肯尼迪后来问道:"我们怎么会如此愚蠢?"

非常遗憾,智者千虑,必有一失。

对某些邪教组织的愚昧行为不屑一顾可能是一件很容易的事。但是肯尼迪政府(安然公司亦如此)里毕竟善谋者众。这很不幸,个人的聪明才智并不足以挽救社会的愚蠢无知。研究发现,一个人处理问题的方式更倾向于他或她已固信的方式,而与其认知能力无关。[20] 而群体动力学还可能会使这个问题雪上加霜。

欧文·贾尼斯认为,这些聪明非凡的人成了群体思维的牺牲品。在一群人因渴求社会一致性而做出非理性决定时,就会产生群体思维。当时间紧迫,而人们只能公开地以及向地位更高的群体成员表达意见和分歧时，群体思维就会变得极其强大。在此情形下，要保持和谐、维持凝聚力的压力就可能导致人们不惜一切代价寻求一致意见，即使很多人私下仍对某项决定持严重质疑态度。群体思维营造出一种共享现实的错觉，而实际上这种共享现实并不存在。

在对"猪湾事件"的决策过程进行分析后，贾尼斯发现肯尼迪的顾问们没理由不考虑入侵失败的可能，但他们担心自己会被别人认为"软弱"或"没骨气"，所以他们便没有表达自己的保留意见。没有人站出来反驳。然而，就像后来一位肯尼迪的顾问所说的那样："若有一位高级顾问出言反对此次冒险行动，我相信肯尼迪会取消该行动。"

群体思维理念的提出从此激励了决策者要采取措施以避免群体思维陷阱。该理念建议领导者在表达自己的观点前要先让下属发言。决策者们还可以故意安排一些人唱反调，不管他们自身有何意见，他们只负责挑战群体的共识。作为研究人员，我们十分熟悉这种涉及独立审查过程的手段。

想象一下，如果肯尼迪把艾森豪威尔的计划分发给他的高级顾问，然后让他们每人写一篇匿名评论，事情又会如何发展呢？他可能会接收到不同的观点，而非一致意见。那么肯尼迪当时就可以重新审视他们的意见，并就是否继续此行动而做出自己明智而独立的决定。没有人必须公开发表自己的意见，而总统先生也能够在表达自己的偏好之前消化掉其顾问们的想法和潜在的反对意见。

我们或许并不能确定如何才能通过一种全然不同、更为严格的咨询过程来实现"猪湾事件"的最佳决策。但我们能确定，同行评议有助于学者和科学家之间消除偏见，最终进行决策。每当一篇科学论文提交给期刊出版时，它都要经过这样的审查。在大多数情况下，论文会发送给一位编辑，然后该编辑又会将论文发送给领域内的几位匿名审稿人。他们的任务是尽可能找出所有错误的、存在逻辑漏洞的、难以令人满意的结论。许多时候，这个过程是双盲的，这意味着审稿人并不知道作者是谁，而作者也永远不会知道审稿人是谁。

对于大多数研究人员而言，此过程通常会导致论文被拒绝发表。但是，如果他们的工作足够严谨稳健，编辑会邀请他们进行大面积修改，然后重新提交论文进行下一轮审查。研究表明，即使论文首次被拒绝，修改后提交给另一家杂志时也会取得更好的结果。这一公认的痛苦审查过程也是研究人员取得科学进步、增长学识水平的过程。论文发表后，这种审查也并不会就此停止，其他科学家往往会发表自己的评论，或是试图在实验室复制论文研究成果。任何一项发现和理论的正确性都只是暂时的，随着时间的推移，人类的知识边界会因此缓慢而艰辛地扩张。

同行评议亦非尽善尽美，但它提供了一种矫正群体思维陷阱的神奇方法。收到对你的论文的研究持不同意见的科学家的评论可能会让人颇为恼火（相信这点，我们也会恼怒！），而且，吸纳诸多意见可能还会拖延刊发进程。但在你接种疫苗、乘坐飞机或打开电脑的时候，你应当为此感谢同行评议审查过程，因为正是它为现代医学和科学技术的发展打下了良好的科学基础。

基于证据的身份

在对群体思维的传统表述中，群体的准确性目标与群体的共识性和凝聚力目标是对立的。但是，与"猪湾事件"有关的档案公开后，一些亲历者出版了回忆录，因此人们也获得了更多的研究材料，于是心理学家罗德里克·克莱默重新评估了群体思维的解释。[21] 在检视了比欧文·贾尼斯还要广泛的证据后，他得出如下结论：肯尼迪政府决策的问题不一定是人们在压制自身观点（这些观点会加大该军事行动的成功概率），而是他们从一开始就没有真正从增加胜率的角度来考虑问题。

克莱默认为，肯尼迪和他的顾问们并没有把重点放在如何最大限度地提高行动的成功概率上，而是把重点放在做出对政府有最佳政治利益的选择上，或者至少是将国内政治影响降到最低的选择上。他认为，与其说他们的决策是群体思维的产物，不如将其视为"政治思维"的结果。

该研究突出了一个重要观点：群体可能存在不同类型的目标，而且群体还可以为推动其决策的目标类型制定模式或规范。而成为规范后，这些模式往往会被强化并推行。例如，如果我们两人开始在社交媒体上分享不可靠的新闻，那么我们不仅会发现收件箱里密密麻麻都是朋友们的指责，还会让科学圈子对我们无比错愕。我们会因此失去专业发展机会，收到的演讲邀请会越来越少，那些重要的学术委员会还可能会慢慢将我们的名字从成员名单中移除。

这并非说我们两个现在已经完美了！只是在我们分享虚假信息或提出不那么有力的主张时，我们的同事会很快给我们指出来。如果我们在这本书中犯了错误，毫无疑问我们的同事也会给我们明确指出来——他们也许会给我们留一条礼貌的留言，或者还可能会在推特或学术博客上写一篇满是谴责的评论文章。如果我们不肯承认自己的错误，那我们肯定会在社会层面上遭受更大的痛苦。这些非正式惩罚之所以会有效，是因为科学家的身份给我们带来了强烈的期望，即期望我们会使用实证分析得出可验证的结论。追求精确性的规范是这种身份珍视的规范，也是每一代科学家的社会化过程的关键组成部分。

当然，每位科学家的社会化过程都有所不同，并会受到来自导师和当前的同伴的价值观和行为的影响。但对我们中的许多人而言，当我们看到同事们为一个被证伪的理论辩护，或对他们的工作进行一系列复制研究而均告失败，但他们却对此不屑一顾时，我们就会对他们的优秀科学家身份产生怀疑。学术圈对他们的期望是，他们应该不断更新自己的观点或开展更多研究，以调和他们与批评者的结论之间的矛盾，如此科学家才能赢得别人的尊重，而那些无视自相矛盾的证据而坚持其理论的科学家则往往会失去自己的地位。

在重视循证推理这方面，科学家们此道不孤，调查记者、律师、法官、投资者、工程师还有其他许多职业都在不断地依靠他们严格审查现实的能力进行决策评估。若我们都不重视循证推理，那么就没有人会信任新闻、聘请收费高昂的律师、将资金投入共同基金,而我们驾车过桥的时候还得慎重考虑桥身结构的完整性。若这些人没有得出正确结论,他们会尽快纠正自己的错误,否则他们就会有失去客户和工作的风险。在采用严格的编辑、法律或技术专业规范后,所有这些职业都在蓬勃发展。这并不是因为这些领域充满了完美的人;相反,他们的优势在于他们会重视并遵循这些准确性规范。

如上所述,我们认为,独立的同行评议类型的审查过程可以为墨守成规的决策过程提供矫正方案。当然,同行评论系统也存在缺陷。评审员本身的偏见就是令人担忧的一点,特别是如果这些偏见被广泛持有及系统化后,那么此举就可能会对整个企业产生负面影响。

我们最近分析了同行评议程序在我们心理学研究群体中对于根除政治偏见的价值。根据几项调查,绝大多数社会学家会在政治信仰上自我归类为自由主义者。[22] 实际上,其中一项针对社会心理学家的调查发现:超过89%的人认为自己属于自由党派,只有不到3%的人认为自己属于保守党派。[23]

对该失衡结果,保守派政治评论员阿瑟·布鲁克斯提出,未被意识到的党派偏见可能正在削弱学术研究的质量。他引述了一位科学家的话说:"期望一个意识形态混乱的群体在政治议题上取得可信的结果是彻头彻尾的妄想。"布鲁克斯指出,即使是严谨的研究人员也可能会受到偏见的影响。他还特别指出,迎合自由价值观的普适观点可能会遇到比较低的审查标准。

无疑，该推断明显是有可能成立的。如果党派身份会影响研究，那么在科学审查过程中出现某种形式的偏见或群体思维似乎也是很有可能的。事实上，我们为此进行了一场非正式的民意调查，我们在推特上询问同事们是否认为自由派或保守派的实验结果更具有不可复制性，共收到了699位同事的回复。43%的人认为自由派的研究成果更具有不可复制性，而只有13%的人认为保守派的研究成果更具有不可复制性（其余44%的人认为没有差异）。换言之，许多人都担心自由主义的偏见可能会渗透到研究文献中，从而动摇科学的根基。

然而，我们猜测同行评议及基于科学身份的批判性规范可能有助于我们根除这个问题。[24]为验证这一点，迭戈·雷内罗与杰伊实验室的其他成员对218例心理学实验进行了分析，其中涵盖100多万受试者。[25]这些实验之后全部由其他实验室复制过。我们想通过比较原始结果与复制结果，观察实验结果是否受该实验领域的党派政治偏好影响。如果自由派科学家形成了群体思维或政治思维，我们预计他们可能会提交与他们的政治身份一致而不足采信的研究成果，而且他们还更可能会在类似的研究中充当审议者。最终这将造成一系列已发表的研究报告充斥着政治偏见。

我们收集了一整堆学术论文后，又采取了一些措施规避我们自身的偏见。我们招募了不同政治派别的研究生阅读每篇论文的简短摘要。我们要求学生确定每篇论文的研究结果是支持自由主义世界观，还是支持保守主义世界观，抑或是介于两者之间。

在分析数据之前，我们在带有时间戳的线上文档上写下了分析计划。这就规避了我们做可能歪曲结果的任何事情。这是一种审查我们自身是否存在偏见的策略（即使这些偏见是无意识的）。我们还与一位研究人员合作，这位研究人员的预期结果与我们团队的预期结果截然不同，我们想看看他使用自己的研究方法是否会得出与我们相同的结果。杰伊提醒他的实验室成员们："不管结果如何，总会有人恨我们。"

然后我们对数据进行了分析。

分析结果在许多方面让我们感到惊讶。首先，我们几乎没发现任何一项研究中存在政治倾向。尽管在心理学研究领域的自由主义者人数众多，但很少有研究表现出受此信仰影响。即使是我们中最保守的审查者也找不出文献中有多少自由主义倾向。

接下来，我们检验了自由派倾向的研究结果是否比保守派的更不可靠。这是我们研究的一项重大课题。如果自由派的群体思维已经形成，那么自由派的研究结果也应该更不可信，也更不具备可复制性。然而，如果匿名同行评议如我们预期那样有效，那么自由派或保守派的研究结果的可复制性应该几乎不存在差异。审查人和编辑应该从其科学身份视角而非政治身份视角去消除论文中逻辑、数据方面的缺陷。

好消息是，我们发现自由派和保守派的研究结果的复制率没有差异。自由和保守导向的研究在研究质量的其他衡量标准上也类似，比如他们的研究发现的强度（称为"效应量"），还有他们的研究方法的质量。

这些实验不存在自由主义群体思维的痕迹。看起来，心理科学家在进行研究以及后续审查过程中，很大程度上能够不受其政治立场的影响。他们并不会表现出党派偏见，而是在极大程度上遵循他们的科学家身份的价值观和规范。如此一来，不论是外行人还是研究人员，都有更多理由信任这些数据了。科学家们建立的机制似乎不受政府机构或其他类型群体的群体思维模式影响。

其他研究也发现了类似的情形。一项研究分析了学术会议报告摘要是否更偏向于自由派。诚然，这些会议报告没有经过期刊同行评议的常规审查。专家们再一次预测该研究将发现明显的自由主义偏见的证据。该论文作者确实在此案例中找到了自由主义偏见的适度证据。例如，摘要中提及保守派作为研究对象的可能性略高于自由派。但是这种偏见的证据比预期的要少得多，而专家们本期望能找到比他们实际观察到的更强有力的证据。[26]

对社会而言，这是个好消息，因为它强调了科学研究过程的完整性。但它也给学术圈外的人提供了一个经验：即使存在强烈的政治信仰干扰，仍可利用规范和制度实践来提高准确性。这似乎令人难以置信，因为即使是科学家自己也期望观察到更多偏见。但是，如果有公司雇用我们根除其内部群体思维，我们就很可能会提出一种类似于同行评议过程的解决方案。如果伯利恒钢铁公司和安然公司有独立匿名专家设立的输入审查机制，它们还会延续这种终将自我毁灭的邪教性质的文化吗？同行评议远谈不上完美，但它似乎对解决群体行为这一特殊问题非常有效。

科学家们仍在持续改进我们的同行评议程序。现在，很多期刊都会在同行评议过程中无限提供论文研究的计划、材料、数据和分析代码。一些期刊还制作了类似童子军和女童军的徽章,对人们的最优应用实践进行表彰。我们还创建了新的系统,用于在同行评议之前及之后共享信息并获取反馈,我们还意识到即使是已发表的论文也值得继续审查下去。与论文发表前的研究同等重要,随着不断获取新数据,我们将继续对其进行分析并评估。事实上,目前已出现一门专门研究科学家行为的学科领域,名为元科学。

以精确性为中心目标并不是科学所特有的。通过重视理性批判,群体和组织有助于培养异见并改善决策。不幸的是,仍有许多领导人表现得如同策划"猪湾事件"的约翰·F. 肯尼迪一样。他们总是在会议上第一个发表意见,公开他们的立场并拒绝不同意见。也许在无意中,他们就压制了种种问题和言论,而这些问题和言论本可以被用来查补疏漏或引导开创性想法。在战略上,这似乎有助于迅速决策,但从长远来看,其造成的损失不可估量。

分裂世界中的准确性

行文至此,我们希望你已相信,人类对世界的理解是由其他人塑造的,我们的现实基本等同于社会现实。然而,尽管事实如此,人们大多数时候仍然倾向于相信自己能客观地看待世界。这种现象被心理学家称为天真现实主义(naive realism),因为人们天真地认为现实正如他们观测到的那样。

天真现实主义带来的后果便是,若其他人不同意你的观点,特别是他们隶属于其他群体,你通常会认为他们无知、不理性或有偏见。

人们总倾向于认定自己所属的群体能或多或少地观察到事实，因为他们为人处事的能力极佳；同时他们往往会认为外部群体自以为是、墨守成规且普遍能力不足。为证实这一点，昆士兰大学的研究人员进行了一项巧妙的研究，他们要求一组人说出一种动物，这种动物要能体现他们所属的并引以为豪的群体的特质；又要求另一组人说出一种动物，这种动物要最能代表他们不屑与之为伍的一个群体。[27] 第一组受试者列出了诸如狮子、狼、老虎和海豚等"高贵"的动物。然而，第二组受试者列出了以盲目从众或阴险邪恶而闻名的动物物种：绵羊、旅鼠、蛇还有鬣狗。

人们的这种想当然让群体间的事实分歧变得极其难消除。如果你在讨论中先认定对方是一群白痴或空谈者，你就无法交到新朋友。自己可能是错误的这种想法，也永远不会出现在你的意识中。

身份认同和群体心理的这一特殊之处给社会带来了一个严重问题，而身处这个时代，政治分歧和社交媒体又让这个问题进一步恶化。若群体之间无法就基本事实达成一致，那它便会侵蚀妥协的基础，并为难以解决的群体间冲突埋下导火线。在互联网时代，人们比以往任何时候都更容易如邪教徒般作茧自缚。

再考虑一下有关疫苗接种的争论。如果一个群体相信疫苗是预防脊髓灰质炎、麻疹以及新冠肺炎等疾病的关键，而另一群体则认为疫苗含有导致孤独症的毒素，是控制人类阴谋的一部分，那么两个群体间就几乎没有妥协的余地了。科学家们不太可能相信这些阴谋论,而反疫苗者也不肯相信另一项揭示孤独症与疫苗之间联系的研究。这可能会导致双方终结交流,在各自的阵营中故步自封。[28]

人们会选择符合自己身份认同的医生、学区、朋友和工作。避免冲突并与彼此认可的人来往,要比强忍不适与意见分歧的人相处更容易。

现在世界各地的社群都在努力阻止或至少减缓网络上虚假信息的病毒式传播。脸书和推特等社交媒体公司正在尝试在有争议和可疑的消息上附加事实核查和免责声明("这是一个有争议的声明")。它们也愈加频繁地采取措施以删除散布阴谋论的用户和账号。

这些当然是朝着正确方向迈出的一步,但研究表明,在政治两极化时代,在真正改变思想这方面,诸如事实核查这类措施正面临着一场艰苦的斗争。我们最近与同事迭戈·雷内罗、伊丽莎白·哈里斯和安妮·杜克一起进行了实验,将事实核查的力量与社会身份进行对比。虽然它们通常不像真正的邪教组织身份那样强大,但我们的关注点在于人们与政党的联系。在美国,超过60%的人认同两大政党中的一个。

我们让双方党派成员阅读了一系列来自推特的声明。每一句话似乎都是群体内或群体外的成员发出的,我们询问受试者他们认为其中真实的信息有多少。这些声明看起来像是政治领导人发布的信息,我们几次试图找出在线政治讨论中出现的一些相互让步。

例如，受试者可能会看到一条来自唐纳德·特朗普的推特账号的推文，上面写道："我们得到消息，如果全球变暖是真的，那么冰盖将会融化。然而，现在两极冰盖的厚度已经创造了新纪录。"然后，他们会看到由群体内或群体外成员添加的"事实已核查"标记。在这种情况下，参与我们研究的人还会看到据称来自希拉里·克林顿的回应："根据国家冰雪数据中心的数据，北极（北极附近）的极地冰层目前处于历史最低水平，南极（南极附近）的冰层接近历史最低水平。冰盖绝对不会达到历史最高水平。"在其他测试中，受试者会看到由著名共和党人核实的著名民主党人发布的消息，这让我们能够观察到两党支持者之间的偏见。我们的问题是，是事实核查会起作用，还是党派身份会主导人们的信念？

事实证明，事实核查确实有效，但成效甚微。

当人们看到一条推文标记着"事实已核查"，他们只会稍稍改变他们的看法。例如，如果他们相信唐纳德·特朗普关于全球变暖的评论，那么在阅读希拉里·克林顿的事实核查后，相信特朗普的人数只会降低一个百分点。

在我们的研究中，信念的主要驱动因素是原始推文，以及对它的事实核查是来自群体内成员还是群体外成员。人们相信群体内成员，不管他们是分享初始信息的人还是回应事实核查的人。在这项研究中，属于共同的党派这一现实比事实核查的力量要强十倍！

共和党人和民主党人都是如此。

第三章 共享现实

我们的发现与以前的研究是吻合的。事实证明，事实核查在很多话题上都很有效，但在政治领域却行不通。一旦人们的身份立场不同，事实信息的力量就会被削弱，尤其是信息来自对立方的时候。

我们希望减少错误信息的影响和传播，但这似乎是不太可能实现的事情。不过谢天谢地，近期有其他研究表明，现实中存在一些技术手段可以让人们更倾向于事实而不是身份认同。再强调一遍，其中一项关键因素是人们处理信息的目的。当人们在网上遇到一些事情时，他们有动机去考虑它的准确性吗？他们是否又被另一种目标所激励，如追求自由、取悦朋友或是为了走红？

为了研究不同目标对线上信息处理有何影响，研究人员向受试者展示了一系列关于新冠肺炎的真实及虚假的标题，这些标题看起来就像嵌入脸书的帖子。[29] 一半的受试者被问及他们是否会考虑在网络上分享这些标题；另一半则被问及，就他们所知，每个标题中的说法是否准确。

那些被要求准确区分真假标题的人比那些被问及是否愿意分享信息的人更高效。他们专注于准确性，因此能够更好地区分真相和谎言。史蒂夫·拉思杰和桑德·范林登主持的研究同样发现，财务激励可以帮助减少错误信息的传播。仅仅奖励给形成准确信念的受试者一美元就足以减少他们的党派偏见了。

追求准确的时候，人们通常都很擅长甄别。追求准确让我们对自己的思想多了一些掌控力。挑战在于如何在两极分化日益严重的环境中制定准确的规范，人们往往只愿意与意见相同的人交往，并利用一切机会与他们心目中的敌对方唱反调并贬低他们。

　　这就提出了进一步的挑战，即那些因政治承诺而立场不同的人如何才能够合作。在下一章中，我们将深入探讨这个问题，并提出一些可能的解决方案。

第四章

避开回音室

设想一下,如果你当选所在地的议会议员,肩负这份职责后,你想搞明白若一项禁止私藏手枪的枪支控制立法通过,这座城市的犯罪率是否会降低。为确定此类法律在历史上的成功率,你查阅了全国各城市的相关资料,并对此前数年通过和未通过这类法律的城市的犯罪数据进行比较。你发现在未禁枪的城市,225座城市犯罪率上升,75座下降。而在禁枪的城市,105座犯罪率上升,20座下降。

请花些时间思考这些数字。此类枪支控制立法是否有效呢?

现在我们设想另一种场景。假设你在医务室工作,工作内容是评估一款用于治疗恶性皮疹的面霜的效用。同样地,你使用了比较法。未使用此款处方面霜的患者中，270人病情恶化，90人好转。而使用这款产品的患者中，126人病情恶化，24人好转。

那么，这款面霜是否有效呢？

现在将你的答案与枪支管控与犯罪率升降问题的答案进行比较。你的答案在不同情形下是否一致呢？

事实上，基于以上假设数据得出的答案是，此款面霜和枪支管控法律都是无效的。设计这些问题的初衷是不让读者轻易得出结论。现在我们计算一下，未使用面霜的患者中，25%［90/（90+270）=0.25］的人皮疹好转，而使用面霜的患者中，16%［24/（24+126）=0.16］的人皮疹好转。同样，如果将枪支的数据用同样方法计算，未通过立法的城市中，25%的城市犯罪率下降，通过立法的城市中，仅有16%的城市犯罪率下降。反过来讲，新款面霜和新立法有84%的概率使原本的情况更加恶化，而不使用新款面霜、不通过新立法导致情况恶化的概率是75%。这足以证明新款面霜与新立法都无甚良效。

尽管这两个问题在数学结果上相似，但人们将其作为研究课题来完成时，有趣的现象出现了。2013年，耶鲁大学法学教授丹·卡汉与同事在一项实验中发现数学应用能力良好的美国受试者往往能正确回答有关护肤霜的问题，但在回答有关枪支管制的问题时，他们常常犯错。[1]

这两个问题有何不同？对大多数人而言，皮肤护理是个低风险问题，枪支管制却不同。特别是在美国，任何涉及枪支的公共政策大多数时候都会引发激烈争论的政治问题。人们回答有关枪支管制的问题时，他们的数学技巧并不如他们的政治身份重要。枪支管制问题的正确数学答案应该会受到部分党派人士的欢迎，但会让其他人感到沮丧。因此，那些政治身份、政治信仰与对这些数据的正确解释相一致的人，才更可能会正确解答问题。

你认为枪支管制有效且重要吗？如果你认同，那么你就不太可能正确回答该枪支管制法的问题。但如果你不认同枪支管制，那么对你来说，回答此问题可能会更容易些。事实上，你可能会觉得自己一直都"知道"答案。

我们设计上述问题时，正确答案是该枪支管制法不起作用。在这个案例中，参与卡汉的研究的民主党人回答的正确率低于共和党人。但正如我们所说，这些问题中出现的数字完全基于假设，对研究中的其他受试者而言，正确答案与所设置的相反。基于此，当数学上得出的正确答案是枪支管制法有效时，共和党人比民主党人得出正确答案的概率要低。

在这项研究中，即使数学水平最高的受试者，若正确答案违背其政治信仰，他们针对枪支管制的问题给出错误回答的可能性也高达45%。简而言之，他们的政治身份似乎让他们变得更加愚蠢了。

党派偏见的崛起

为什么一个人的政治身份会影响人们解答数学问题的能力？答案在于公共生活中一个日益明显的现象——政党之争。人们会选择去认同某政治领袖、某个政党和某种信仰，这些身份塑造了人们运用分析技能评估公共政策以进行投票还有约会等诸多行为的方式。

在政治领域,我们此前在本书中探讨过的社会身份的基本成分,会受以下因素影响而扩大其影响力:人为分类形成的竞争激烈且对立的政党、党派新闻释放的消息,以及政治领导人及精英人士对支持者的操纵。社交媒体上的信息洪流似乎也开始发挥越来越重要的作用。

当前,包括美国、加拿大、英国、巴西、匈牙利在内的许多国家正经历着激烈的政治两极分化。[2]在美国,其表现为左翼民主党人和右翼共和党人之间的冲突;在英国,其近期表现在关于要脱离还是留在欧盟的决定(一般称之为"脱欧");在巴西,其反映在对总统博索纳罗执政是支持还是反对,他是一位颇受争议的保守党领袖;在加拿大,自由党和保守党也日益两极分化。在新西兰、瑞士还有其他一些国家,情况亦是如此。

这些趋势导致人们比以往更加重视其政治身份,并且政治身份会影响他们生活的许多方面,包括恋爱关系以及在社交媒体上自我表达的方式。[3]例如,美国推特用户在其个人简介中使用政治词汇的频率高于其他任何与社会身份相关的词汇。[4]现在人们更可能使用政治立场描述自己,而非宗教派别。如果说我们生活在一个身份认同的年代,那么政治在许多人的身份认同中正起到越来越重要的作用。

如果人们不赞成家庭成员的政治立场,他们的感恩节晚餐聚会时间就会减少。[5]党派偏见甚至渗透到了恋爱关系中。[6]在如今的美国，不同政党成员之间的约会已成为比跨种族约会更为禁忌的事情。我们在唐纳德·特朗普就职期间对此进行了一项研究，发现只有不到 1/4 的人愿意与政治观念相左的人约会。[7]

政治分歧与争论一直存在，这对社会的健康发展和民主健全至关重要。但是，两极分化的本质是将社会身份认同的心理从群体内的爱（我们对自己群体的正常偏好）转变为对群体外的恨。事实上，一些人追随某一政治党派可能更多是出于对反对派的强烈厌恶，而非出于对自己一方的特别喜爱。我们常听到人们说他们不是为自己喜爱的候选人投票，而是为了反对他们害怕或鄙视的候选人而投票。

与此一致的是，调查数据表明，在美国，党外仇恨作为投票行为的预测指标，其影响力比党内喜爱更强大。[8] 这种高度对立的政治冲突含有一种令人担忧的倾向，即人们会认为对方与自己截然不同或格格不入，对反对党及其意图表现出强烈不信任，并将之视为腐败堕落。

在本章中，我们将探讨政治冲突的起源及其动力学，探究当代社会环境因素如何加剧了这种冲突，并探索我们能采取何种举措减少冲突。若事实证据与其党派路线不一致或是贬低其领导人的，则追随者会受党派偏见影响而拒不承认。当整个群体都一心追求党派利益而不再实事求是，其后续行为或政策都可能会分裂并破坏社会。诚然，我们的数据和分析是以美国为核心的，但类似的潜在群体动力学正在许多国家上演。

大脑与政治身份

> 人类真正的问题如下:我们怀揣旧石器时代的情感,遵循中世纪的制度,却又拥有神明般的科技。
>
> ——爱德华·O. 威尔逊,《回顾过去,展望未来:与詹姆斯·D. 沃森和爱德华·O. 威尔逊对话》

政治分歧与人类生物学之间有着有趣的联系。许多人与他们的父母有着相同的政策偏好和政党认同。我们可能会猜想,这主要是由他们父母的养育方式导致的,即在餐桌上的无数次谈话塑造了他们的观点。许多人认为我们的政治是社会环境的产物。

但事实证明,许多人在生理上会倾向于喜欢某些政党或领导人。研究发现,近一半人的政治信仰有遗传成分。例如:同卵双胞胎(他们拥有100%相同的遗传物质)比异卵双胞胎或兄弟姐妹(他们只有50%的遗传物质是相同的)共享相似的政治理念的可能性要高出很多。[9]因此,如果你将同卵双胞胎分开,并将其中一个放在进步自由派的家庭中,将另一个放在坚定的保守派家庭中,那么很有可能他们最终都被同一个政党吸引。

几年前,奥斯卡最佳男主角科林·费尔斯猜测,自由党和保守党人士大脑的运作机制肯定不同。他与伦敦大学学院的一组神经科学家合作,共同发起了两项研究,对大量自由党和保守党人士的大脑进行了神经成像扫描。[10]

他们的发现非常惊人。事实证明,只需要对人们大脑的部分结构进行检测，就能预测出人们的政治倾向，准确率达到72%。

他们研究了人们大脑不同区域的灰质容积的差异。保守党人士的杏仁核往往会更大；而自由党人士的前扣带皮质往往会更大。这两个脑区参与许多心理活动过程，包括人们对情绪因素、社会地位和冲突的反应。

几乎可以肯定的是，费尔斯是唯一一位既获得奥斯卡奖（凭《国王的演讲》获得最佳男主角奖）又在同年于神经学期刊发表文章的人。该研究揭示了处于政治光谱两侧的人们在神经学上有明显差异。这激励了我们对政治神经学进行探索，并进一步对杏仁核的特殊作用进行研究。

在汉娜·南领导的一个项目中，杰伊在纽约大学进行了一项类似的研究，目的是将大脑差异与实际政治行为联系起来。该研究发现了类似的规律：表现得更安于现状而不追求社会变革（这种偏好通常与保守主义相关）的人杏仁核会稍大些。[11]

不过，更重要的是，我们对那些被我们测量过大脑结构的人进行了为期一年的追踪调查，以了解该区域的大小是否能预测其切实的政治行为。情况确实如此！[12] 我们发现，杏仁核较小的人更可能参与进步的自由派抗议和聚集活动。换言之，在这个影响社会情感的脑区，灰质密度较低的人更可能会参加"黑人的命也是命"集会，参与反气候变化游行示威，甚至参与"占领华尔街"行动。

这意味着什么？当然，人们的基因或大脑并非就预先决定了他们会去钦佩特定的政治家，或支持特定的政党或政策。我们在

21世纪努力解决的具体政治问题，包括气候变化、性少数群体成员的权利、最低工资上调等，与人们在19世纪关注的许多问题并不相同，更不用说人类尚处于进化中的原始时期了。更可能的是，一个人的生理特性很可能会预设给他或她某些方式来体验世界。这些方式或多或少地令特定的政治立场、政党和领导人具有吸引力。

例如，保守党往往比自由党更不适应变化，更喜欢在其他条件相同的情况下，维持事物不变。[13] 他们也比自由党更适应社会等级制度，更喜欢明确划分的地位和权力。这两种偏好可能都有某种生物学基础，该生物学基础是基于人类的神经系统对事件的反应方式。对某些事情，人们会感到更正确或更舒服，而对另一些情况，人们则会产生更多的焦虑和担忧。这些人们对事件的反应会将人们导向他们所处的社会中的不同政治光谱阵营。

人们若喜欢变化，或是发现更扁平化的等级制度及公平公正更令其愉悦，那么他们会发现自己更容易被自由党的立场吸引。人们若厌恶改变，或希望明确相关负责人，则更容易被保守党的立场吸引。

杏仁核是各种情感活动过程发生的脑区。此外，它还与人类及其他物种的社会等级、地位相关。例如，在一项针对人类大脑成像的研究中，人们了解新的社会等级时，其杏仁核就会参与其中。[14] 这点可由推测得出，但该区域灰质较多的人可能会更关注社会等级，此现象会导致一种结果：他们会更容易被维持阶级制度的社会安排及其保护政策所吸引。[15] 最终，他们可能不太愿意参与破坏现有社会安排的活动，例如抗议。

尽管该研究具有启发性，但类似的生物学差异并不能完全解释我们观察到的现象。这类大脑数据就如同"先有鸡还是先有蛋"的问题。我们并不知道是不是人们的大脑差异导致了不同的政治信仰，还是不同类型的政治信仰改变了他们的大脑。

更宽泛地讲，虽然生物因素可能会吸引人们参与特定类型的政治活动，但一旦他们的政治身份成形，他们就会寻找相关提示，以期成为优秀的群体成员以及利用该身份的视角过滤事件。人们经常以"志同道合"为原则划分成不同的党派团体，并加入政治上合意的组织，搬迁到更同质化的社区，还会有选择性地观看某平台的晚间新闻。近来，人们又将政治带入网络，在网络中，党派拥护者的冲动经常不受控制。

网络政治

在互联网与社交媒体发展早期，人们对这些新技术的联通潜能感到异常兴奋。任何人都可以上网并与家人、老朋友互动，还能与大量不同背景和文化的人互动。在当时，上述行为成为通往全新互联世界的门户，人类可以在其中建立新的共享"现实"。

后来这一切都实现了：我们确实生活在新世界，人们拥有比历史上任何时期都更多的互动。例如，全球社交媒体用户总数已远超 40 亿。

但是，尽管人们之间的联系在某种意义上肯定更紧密，但这些技术也可能在以同等的作用力分裂他们。此类技术使人们能够跨越文化和国界进行互动，但也让人们更容易寻找到能够表明自己身份、坚定自己信仰的信息。一些社交媒体公司非但不去促进人们彼此相互理解，反而开发了平台和奖励系统，并将其货币化，为人们因党派身份产生的最为糟糕的冲动行为推波助澜。

我们的合作方莫莉·克罗克特在研究中发现，如今互联网比线下生活更容易引起人们的愤怒。[16]我们大多数人在日常生活中很少遇到不道德的行为，但在网上，就另当别论了。事实上，据人们反馈，人们在网上遇到的不道德行为是在平面媒体、电视以及广播中遇到的不道德行为总和的三倍有余！[17]

你多久才会目睹一次偷钱包行为或言语羞辱行为？这样的事情确实有，但在大多数地方却很罕见。然而在互联网上，任何人都可能遭遇这样的事情，大家也能够目击到事情的发生。互联网将各种各样的恶劣行为暴露在用户面前，从疏忽大意的父母或宠物主人，到恃强欺弱、腐败的政客，甚至是种族灭绝的恐怖行为。

如果你愿意，互联网就能成为一个邪恶的无底深渊。你可以登录互联网，并从中找到足够多的不道德行为，让你持续愤怒不已。因此，在克罗克特的研究中，人们报告称，与他们生活中的其他互动相比，在线上遇到愤怒事件的次数要多得多。可悲的是，人们还反馈称，比起道德行为，他们更容易关注那些不道德行为的相关资讯。

人们对在线上关注到的事件的负面反应，可能具有重要且富有成效的作用。例如，对不公正行为的愤怒或内疚感可以激发集体行动。人们在脸书和推特上看到警察暴力执法的影像，会促使他们抗议，促使他们竞选政治职位，或争取社会变革。我们将在第七章深入讨论这些抗议行动和变化的动力学。

在许多方面，这些技术使人们比过去更了解事情的具体情况。这些技术还帮助人们找到志同道合的人，并一起建立起此前非常缺乏的互相扶持的大社区。在新冠肺炎大流行期间，世界各地的人们因疫情不能在现实世界中聚集，视频会议等网络技术的巨大价值得以凸显出来。突然之间，我们两人全都开始进行线上教学，我们的科学研讨会也转移到了虚拟会议室。我们在写这本书的过程中的大部分沟通协调也是通过发送手机短信完成的，我们借此交换了我们数千个浮现于我们脑海中的想法。

但人们越来越意识到，这些技术创新，尤其是社交媒体也有其阴暗的一面。

被网络放大的情绪

最近，很多人在担心社交媒体平台的算法会制造出"过滤气泡"，令人们在平台上多半只能看到与他们信仰一致的新闻、观点和模因。脸书和优兔希望为用户提供最愉快的在线体验，因此就可能不会向他们推送他们厌恶的新闻动态以及视频。更糟糕的是，某些类型的算法可能会像将人们引入兔子洞一样造成越来越极端的信息环境。

目前尚不清楚此举实际造成了多么严重的问题。人们很难确定平台在用算法做什么，这可能是因为公众并不清楚这些算法背后的机制，也可能是因为算法一直在变化，又或者可能是因为不同的平台在做不同的事情。毫无疑问的是,社交媒体公司,尤其是大型社交媒体公司,已经更加关注过滤气泡和极端化问题。然而,我们在前几章中讨论的心理和身份相关的动力学表明,即使没有社交媒体算法的介入,仍还有多种方法可以引导人们进入经过信仰确认的信息泡沫。

人们经常选择性地与他们相似的人交往,与他们认同的人保持联系,并且会将其他人拒之门外。此外,即使他们接收的媒体资讯包含多种观点,他们也可能会选择性地关注并记住那些与他们身份相符的信息,那些能证实他们身份存在的所谓的事实。他们更适应群体内的规范,并可能基于志同道合的人之间的共识形成自己对问题的看法。他们可能通过分享或再次分享与身份一致的信息,而尝试向世界发出身份信号。

在社交媒体时代,关于政治、社会和文化问题的对话已经从在餐桌上与家人交谈或在当地小酒馆与朋友讨论,转移到更广泛的公共领域。这种转变可以让我们这样的研究人员得以分析大规模推动政治话语背后的一些心理因素。我们已经开始研究人们如何在线上表达身份,以及分裂性语言如何加剧群体冲突(反之亦然)。

人们活在信息爆炸的时代。据估计,社交媒体用户平均每天会翻动浏览长达 300 多英尺的内容。[18] 如果你拥有一部 6 英寸大小的智能手机,这意味着你每天会在一个社交媒体平台上滑动屏幕大约 600 次,又或是大致相当于一点一点地向下翻动,翻动的长度与自由女神像的高度相当。

为了研究人们如何过滤这些海量信息，杰伊和他以前的学生比利·布雷迪以及安娜·甘特曼做了实验室实验。他们使用经典的注意力测量方法，观察何种信息会立刻抓住人的眼球。[19] 受试者在计算机屏幕上看到的文字和信息与他们在手机上翻动浏览社交媒体信息时看到的内容相似。受试者看到的词汇各不相同。有些词汇相当中性（例如：事物、摩托车），而另一些则更加情绪化或道德化（哭泣、纯洁、神圣、害怕）。不出意料，人们的注意力更容易被情感和道德词汇吸引，而更少被中性词汇吸引。我们推断可能这就是注意力经济的运作方式：通过震撼心灵的语言抓住观众的眼球，后者就会在自己的社交网络上分享这些信息了。

为了验证这一点，我们对推特上超过 50 万条真实信息的大样本进行了分析，其中包含充满争议的政治话题相关的内容，包括枪支管制、同性婚姻和气候变化。果然，我们发现实验室中能引起受试者注意的同类词汇也更可能被真实用户在自己的推特上分享。

我们发现，一条推文每多包含一个道德情感词汇，另一人转发该信息的概率就会有约 15% 的提升。有趣的是，纯粹的道德词汇（如仁慈和正确）或纯粹的情感词汇（如恐惧和爱）并不能产生同样的影响。将道德内涵与情感反应结合起来的词汇（如仇恨、羞耻和毁灭之类的词汇）才会带来最强而有力的冲击。

我们还发现，人们在信息中使用的道德情感词汇越多，就越可能将此条信息传播到他们的社交媒体好友范围之外。如果有人在一条推文中塞进四五个此类词汇，那么这条推文就可能传播得更远。人们通常会将信息转发到他们的社交平台，是因为他们认可其内容并信任其来源。但道德情感类词汇似乎为这一决定添加了火箭燃料。那些抓住人们眼球的消息会像病毒感染般蔓延开来。

另一所大学的一位"厚脸皮"的学生阅读了我们关于这项研究的论文，并决定撰写一条几乎完全由15个最有力的道德情感词汇组成的推文，包括攻击、坏、责备、关心、破坏、战斗、仇恨、杀戮、谋杀、和平、安全、耻辱、恐怖主义、战争和错误。仿佛为了证明我们的观点一般，他的消息很快被转发了超过800次，又被1 700人点赞！即使是开玩笑，某些话也是具有力量的。

从气候变化到枪支管制，在我们研究的每个主题中都能观察到这种"道德传染"模式。我们发现在不同的社交媒体平台上，无论左派还是右派人士（尽管右派所受的影响稍强），无论政治领导人还是普通民众都是如此。拥有大型或小型社交网络的人以及掌握正面或负面的信息的人，同样遵循该模式。无论人们谈论的是荣誉还是仇恨，道德情感语言产生的震荡远远超出了他们的即时社交网络。

如果你希望你的信息能像病毒般迅速大范围传播，你可以考虑在下一个社交媒体的帖子中使用这些词汇。但是我们必须提醒你的是，虽然这些词汇可以激励群体内的人，但也很可能让你与群体外的人产生隔阂。事实上，很多时候人们的目的就是后者。

割裂的种子

> 我认为社交媒体比他们所耗费的金钱更有力量。
>
> ——唐纳德·特朗普,哥伦比亚广播公司《60分钟》节目访谈

许多政治领导人及其顾问了解社交媒体上那些能唤起人们情感的词汇蕴含的力量。很难找到比唐纳德·特朗普更好的例子了。他在整个竞选过程以及仅一届的总统任期内,发了很多推文(直到2021年1月6日,由于"有进一步煽动暴力的风险",之后他最终被禁止使用推特)。赢得2016年大选后,在第一次全国性的采访中,特朗普声称尽管他比克林顿竞选团队少花费约5亿美元,但社交媒体帮助他弥补了这一差距。[20] 那么他又是如何利用社交媒体的力量的呢?

为了找出答案,我们分析了他和其他政治领导人使用推特的不同方式。

在由比利·布雷迪组织的一项研究中,我们研究了2016年选举产生的每位就任联邦政府公职的美国政治领导人的推特账号。在选举前一年,这些官员在平台上发布了累计286 255条信息。[21] 尽管在这些政治家中有许多人可能由工作人员帮他们管理在线信息,但我们仍发现了与普通民众相同的模式:是否使用道德情感语言是他们的信息能不能像病毒般传播开来的其中一个最佳预测指标。

从最不知名的国会议员候选人到知名的参议员，政治家在他们发布的信息中每使用一个道德情感词汇，转发量就会增长 10% 以上。其中最值得一提的受益者当然是唐纳德·特朗普。我们在分析特朗普的账号时，发现他使用的每一个道德情感词汇都会使他的信息转发概率增加 25%。在这一例子中，我们谈论的是被转发数万次的信息。这些信息能推动讨论，有时甚至推动国内外问题政策的制定。

我们在更仔细地分析特朗普传播度最高的信息时发现，这些信息往往包含集体受害的措辞。在他大选前一年使用的最有力的词汇包括：指责、残忍、受伤害、放弃、受害者、偷窃、虐待以及有罪等。扮演受害者是他传播自己信念的有效工具。

我们怀疑，这种语言措辞旨在动员他的支持者，但同时又在美国的其他地区播下了分裂的种子。让群体内成员感到他们受到了攻击，会让群体形成一种感觉，即你们都受到了威胁。当通过社交媒体达成此种目的时，这成为一种廉价而强大的、可以催生一种共享身份认同感的策略。

然而，尽管这些被转发的推文拥有像病毒般传播开来的潜力，但受党派语言影响，它们很少能够跨越意识形态的界限。我们能够通过研究推特的样本用户关注的人以及关注他们的人，来推测样本用户的政治身份和意识形态。

例如，如果你关注希拉里·克林顿和巴拉克·奥巴马，你更有可能是自由派/民主党人；如果你关注唐纳德·特朗普和米特·罗姆尼，你更有可能是保守派/共和党人。如果你同时关注了他们所有人，那么你很可能是温和派、记者团成员，又或仅仅是糊涂！

我们在上文提到的对普通民众的推文分析中，发现当他们使用及回应道德情感语言时，他们最终进入了两个不共通的回音室。自由派人士往往会转发来自其他自由派人士的信息，至于保守派人士，他们则往往转发其他保守派人士的信息。尽管携带着道德情感的信息在这些群体里如同野火一般蔓延，但这些信息似乎也极少能吸引那些跨越政治分歧的人。

当然，一些推文不仅使用能引起强烈情感共鸣的词汇，还在积极贬低对立方。我们最近在同事史蒂夫·拉思杰和桑德·范林登领导的一个项目中分析了推特和脸书上此类高度对立的语言。这一次，在这些平台上有超过270万条信息供我们研究。

每当信息含有群体外成员的负面消息时，分享量会大增。若这些针对群体外成员的消息是由国会议员的账号发送的，其分享率会增长180%。相比而言，道德情感语言本身的影响力相形见绌。在脸书上，关于群体外的帖子也会引发人们最为愤怒的反应，助长人们义愤填膺的感觉。如今这种现象正主导着网络政治的大部分话语。

人们很容易将在线谈话贬低为"非现实生活"。但是，网络与现实生活之间的所有界线都已变得如此模糊不清，对其区分几乎已毫无意义。在线活动驱动了现实世界的行为，而社交媒体上的活动也越来越多地渗入了现实生活。例如，马龙·穆伊曼及其同事的一项分析发现，反警察抗议期间，通过每小时关于道德的推文发布频率,就能预测抗议期间被逮捕的人数。这表明,网络道德化与街头冲突有关,并且可能是其促成因素。[22]

分裂性语言之所以会在社交媒体上获得高回报,部分原因在于平台设计。在脸书和推特上,你可以通过单击按钮为你欣赏的评论点赞,而若是你想表达不屑,则需要你付出更多的努力(如打字)。因此,当人们发布挑衅性内容时,他们很容易看到来自志同道合的支持者的肯定,而他们的朋友和家人可能持有的保留意见则较难被表达出来。该系统强化了人们更极端的意见表达方式,而且隐匿了在工作或晚餐时(而非网络)发表相同的言论可能遭遇的轻蔑表情和白眼。这种激励结构可能提高民众的参与度、增加社交媒体巨头的利润,但也可能会导致公民在群体间分离和冲突的道路上越走越远。

事实上,当我们使用意见存在分歧的那些推特信息作为研究对象,并进行一系列实验室实验时,我们发现人们并不想与那些使用道德情感语言的分歧者谈论政治。他们觉得对方的论调令人作呕,并认为该信息的撰写者思想闭塞。那些对自己所属的政党认同感强烈的人尤为如此。[23]

但是,若人们不再抵触那些措辞并不激烈的言论,就为跨越党派分歧进行对话创造了机会。人们有时候愿意在困难的问题上与他人接触,但前提是他们的分歧并不必然暗示一方或另一方是邪恶的。

当然,煽动性语言和日益分隔的社交网络并不是网络政治的唯一问题,甚至也不是最严重的问题。错误信息和虚假信息正在挑战世界各地的民主社会。当人们拥有强大的政治身份时,他们可能更容易受到扭曲事实的影响,从而增加他们相信并分享这些贬损对手的虚假信息的意愿。

你会相信假新闻吗?

还记得俄罗斯宣传人员在社交媒体上发布的煽动两极分化的广告吗?事实证明,这只是2016年总统大选前夕错误信息和虚假信息的冰山一角。当时,从俄亥俄州的马其顿到密歇根,人们都在编造并分享假新闻故事以迷惑并操纵美国选民。

一项研究估计,多达44%的美国成年人在选举前的最后几周访问过一个不可靠网站,还有比这个数字高出数百万的人在他们的社交媒体推送中看到了这种类型的信息。[24] 近1/4的美国人还反馈说他们分享过人为编造的新闻故事。近期的研究表明,党派人士通常认为分享虚假新闻故事并不违背道德。有些人清楚这些故事并不一定可信,但其他人却会受到此类故事的愚弄——可能只是因为他们愿意相信而已。一个名为"WTOE 5 News"的网站发布了一则虚假新闻报道称,教皇方济各破天荒地支持唐纳德·特朗普担任总统。这个无厘头的故事在脸书上获得了近百万个赞,大约是《纽约时报》头条新闻的三倍!

类似的假新闻浪潮也席卷了其他国家,包括2016年脱欧公投期间的英国以及2018年全国大选期间的巴西。这是一种国际流行病。从那时起,社交媒体公司和科学家一直在争先恐后地了解人们如何以及为何会频繁传播那些虚构出来的"事实",并信以为真。

这类似于宗教，普通会众会仰仗其他教会人员，尤其是教会内领袖帮他们确定自己的信仰。找到能够申明他们最珍视的身份的新闻，可以让人们产生一种优越感，给他们提供一个可以建立联系的故事，或者强化一种他们站在历史正确的一边的感觉。若某些新闻故事能满足核心社会需求，并与人们先前的信仰保持一致，那无论其真实性如何都具有吸引力。这可以解释为什么最受欢迎的假新闻故事，都会强调一个群体要优于另一个群体。例如，教皇将支持唐纳德·特朗普当选总统的假消息传出后，这则假消息强化了保守的天主教徒还有其他希望在自己的政治偏好上保持原则性的基督徒们的感觉。

问题是这些社会动机和信仰可能超过人们对准确性的渴望，导致人们对涉及自我身份确认的信息过于轻信。我们进行了几项研究，发现人们往往相信关于他们群体内的正面故事和关于群体外的负面故事，而无论这些信息多么可疑。

在安德烈亚·佩雷拉和伊丽莎白·哈里斯组织的一系列实验中，我们向 1 420 名美国人分别展示了真实与虚假的新闻报道，以了解他们的政治身份如何影响他们的反应。[25] 其中一些文章是关于民主党人的负面虚假报道。例如，一个标题声称"希拉里在辩论期间佩戴了神秘耳塞"。其他文章则包含关于共和党人的负面假新闻，比如一篇文章声称"特朗普总统针对少数族裔制定独生子女法"。

我们从真实存在的虚假或讽刺新闻网站中抽取了这些故事。

我们发现，共和党人更愿意相信关于民主党人的令人讨厌的假新闻，但不相信与共和党人有关的负面假新闻。同样，民主党人更愿意相信与共和党人有关的假新闻，而不愿意相信与民主党人相关的假新闻。更糟糕的是，受试者的信仰是他们是否愿意在社交媒体上分享假新闻故事的有力预测指标。对各党派调查的结果惊人地相似：民主党人和共和党人都存在对另一方的假新闻的盲点。

怀疑论者会指出，因为我们是从真实的网站上收集这些故事的，所以关于民主党人和共和党人的故事可能存在差异。也许一类假故事比另一类更可信。我们也有同样的担忧，因此我们重新进行了这项研究，但这次我们采用的是自己撰写的有破坏性的假新闻文章。这些文章在每个细节上都是相同的，只是故事的主角不一样，或是共和党人，或是民主党人。

在这项研究中，人们会读到以完全相同的方式贪污受贿的民主党人或共和党人的故事。这项研究的结果和我们一开始的研究结论几乎如出一辙。这再次表明，共和党人和民主党人会受他们的群体身份的引导，相信有关外部群体的坏消息。

这并不意味着左派和右派之间没有区别。其中一个区别在于谁更愿意在他们的社交网络分享假新闻。虽然民主党人和共和党人同样可能相信有关对方的假新闻，但共和党人跟更愿意与他们的朋友和家人分享这些假新闻。这或许可以解释为什么像教皇支持特朗普这样的假消息会在 2016 年的选举周期中传播开来。

我们并不能确切知道为何共和党人会更愿意分享这些故事，但一种合理的解释似乎是，该政党有着对分享假新闻更为宽松的规范。特朗普本人就是错误信息的超级传播者,这可能向他的支持者发出信号:他们可以更信任低质量的新闻来源,或者分享不太靠谱的信息。

我们还发现,对于与政治无关的假新闻,左派和右派的党派人士的相信程度存在差异。我们向人们提供与政治无关的虚假信息——比如英国王室康沃尔公爵夫人卡米拉去做康复治疗,又或是名人莱昂纳多·迪卡普里奥让修眉艺术家乘飞机跨越7 500英里去为他修剪英俊的眉毛——的时候,似乎共和党人更愿意相信文章内容,而民主党人却普遍对假新闻持怀疑态度,除非它是关于共和党人的负面新闻。共和党人通常会更相信各种主题的假新闻。

由于社交媒体平台上大量错误和虚假信息的传播,人们很容易将因此形成的政治两极分化归咎于社交媒体。但这些技术远不是人们因意识形态最终作茧自缚的唯一原因。人们同样可以订阅一份竭力强调其读者身份的报纸,收听一个给他们灌输不良群体思想的新闻电台,或者每晚睡前观看他们最喜欢的电视主持人在节目中口沫横飞。社交媒体受到了很多指责,但它们并不是导致如今形势的最重要原因,这就解释了为什么老年人的政治态度会比关注社交媒体资讯长大的千禧一代要更加两极分化,因为他们多年来稳定且持续地关注着愈加有党派色彩的新闻。确实,一些专家认为,主流媒体的两极分化现象比社交媒体上的更加严重。

丹尼尔·帕特里克·莫伊尼汉曾说过一句名言:"每个人都有权发表自己的意见,而非自己所认为的事实。"我们的研究表明,涉及政治党派时，这是一种一厢情愿的想法。关于当代政治格局，喜剧演员斯蒂芬·科尔伯特在接受 *AV Club* 的采访时发表的言辞则更接近真相。他说："过去每个人都有权发表自己的意见，而那并非他们认为的事实。但现在不再是这样了。事实根本不重要。你自己的感知就是一切。"这可不是好事，因为事实确实依旧重要。而现实会反咬我们一口。

党派政治下的疫情

新冠肺炎大流行初期，当时人们还未研发出疫苗以及治疗药物。各国公共卫生专家宣称，与他人保持物理距离是减缓病毒传播的最重要的手段之一。对大众而言，这意味着要尽量多待在家中，减少各类外出活动。尽管官方恳请民众待在家里、避免集聚，但媒体仍拍到大批民众举办派对，聚集于酒吧和沙滩，这些都透露出人们对卫生专家建议的漠视。

人们漠视公共卫生专家的建议这一现象背后的原因多种多样，从年轻人的过度自信到阴谋论。但美国的民调显示，党派纷争也是原因之一。全美广播公司联合《华尔街日报》于 2020 年 3 月初进行的一项民调显示，有 68% 的民主党人表达了对其家人感染病毒的担忧，而共和党人的这一比例仅为 40%。据另一项民调显示，民主党人避免大众集聚的可能性比共和党人高出 18%。[26]

为什么不同政党对病毒的担忧会有如此巨大的差异？原因之一可能在于许多保守派居住在乡村，以及人口密度相对较小的地方，而许多自由派居住在大城市中，人口密集，这就为病毒传播提供了最优条件。确实,杰伊在疫情暴发的头几个月里一直居住在曼哈顿,那里也是全球疫情的热点地区。

不过,另一个原因可能与人们的政治身份动力学有关。两党的领导和党派精英人士们传达出对病毒不同的看法,从而影响其追随者对于病毒危害的认识。右翼主流声音公开表达了对疫情大流行的质疑。福克斯新闻频道主持人肖恩·哈尼蒂在其电台节目 WOR 中提到,新冠肺炎问题也许是"深层政府"[①]的欺诈行为。其福克斯新闻频道的同事特丽什·里甘则指责民主党利用新冠肺炎危机"来摧毁并妖魔化现任总统"。[27]

事实上,最具影响力的共和党人特朗普总统,正是对新冠肺炎大流行最极端的怀疑论者之一。他最初称人们对新冠肺炎大流行的担忧是一种"民主骗局",并一直对病毒的风险及保持社交距离等措施的重要性和有效性轻描淡写。[28]

为了了解党派对病毒的态度是否不仅存在于民意调查中,而且同样反映在实际行为中,我们调研了美国诸州县共和党与民主党民众的出行情况。[29]我们与耶鲁大学的安东·戈尔维策及其同事合作,分析了来自超过 1 700 万名智能手机用户的地理跟踪数据,以了解处于不同政治地区的人们针对社交距离是否表现出了不同的行为模式。为了保护人们的匿名权,我们并未查阅个人手机数据,而是查阅了县级别的出行数据。

[①] 美国的深层政府是一个阴谋论,一些作家声称它是由联邦政府、金融和工业界高层的人士组成的秘密网络,他们进一步声称它是一个隐藏的政府,与合法的当选美国政府并行或在其内部行使国家权力。——译者注

结果非常清楚。从2020年3月9日到5月8日，即新冠肺炎大流行的第一个高峰期，蓝县（蓝色代表民主党）民众待在家中，而红县（红色代表共和党）民众则不间断外出。总体而言，在美国2016年的总统选举中，支持唐纳德·特朗普的人数多于希拉里·克林顿的人数的县，其市民的出行率超过16%，且他们对餐馆等提供非必要服务的地方的到访率也更高。平心而论，随着新冠肺炎的蔓延，所有人都开始尽可能更多地保持社交距离，减少非必要活动，但与此同时，这方面的党派差距却在扩大！

我们检验了几种可能的原因。结果显示，党派间的出行差异无法用人口密度、当地新冠肺炎感染率、家庭收入和就业率等经济因素或人口的平均年龄和宗教信仰来解释。实际上，是每个县的保守派媒体内容的"消费量"降低了其辐射范围内人们的社交距离。换句话说，保守派媒体内容被消费越多，就有越多的人继续外出活动。

在这场致命的疫情中，党派分歧在其中产生的影响不容忽视。我们分析感染率和死亡率时发现，支持共和党的县其民众较近的物理距离导致了两周后这些地区感染新冠肺炎和因新冠肺炎死亡人数的增加。

这种破坏性的党派差异并非不可避免。如果美国人将视野移过北部边境线投向加拿大，他们会观察到一种运作方式全然不同的动力学。加拿大的研究人员并未发现任一政党的领导者淡化疫情。因此，加拿大民众在保持社交距离方面没有表现出政治党派差异。这并不意味着加拿大民众与他们南方的美国朋友有什么根本不同。而是，两国的领导者与精英阶层给出了不同提示，告诉人们应该相信什么，从而对公民的行为和生活产生了切实的影响。

通过塑造个人的自我观点和世界观，高效的领导者有能力团结大众，共同应对国内和全球挑战。新冠肺炎大流行期间具备这种领导能力的最佳案例之一是新西兰总理杰辛达·阿德恩。在应对新冠肺炎大流行期间，她不仅严格遵循科学家的建议，还鼓励公民遵守相关指导方针。她的方法是创造一种共同身份，称他们为"500万人的大集体"，并且她本人也明确践行上述指导方针。[30]（我们将在第九章详细讨论身份与领导力之间的关系。）

人们在新冠肺炎大流行期间外出流动的方式是政治与空间关系的一种呈现方式。更通俗地讲，政治差异会拉开人与人之间的物理距离，而结果是，物理上的分隔可能会进一步加剧政治分歧。

争取合作

接下来是一个典型的菜鸟错误。2019年1月3日，也就是安迪·金上任的第一天，他走进华盛顿哥伦比亚特区的众议院，随即坐了下来。众议院通常不会出现任何关于座次的争议，但这位新泽西州第三区的新任议员却在不知情的情况下坐在了共和党人的"座区"。而他是民主党人。

金后来回忆称："我只是在找座位坐下。"[31] 不过在国会——这个世界上两极分化最严重的空间之一中，座位可不仅仅代表着座位。众议院的一侧被指定为共和党人席位，而另一侧被指定为民主党人席位。席位是宣告党派忠诚的有力象征。席位标志着议员的归属，而且一般来说能够表明他们的信仰。正如杜鲁门时代的公务员鲁弗斯·迈尔斯所言："你所坐之处决定你的立场。"

尽管这件事对安迪·金的影响，并不如一个坐在某欧洲足球场错误区域的球迷的后果那么严重，但很少有地方像美国国会那样在空间上区分如此之大。这种空间上的裂痕表明并强化了社会身份的异同。

然而，国会是工作场所，是一群具有不同政治观点和党派关系的人沟通互动、实现重要目标的地方。政客们经常需要穿过过道，以达成折中方案以及通过新的法律。然而，议员们却依据政治观点就座。如果在议会需要交流才能完成工作任务，那这种空间划分是否对美国的治理构成了障碍？

最近，研究人员应用运动检测技术观察了6 526个国会人员走动的录像，以研究共和党人和民主党人在国会大厅内的走动情况。[32]他们穿过过道多少次？正如你所料，民主党人和共和党人不太可能穿过分隔国会中间的过道，而是会更多地在本党派成员附近走动。

然而，更令人担忧的是，这种趋势正随时间推移而加剧。1997年1月至2012年12月，随着两党在政治偏好上变得更加两极分化，影像显示两党成员在全员投票后的跨过道交流愈发减少。国会议员与对方政党成员近距离互动的时间也变得更短了。

人们会很自然地认为是充斥着党派偏见的投票减少了两党互动。但上述交流时间模式表明的情况正好相反——是两党缺乏肢体互动导致了更加两极分化的投票。非正式互动减少，两党建立起友谊和纽带的可能性也会随之降低,而这又影响到两党合作立法,随着时间推移进而导致两党合作投票模式的减少。缺乏互动也可能使两党更难以理解对方的观点。

那么,鉴于以上所有这些挑战,我们又可以做些什么呢?

寻找解药

各地的研究人员、政策制定者、政客和社交媒体高管都在争先恐后地了解技术进步是如何影响公民生活的,也在想方设法减少它们造成的一些危害。关于这些问题的研究目前呈爆炸式增长,每天都有新研究问世。

人们很容易认为,针对回音室和过滤气泡的解决方案只有一种:为人们提供更多样化的信息,让他们从另一个角度对不同观念和观点进行理解。这种方法假定根本问题为人们的知识不足,若人们对这些问题有更好的了解或接受了更好的教育,那么一切都会好起来。然而,不幸的是,仅仅获得更多政治知识,接触更广泛的信息,并不一定会有所帮助。

从你的党派回音室外接收信息是否有助于减少政治分歧?社会学家克里斯托弗·贝尔及其同事在一大型实地实验中测试了这种可能性。他们向民主党人和共和党人每人提供11美元,让他们关注一个推特机器人,在一个月内该机器人每天会转发24条政治消息。[33]关键在于,机器人总是与受试者具备不同的意识形态,它会向他们随机转发对立党派的民选官员、舆论领袖、媒体组织还有非营利组织的账号里的推文。

不幸的是，接收不同政治派别的推文对缓和其政治态度毫无帮助。事实上，结果适得其反。民主党人的态度在浏览保守派言论后反而变得更加自由，而共和党人的态度在浏览自由派言论后也变得更加保守。仅仅获得不同的信息是不够的，其中部分原因是人们往往会主动拒绝并明确反驳来自另一方的信息。

解决这个问题的办法或许是从等式中去除党派认同。例如，一项研究发现，只要社会身份隐藏在幕后，人们就可以通过与对立一方的党派进行互动而有效地了解气候变化等两极分化问题。[34] 美国国家航空航天局（NASA）向人们展示了过去34年北极冰盖的月平均水平图表。长期趋势显然是冰量稳步减少，但图表上显示最近一年冰量略有增加。然后，要求他们预测2025年北极冰盖的冰量。

查看图表后，保守派人士以符合长期趋势的方式解读美国国家航空航天局的图表的可能性明显低于自由派人士。但所有受试者都能查看其他人的回答并更改或潜在地改善他们的预测。他们可以查看两方的回答，而不是只查看自己一方的回答，这改善了所有人的预测。然而，如果人们的回答中附加了政党身份或标志，那么从不同观点的人那里学习的能力就会显著降低。但是，如果去除政党标识，隐藏政治身份，人们会受到更多来自别人的影响，并将自己的预测水平提高近20%。

如果将新闻报道和采访中的政治符号除去，社会可能会得到更好的服务；这可能会让公众更多地关注政策建议的细节，而不是党派忠诚。在正常的对话中，人们往往会以自己的身份为主导。

这可以提高透明度，并为某些问题提供立场，但我们也可能会封闭思想，助长分歧。如果我们的目标是跨越分歧进行对话，那么在使用我们的政治身份之前，我们可能需要三思而后行。

最近的研究进一步表明，虽然仅仅从政治团体那里接收信息不一定是解决两极分化的有效策略，但不同观点的人之间的实际互动仍可能有所帮助。在近期的一项研究中，艾琳·罗西特随机安排了一组共和党人和民主党人就政治或非政治话题进行简短的在线交流。[35] 不管他们谈论了什么，相比未进行过交流的人，那些与群体外成员进行过线上交流的受试者之后对群体外成员的态度要更积极。

而且之后一定时间内，这些受试者在线下生活中的表现也可能会有所改善。在 2018 年秋天进行的一项研究中，经济学家鼓励人们（有时是向他们提供金钱奖励）与脸书断开连接一个月。[36] 一个月的时间里，这些人上网的时间减少了，其心理健康状况也有所改善。他们对新闻的了解也越来越少，政治上的两极分化倾向也越来越少。值得注意的是，在一个月内观察到的两极分化倾向的减少大约相当于美国自 20 世纪 90 年代中期以来两极分化增加总量的一半！

最后，让人们更准确地关注我们的社会实际上的两极分化有多严重可能会有所帮助。正如我们前面提到的，在许多地方，两极分化现象加剧了。在政客等精英中尤其如此。然而，在普通公民中，情况要复杂一些。广大民众正经历着被称为"感性"或"情感"的高水平的两极分化，人们对自己不支持的政治团体抱有强烈的不信任感和厌恶感。然而，当研究人员审视人们对实际问题和政策的看法时，他们往往较少发现两极分化的证据。

当然，意见分歧会存在，但大多数左翼和右翼人士对争议问题的态度往往相当接近。例如，在美国，左右两翼对医疗保健、枪支管制以及移民的看法相差不大。高估人们之间的分歧可能会阻碍他们达成妥协。然而，人们获得的关于政治的大多数信息强化了这种鸿沟不可逾越的观念。例如，就连选举地图的呈现方式也给人一种国家严重分裂的印象。

在选举之夜，我们已经习惯了看显示不同地方的人们投票情况的国家地图。在美国，这些地图显示红色的共和党州和蓝色的民主党州。它们给人的印象是，每个州内部意见一致。但当然了，事实上每个州都有不同的人，在某些情况下，投票给每个党派候选人的人数实际上可能非常接近。显示不同深浅的颜色可以更准确地描述选民的偏好——共和党选票较多的州更红，民主党选票较多的州更蓝，中间则是不同深浅的紫色。

萨拉·康拉特及其同事的一项研究准确地向人们展示了比例更精确、颜色更合理的地图。[37]与看到标准的红蓝两色的人相比，这些参与者随后会减少关于自己的政治派别的刻板印象，他们也会认为美国的分裂程度没那么高。同样，打破人们对另一方成员的刻板印象可以为更积极的互动铺平道路。

正如我们所说的，大量研究的注意力正集中于探明政治分歧的根源并将其弥合。作为信息的消费者和群体成员，人们可以使用策略来尝试消弭此类问题中存在的偏见并更为准确地理解此类

第四章　避开回音室

问题。研究发现，如果人们花时间系统地推理，而不是仅凭直觉行事，他们就不太可能会去相信虚假的政治新闻。深思熟虑和批判性思维可以帮助人们赢得党派目标和准确性目标之间的较量。

在你与他人分享新闻文章之前，你应该停下来仔细考虑新闻文章的可信性。如果一方对另一方造成损害的故事看起来过于美好而不真实，那就要当心了，你会有喜悦的感觉可能只是因为你想相信它所表达的一种倾向，而不是因为你真正相信它。当你下一次参与政治事务时，请考虑排除电话或电子邮件的干扰。注意力分散会导致你认真思考新闻的水准降低。在剑桥大学与合作者进行的一个研究项目中，我们发现，提高准确性动机也可以产生同样的效果；为人们提供一个小小的激励，让他们做出准确的判断，可以减少人们对不准确信息的反应的两极分化。

警告他人他们可能收到了错误信息也会有所帮助。你可以在自己的群体中，尝试使事实核查和质疑假设成为其规范和身份的重要组成部分。我们可以建立起基于准确性和建设性反馈的身份认同。

当你与过道对面的人交谈时，要尝试理解：他们的身份动机、信仰可能会妨碍你向他们阐明你的观点。我们要摒除身份象征。若无法做到，你还可以尝试使用会与他们的身份和价值观形成共鸣的语言，或者至少承认他们的身份的重要性。

要想解决党派斗争这一问题，同时促进对严肃问题的良性辩论，我们还有很长的路要走。但是，理解这些分歧带来的身份动力学，会为政治领域健康化奠定基础，从而让我们可以将注意力更直接地转到影响公民生活健康的重要问题上去。

第五章

身份的价值

"什么才是真正的斯堪的纳维亚人？什么都不是。"斯堪的纳维亚航空公司在2020年投放的一则挑衅性视频广告如此讲道。[1]

许多斯堪的纳维亚人并不觉得这则广告有何幽默感可言。尽管这家航空公司一直被视为"挪威-瑞典-丹麦合作的标志"，但这则广告却莫名让这三国的公民团结起来，对它发起了一场尖锐的批评战。

这则视频广告的内容是，那些全球范围普遍认为是北欧特色的食物，如丹麦糕点和瑞典肉丸，其实都源自他国。从这则广告还可以看出，这几国的公民在得知民族和区域自豪感的源泉被他国的企业家、发明家和民权领袖窃取时，看起来有些沮丧和孤独。

"我们去外地旅行时会把我们喜欢的都淘回来,然后稍做调整。瞧啊!这一下就成了斯堪的纳维亚的特产。"这则广告的结尾暗示,国际旅行使这些国家的公民变得富有,而且丰富了他们的文化遗产。因此,真正的斯堪的纳维亚人应该立即购买机票,然后探索外面的世界。

作为激发身份感的一次推广努力,该广告可谓可悲的败笔,并且引发了公众前所未有的愤怒。几位保守派政客发誓再也不会乘坐该公司的航班。公众的反应也因社交媒体上数千名网民的行为而发酵。我们在优兔观看时,已经有13.1万人点击了不喜欢该广告,是点赞总数的10倍以上。

航空公司官员最终撤下了这则广告,并称他们为自己的斯堪的纳维亚传统感到自豪。同时表示他们对公众误解其广告传递的信息而感到遗憾。[2] 但是,一家公司怎么会在处理涉及身份的信息时如此笨拙呢?如何做才能正确激发身份感?我们可以从大西洋彼岸的一家啤酒公司身上找到答案。

身着一件格子衬衫和淡色的蓝色牛仔裤,杰夫·道格拉斯大步迈上讲台,朝麦克风走去。他轻声细语地开始对着大会场的人发言,起初显得犹犹豫豫。"嘿,我不是伐木工,也不是皮草商,我不住在冰屋里,也不吃鲸脂,不曾拥有狗拉的雪橇,而且我也不认识来自加拿大的吉米、萨利或者苏西,尽管我知道他们都是些可爱的人[①]。"

[①] 道格拉斯所述都指向美国对加拿大人的刻板印象,认为他们都是伐木工、皮草商,住在冰屋,吃鲸脂,使用狗拉雪橇,而且把加拿大想象成一个小村子,每个人随随便便都认识吉米、萨利、苏西或者其他任何加拿大人。——译者注

道格拉斯慢慢提高了嗓音,继续说道:"我有一位总理,而非一位总统。我讲英语和法语,而不讲美式英语,我的发音是'啊吧务特'(about),不是什么蹩脚的'额布特'(a boot)。"在道格拉斯发言的同时,他身后的大屏幕上播放着海狸、切斯特菲尔德长沙发、字母 Z(发音是"zed")和无边帽(针织冬帽)的视频。

随后,又传来了道格拉斯的嘶吼声,他吼道:"加拿大拥有世界第二大的陆地面积,是冰球第一强国,是北美区位最好的地方。"这时屏幕里播放的是冰球比赛的经典场面,以及一面飘扬着的巨幅加拿大国旗。接下来,声音推向了高潮:"我叫乔,我是加拿大人。"

这场被人们亲切地称为"嘶吼"的演讲只持续了一分钟[3],却在加拿大历史上最成功的啤酒推广活动中占据着中心位置。该演讲是加拿大老牌摩尔森酿酒公司于 2000 年发起的"我是加拿大人"推广活动的一部分。精明的营销团队知道公司最重要的"成分"不是啤酒花,而是公司的身份。

"嘶吼"是利用民族主义销售啤酒的一次大胆尝试,尽管他们宣传的啤酒已经冠有"加式啤酒"之名,但这次宣讲明确讲出了许多加拿大人在民族文化交流时未表达出的特质。公平地说,加拿大人常羞于以如此大胆的方式表达自己的民族身份。不过,以如此方式描述加拿大人的特征,尤其还与他们更强大的南部邻国相比较,使得加拿大人可以实现对自我的定义。

每个戴着无边帽、喜欢坐切斯特菲尔德长沙发或将字母 Z

第五章 身份的价值　　131

发音为"zed"的加拿大人，不仅有一种归属感，还能感受到自己的独特性。这与上文提及的航空公司的广告效果截然相反，因为后者忽视了人们对归属感的渴望，削弱了人们的自我独特性。航空公司炮制出的那则令人泄气的广告，几乎完美地威胁了人们的文化认同，更不用说对其强化了。

将"归属感"和"独特性"这两种心理因素相结合，"我是加拿大人"的推广演讲与加拿大人产生了共鸣，并为摩尔森酿酒公司开启了标志性发展的一年，该公司股价也在当年上涨了1.6个百分点。这种在推销社会身份方面不加修饰的努力，也明显转化为一箱又一箱的啤酒销量。

但"嘶吼"感动的不仅是啤酒，它以一种啤酒广告很少能做到的方式打动了消费群体。该演讲荣获了2001年度广告业界的金鹅毛笔奖[①]，并在加拿大各地被模仿，甚至还被收录在《加拿大流行诗歌和歌曲企鹅宝库》一书中，正如该书编辑约翰·科伦坡所述，演讲词"表达了人类在面对无知和冷漠时申明身份的必要性"。

"嘶吼"传递出的信号是，身份决定了产品、个人以及其他各种事物对于人们的价值。人们通常认为自己的品位是其个性的特殊组成部分。事实上，人们常常希冀因自己有一套个性偏好而使自己感到与众不同。你去问你某个朋友为什么专喝某品牌的啤

[①] 国际商业传播协会（IABC）颁发的"金鹅毛笔奖"，每年均为一些在品牌传播、公众教育、推广宣传及沟通技巧方面有杰出成就的机构颁发奖项，以示表扬。——译者注

酒，我们猜想，她的答案就是对这款啤酒的认同。

但是，一个人身份的各个方面影响到的是日常的各类决定，而且往往难以被意识捕捉。从根本上讲，你的偏好取决于你的社会身份，原因很简单：你的社会身份就是你。在本章中，我们将阐释不同的动机如何塑造身份，将着重关注人们对归属感、独特性和地位的核心需求。这些动机使得某些身份更具吸引力和重要性，进而决定了人们如何评定周遭世界中个人和事物对自己有多大价值。从吃的食物、约会对象，到就读学校的类型，身份在他们所做的众多决定中都扮演核心角色。

身份经济学

认为身份深度影响决策的人绝非少数。诺贝尔奖获得者乔治·阿克尔洛夫和雷切尔·克兰顿撰写了《身份经济学》一书，二人在书中写道："身份的选择……可能是一个人做出的最重要的经济决策。"[4] 一旦我们明白身份影响价值的机制，那我们就会懂得，为什么一些决策在某些人看来不理智，而其他人却觉得完全合乎常理。

例如，身份信号传递的通常是人们申明其群体成员身份的一种企图。像照片墙或脸书的"个人资料栏"便是在公开传递身份信号，是一种向你自己和你的社交圈申明"你是谁"的有效方式。正如我们在本书中反复强调的那样，"你是谁"在很大程度上取决于你所在意的群体的行为规范。

营销人员、政策制定者和领导者会运用这种心理在他们想要影响的群体中培养身份认同感。如果方法得当，培养出一种合适的身份认同感可以建立起更深层次的纽带，对公司而言，便是筑起更牢固的行为底线。读懂社会认同动力学，可以帮助一些组织在市场上占据一席之地，甚至帮助有些组织将业务覆盖到全球范围。例如，我们认为苹果公司之所以成为世界上最大的公司之一，靠的不仅是精湛的技术，而是让许多消费者对其产品产生深刻的认同感。像摩尔森酿酒公司一样，苹果公司建立了一种身份，满足了人们对最佳独特性的心理需求——是那种你既属于组织，又从中脱颖而出的感觉。那是一种烈性鸡尾酒会带来的感觉。

心理需求可以帮我们了解哪些因素促使了人们对群体的认同。那么，哪些因素使得某些群体比其他群体更具吸引力，或者说在某些时刻更具吸引力？我们将探索归属感、独特性和地位在将人们与群体联系起来方面所起的作用。实现这些目标中的一个或多个的群体会比未能实现的群体更具吸引力。当社会身份挠到动机之"痒"时，人们就会更加重视这些群体以及象征其成员身份的事物和行为。

本章还将更深入地探讨社会身份如何为合作提供强有力的激励。我们还将证明，当人们认同自己的群体并遵守基于合作的社会规范时会如何变得更愿意合作，以及如何为了集体而提升个人表现。这对创建有效运作的团体和组织具有重要意义。

如果只关注工资和奖金等个人方面的利益，他们通常会钻制度的空子，寻找漏洞并谋取私利。少数公司会出现内部偷窃行为，每年失窃价值大约数百亿美元，占公司收益的 1.4%。[5] 这还不包含旷工或者其他损公肥私的行为。如果员工无法认同所属机构，那他们会不计代价地最大化保护个人利益，而不是为公司利益着想。换言之，只有员工们有认同感，机构才可以高效运行。

重视他人

我们两人刚在俄亥俄州立大学落脚时，就发现大学这一社区的身份集中体现于大学的橄榄球队——七叶树之上。每逢主场比赛，校园里都会挤满十万多名身着绯红色和灰色相间球衣的球迷。每个酒吧里都摩肩接踵。市区的每家餐厅都安装了电视，以便直播主队的比赛，随后就是无数个小时的比赛回放和分析。对集体目标的庆祝达到这种规模，着实令我们大开眼界。

我们刚到这所大学的那年，七叶树赢得了12场比赛，并打入了全国冠军赛。我们很清楚，七叶树队对群体胜利有一些独到见解。

约40年前，七叶树队开创了俄亥俄州立大学各类运动中最有趣的传统之一。相传，一位教练组成员想到了一个激励球员的方法。[6]每场比赛结束后，作为奖励，教练们都会给表现最好的几名球员分发头盔贴纸。

逻辑很简单：认可个人成功对运动员而言是一种社会性激励，可以让他们为了脱颖而出而更加刻苦地训练。贴纸成了个人成就的象征，到了赛季末期，明星球员可以佩戴着贴满球队标志的头盔从容地走上球场，这与佩戴勋章的将军们无异。当年，七叶树队夺得了全国冠军，于是各地球队纷纷效仿，用贴纸奖励优秀球员。

奖励贴纸后来变成了一种制度性措施。到 2001 年，长期以来保持良好战绩的七叶树队又沦为一支平庸球队。球队随后聘请了一位名叫吉姆·特雷塞尔的新教练。他决定打破旧传统。特雷塞尔拒不认可球员个人表现，而是更多针对集体胜利进行奖励。例如，球员"达阵"不会因此拿到贴纸。相反，如果球队得到了一定分数，那么进攻组每个球员都会得到一张贴纸。如果球队获胜，教练会给每个球员一张贴纸。

奖励团队合作得到了回报，球队第二年就拿下了全国冠军。鼓励球员重视集体成功而非个人成就，教练们借此成功地建立了有效的合作机制。我们进入该校的这一年，七叶树队已经稳稳跻身于美国最成功的橄榄球队的行列。[7]

这有助于解释球员在更衣室和球场上展现出的亲密友情。但共同身份带来的益处并不仅仅局限于球场，它其实可以在更广泛的群体中创造共有的目标感和自豪感。我们并不是首先在俄亥俄州立大学认识到这种社会身份对球迷影响的社会心理学家。30多年前，罗伯特·恰尔迪尼和他的合作者研究了那些不参与比赛，却在球队获得胜利后感受到成功带来的温暖光辉的球迷。[8]除了精神支持，球迷对球队的成功别无贡献，但当球队获胜时，他们很可能会"沐浴在反射来的荣耀中"。

大学橄榄球比赛通常会在周六进行，因此这批研究人员在对 7 所大学的学生调研时，会在周一观察课堂上哪些学生身着支持球队的服装。他们统计了带有学校标志或球队昵称的纽扣、夹克、T恤、毛衣或公文包，发现该学期有8%的学生身着此类服装。然而，如果主队赢得比赛，这个数字就会在周一飙升。

在赢得比赛后的周一，学生们为了表达内心的自豪感，更愿意佩戴学校标志去上课，这时认同球队的明示信号激增。在随后的一项研究中，研究人员在每场比赛后通过电话联系学生，让他们描述比赛结果。若是赢球，学生更可能使用集体代词（"we"）来描述球赛，称"我们赢了"而不是"球队赢了"。若是输球，"我们"的使用会减少。事实上，学生在描述胜利时使用"我们"这个词的频率（26%），几乎是描述输球时（13.5%）的两倍。

这些研究发现表明，与输球相比，球队赢球更能收获球迷的认同感。但是，他们是否只是为了在赢球后和其他人合拍而穿上推广球队的服装，还是另有原因？他们是否真的体验到了一丝反射而来的荣耀？

为了更好地了解身份如何影响人们对他人表现的重视度，我们使用功能神经成像法观察纽约大学学生在群体取得成功时大脑的运作方式。在莱奥尔·哈克尔负责的一个项目中，我们将学生带到纽约大学脑成像中心，让他们与群体内成员（某纽约大学校友）或群体外成员（某哥伦比亚大学学生）玩一款金钱游戏。[9]在游戏中，他们有机会因做出某种选择而赚取实实在在的金钱。

在测试时，我们首先让受试者在自己取走钱（如一美元）或让其他玩家取走钱（如两美元）之间做出选择。在此种情况下，受试者通常更愿意让自己拿到钱，但有时他们会心生慷慨，让另一名玩家取走更大金额的钱。不过，学生面对此种类型的决定时，

第五章 身份的价值

与谁一起玩这款游戏其实是影响最终决定的至关重要的因素。

高度认同纽约大学的学生与另一名纽约大学学生一起玩这款游戏时，会比他们与哥伦比亚大学学生一起玩时更慷慨。这种模式在对纽大没有强烈认同感的纽大学生的测试中正好相反。如果非要说有一种模式，这些学生会对群体外成员稍加慷慨些。换言之，人们愿意牺牲自己的金钱来帮助群体内成员，而不是群体外成员——但前提是他们认同该群体。

接下来，我们分析了神经活动的某些模式。为探究人们如何评价他人的收获，该研究还做了以下实验：受试者在不给他人带来损失的情况下获得金钱；受试者观察他们的合作对象（群体内成员或群体外成员）在不给他人带来损失的情况下获得金钱。我们发现受试者大脑中的一小块区域——右尾状核——会在获得奖励时特别活跃。确定了该脑区有反应后，我们又测试了当群体内的一名成员（纽大的一名同学）收到奖励时，受试者的右尾状核是否也处于活动状态——结果确实如此！当他们自己获得金钱时右尾状核会做出反应，而看到群体内成员收获这一积极的结果时，右尾状核同样做出了反应。当然了，他们看到某群体外成员获得奖励时，右尾状核却不会做出反应。

这一神经科学研究方法让我们深入了解了人们是否会沐浴在群体内其他成员反射来的荣耀中。比如，学生们在母队赢球后穿上母队球衣是否只是为了融入校园整体的庆祝氛围。我们的研究表明确实会发生一种类似于共享其乐的现象。关心群体内成员的人不仅愿意向群体内成员提供比群体外成员更多的金钱，而且当群体内成员恰逢好运时，他们的内心似乎也涌出一种奖赏感。

这强调了身份带来的一个好处：这是我们关心他人收获的原因之一。当队友成功、同事获奖或国家队在奥运会上荣获奖牌时，你获得的喜悦感都证明与身份认同相关的价值观在发挥作用。

人们的归属需求

人类对归属感、融入群体和与他人构建联系有着强烈的需求。无法融入群体可能会带来十分严重的后果。那种无法与他人建立有意义的社会联系的感觉，即孤独感，是导致人们身心健康状况不佳的常见原因之一。事实上，社会学家罗伯特·帕特南有句名言：如果某人每天抽一包烟，同时他也不属于任何群体，那么从统计学上讲，他在任一方面做出改变具有同等迫切性。戒烟或加入一个团体——两者会对你的健康产生大致相同的影响。[10]

加入群体有益于你的健康，其中一个重要原因就是它能满足人类的核心动机。在新冠肺炎大流行期间，我和一组同事研究了人们所在社区的社会身份与压力及抑郁等不良心理健康现象的关联。从2020年4月到10月，我们发现，那些感觉与社区联系更紧密的人——尤其是那些认为社区成员会在危机期间团结起来相互支持的人——压力感和抑郁感会更少。

给人归属感的那些群体通常更能吸引他人，因为它们满足了归属感这种核心需求。当人们对归属感的渴望变强烈时，无论是人们想要的长期归属感（有些人似乎比其他人更强烈地感受到了这种需求）或在特定情况下，他们也会发现社会身份更重要。

我们调研的一部分内容，就是对人类对于归属感的渴望变强烈的后果之一展开研究。具体来说，就是当人们对归属感的需求活跃时，对群体内成员的关注和记忆也会更多。与群体外成员相比，人们通常会更好地记得群体内成员的面孔。例如，人们通常更易辨认同种族人的面孔。所以，人们有时会认为其他群体的成员长相是相似的。在某种程度上，这可能与个体经验差异有关。人们通常会花更多时间和同种族群体的人在一起，尤其是在年轻时，所以人们会擅长识别某些类型的面孔。

但这还不是故事的全部。[11] 事实证明人们往往更擅长识别群体内成员，即使他们所属的群体中的成员属于不同种族，或者当群体内成员和群体外成员都属于同一种族并且无法以通常方式区分时。在几个实验中，我们将受试者分配到他们以前从未听说过的全新群体（最小型群体）中。[12] 在他们加入新的群体后，我们向受试者展示了一系列来自群体内和群体外成员的面孔，然后做了一个出乎他们意料的记忆力测试。

一般而言，人们对群体内成员的记忆要强于群体外成员，可能是因为他们在初次见面时更关注群体内成员。而群体内成员与我们的相关性更强，因此更容易引起我们的关注。但是，这种差别对待对于更想融入某群体的人而言更强烈。当人们对社交需求迫切时，他们会将更多注意力转向群体内成员。

融入的需求也会影响人们对与他们身份紧密相连的符号或是产品的重视程度。荷兰的研究人员曾做过一项实验，他们让受试者产生疏离感，来增强他们融入的需求，继而让他们来选择不同种类的荷兰产品。[13]其中一些产品可以令人怀旧,即这些产品是这个国度风靡过的产品。而其他产品更加贴近当代,是时下流行的产品。研究发现,与那些没有疏离感的人相比,那些被疏离的人有更强的怀旧感,他们会选择曲奇饼干、薄脆饼干、汤类、糖果还有一些怀旧的汽车。

满足人们归属感方面的需求往往很具挑战性。这些挑战对于那些很大程度上经常被排斥在外的少数或者边缘化的群体而言会更加严峻。有的群体可能已经移民并成为一国公民多年,甚至几代人都是该国公民,但这些肉眼就能被分辨出来的少数群体往往会遇到这样的问题:"你来自哪里?"或者"你老家是哪里的?"这种问话的方式就好像你必然寄居于他处一般。

在一组实验中,玛雅·古德曼和她的同事研究了上述类型的身份威胁如何影响人们的食物选择,他们认为那些因为种族或文化背景而被认为与众不同的人会更加努力去确认他们作为美国人的身份。[14]研究人员选取祖先是亚洲人的亚裔美国人作为研究对象,这些受试者尽管出生于美国,但经常被告知自己不属于美国。

受试者到达实验室后,一位美国白人实验操作员询问其中一半的受试者他们是否讲英语。表面上看这一问题无伤大雅,但对于很多少数群体而言,这意味着他们的美国公民身份遭受了质疑。

当被问到他们的食物偏好时,那些被问到是否讲英语的受试者更会说他们最喜爱的是美国特色的食物,比如巨无霸汉堡和比萨饼,这些人做出这种回答的可能性是未被问及是否讲英语的受试者的三倍多。但把这一问题拿来问美国白人,就不会对美国白人产生任何影响,一个可能的原因是这一提问没有被这些多数群体成员视为对归属感的威胁。

在后续的一项实验中,研究人员给了受试者一个送餐网站的链接,并让他们选一道菜。如果之前被问到是否讲英语,亚裔美国人更有可能点热狗、汉堡、炸鸡和费城干酪牛肉三明治,而不是选择寿司、猪肉三明治和鸡肉咖喱这些不具美国特色的食物。选择美国特色的食物并不健康,因为这些食物所含的热量与未被问及是否讲英语的亚裔美国人选择的食物相比,平均多182卡路里,且脂肪含量平均多12克。不过,选择传统的美式食品,可能有助于亚裔美国人在身份被质疑后,感到(或者让他们表现出)一种更强的民族归属感。

不同凡"想"

1984年有超过7 700万球迷观看了由美联冠军洛杉矶突袭者队对阵国联冠军华盛顿红皮队的第18届超级碗。除了死忠球迷,那场总决赛早已被观众们遗忘,但很多人仍然记得中间休息时播放的那则令人震惊的广告。

在一个反乌托邦的场景中,一群人坐得整整齐齐,一动不动地盯着巨幅屏幕上播放的美剧《老大哥》。此时屏幕里传来嗡嗡声:"今天是信息净化指令一周年。"突然,不知从哪冒出来一位金发女郎奔跑着穿过面如死灰的观众。等她跑到前排,便扔出一柄雷神大锤将屏幕砸得粉碎。紧接着,屏幕里又一个声音传来:"(1984年)1月24日,苹果将推出Mac电脑。到时,你会发现

1984年将不会出现《1984》里的情景。"

在计算机这一竞争激烈的行业，苹果公司1984年播出的这则著名的广告被评为超级碗40年历史上的最佳广告。美国电视周刊将这一广告评为美国广告史上的最佳广告。

这则广告开启了革命性广告的先河，苹果借此建立起了专为"叛逆者"打造的电脑品牌。十几年后，苹果基于这一主题发起了"不同凡'想'"广告运动，其中涉及阿尔伯特·爱因斯坦、马丁·路德·金、女飞行员阿梅莉亚·埃尔哈特以及巴勃罗·毕加索这样打破传统的人物。在广告中出现的这些人物也给苹果公司的产品牢牢刻上了"持异见者"和"创新者"的烙印。

这则广告如今看起来有些讽刺，因为苹果公司现在已经是全球最有特色、产值最高的公司之一。我们无论是去买咖啡还是熟食，都不可能不遇到使用苹果产品的人。如果你有以下想法那也是无可厚非的：苹果用户根本就不是反传统或是叛逆，他们和广告里的人没什么不同——两眼盯着屏幕，无视周边的世界。

的确，我们和大家一样，别人也会发现我们在校园里散步时会时不时瞅一眼iPhone手机。不过我们也想让自己保持叛逆者的那种蔑视传统的形象。那么，苹果是如何在其用户群体中培植出"不同凡'想'"感，同时又发展成为拥有历史上最大的趋同消费者的集团之一的呢？答案是，苹果凭借它创造出的最优独特身份，收获了信徒般忠实的用户，从而成为世界上价值最高、最成功的品牌之一。

最开始提出"最优独特感"观点的是我们的启蒙导师、精神领袖玛丽莲·布鲁尔。[15] 她认为，那些最引人注目的群体，通常是那些能够满足两个基本但又冲突的人类动机的群体：归属感和与众不同的需求。人们想要寻找归属，但社会身份的部分力量来自它排斥的东西，这一点有助于人们澄清他们是谁以及他们不是谁。

如布鲁尔所言，我们在努力求同，又在努力存异。

想象一群朋克、哥特派人或是潮人。如果你想的如我们所想，可能脑海中呈现的就是一群着装统一的年轻人，身上戴的珠宝、穿孔或文身也都大同小异，头戴相同风格的耳机，听着一样的音乐。如果街上偶遇这样一群人，你可能不禁要问："你们不知道你们像一个模子里刻出来的吗？"换来的可能是他们的一声嘲讽："扯——你才在随大流，我们在表达自我！"类似这样的小众文化群体，其实就是在践行最优独特感。他们既能体验到和同类人的深度融入，也能享受不同于常人的独特感。一些群体能平衡这两点，所以这些群体的魅力才是无法抵抗的。

这种心理特征也会在产品购买上得到体现。你在购买某些特定产品时，就向自己和他人揭示了你认为你是谁。你选购的汽车、你的衣着、饮食和使用的科技产品，都在向他人传递信号。有时传递出的可能是你的财富和地位，但更多时候你的选择传达的是你认为哪些事物更有价值，以及你重视哪些身份。

你可能不会打心底里相信人们会真正去认同一款产品（如苹果）。我们也曾疑惑过，所以做了调研。我对美国理海大学的学生做了问卷调查，目的是了解他们最重视的身份是哪些。结果并不出人意料,与性别、种族、年龄和政治相关的身份是出现频率最高的答案。当然,也有很大一部分学生为自己是"Mac 电脑"或"个人电脑"使用者而感到骄傲。

其他研究也发现了最优独特性的吸引力延伸到了慈善决定方面。比如,一项对 28 000 个众筹项目展开的分析发现,与众不同是它们得以成功的关键因素。[16] 那些从类似原因的传统叙事中脱颖而出的项目更有吸引力——他们吸引了更多的投资者,筹到了更多资金。人们倾向于用叙事来区分原因并定义其特殊性。

不被看好者的吸引力

最优独特感这种心理魔力让我们明白,为什么一些音乐发烧友会炫耀称在某个著名乐队或音乐家名声大噪前就喜爱他们,或者为什么人们会为不被看好者喝彩。按照定义,不被看好者很可能会失败,与之建立认同感似乎是一种糟糕选择,因为他们更多时候会让你借酒消愁。不过我们的研究发现,那些对独特性有更强烈需求的人更有可能认同不被看好者。

我们还在读研究生时,曾在报纸上读到了一篇微软公司在与硅谷对手的竞争中自称为"不被看好者"的文章。当时,微软可是世界上规模最大、实力最强的企业之一,而且还刚因涉嫌违反反托拉斯法被美国政府起诉。令我们惊讶的是,这样强大的企业,居然会以不被看好者的身份自居,原因可能是其行政领导层在企图提升其员工和消费者对微软的认同感。

为一探不被看好者究竟能否助力实现最优独特感,我们与多伦多大学商学院教授杰夫·里奥德里一起设计了一项调查研究。多伦多大学是加拿大规模最大的高校，和大群体的成员一样，该校的学生会经常抱怨自己的存在感很低，并不是独特的个体。在研究中，我们故意向部分受试学生夸大这种情绪，称大学只将他们视为一个数字，是几千个学生中的一个，这样就增强了他们对独特身份的需求或渴望。

而我们告知其他受试者他们是独一无二的个体，而不仅仅被视为数字。我们的假设是，他们的独特感的需求得到了满足，因而不需要认同不被认可者。

接下来，我们让每位受试者阅读有关该校男子水球队的文章——选择水球队是因为大部分受试者没听说过该球队，那么塑造学生们对球队的印象会变成一件简单的事情。我们告知一部分受试者，水球队接下来将以不被看好者的身份争夺冠军，同时告知其余受试者该球队赢得冠军是十拿九稳的事情。

理性地讲，人们一般会认为学生会为一支夺冠概率大的强队呐喊助威。但我们的研究发现并非如此。那些在研究人员的引导下认为自己无足轻重而想要变得独特的学生，更愿意认同这支名不见经传的水球队。

我们在后来的研究中也发现了类似规律：我们测试了人们对纽约尼克斯与迈阿密热火这两支美职篮球队的认同感——两支球队在季后赛打得不可开交。和以前的发现一样，不被看好的球队对于更需要独特性身份的调研对象更具吸引力。而这种认同感会随着不被看好的球队在比赛接近尾声时逼近比分，并最终让球迷分享胜利的喜悦时猛增。

这可能就是有关不被看好的球队的文章永远都能吸引读者的原因。人们希冀培养一定程度上的最优独特感，而选择认同不被看好的球队反过来也可以帮他们实现融入群体和保持自我特殊性的平衡。这改变了人们对某个球队的心理价值，而这一改变很难通过其他方式来实现。我们也认为这就是为什么好莱坞一直在拍摄不被看好者作为主角的电影。

无论是《洛奇》《篮坛怪杰》《追梦赤子心》，还是《红粉联盟》或是《野鸭变凤凰》，这些电影中不被看好者对观众的吸引跨越了不同时代和运动类型。不过，人们想要做的不只是支持不被看好者，即获得最优独特性，他们还常常借此将身份信号明示出来。

明示身份

苹果公司承认，其消费者不仅购买苹果产品，也会成为品牌推广者。你能想到苹果每件产品都附带的却没有任何实际功能的物件是什么吗？

如果你热衷苹果产品，你就会知道苹果主要产品的包装盒里都附有被啃了一口的苹果这一标志性标签。这个小标签并没有实用价值，其设计也非针对产品本身。它的功能纯粹是社交性的。你甚至可以将这个标签贴在你的自行车车身、汽车车窗或者行李箱上，这样你就可以向同事、同学或者在交通中转站向他人表明你是一个 Mac 用户。

苹果在设计产品时内置了这种信号灵敏度。比如,苹果笔记本电脑上盖扣合时,上面被啃的苹果是倒立且远离电脑使用者的。这看上去像是设计失误,实际并非如此。当电脑上盖打开,标志就会慢慢展现给了房间里的其他人。这种设计基于向他人发送身份信号,而不是使用者自己。

经济学家发现,人们会花费大笔金钱用来释放自己独特的身份信号。最有趣当然也是最昂贵的释放信号的方式之一就是买什么车。[17] 环保主义已经成为一些人身份的重要组成部分,也因此培养出了里程更高、更环保的电动或混合动力汽车市场。长期以来,或许最独特的混合动力汽车便是丰田普锐斯。这款汽车是市场上最早的一批电动汽车,风格独特,极易吸引其他环保人士的注意。

经济学家发现,相较于同级别的本田思域,人们更愿意多出一笔钱购买普锐斯。这两款车在同等行驶里程和排放量的基础上的环保指数大致相同,但是思域的环保特性却不那么容易让人察觉。思域是一款流行车型,在本田决定制造混动车型前便已存在多年。问题是,马路上有数千辆和思域外形类似的非混合动力汽车,所以无论是你的同事还是邻居,都很难发现你在驾驶混合动力汽车。这与视觉上与众不同的普锐斯形成了鲜明对比,普锐斯会向你的社交网络的所有人明确释放你的环保取向的信号。

这种独特性会增加产品价值。当时,消费者愿意多出 4 200 美元购买普锐斯。单纯从务实角度讲,这种行为是非理性的。因为环保主义者应该更在意车子对环境的实际影响,而不是更多关注能否将这种自己是环保主义者的信号传递出去。但这与身份的运行机制是相悖的。人们在同一时刻想要的东西往往是多种多样的，即自己在遵循信仰和价值观的同时，将自己的归属感和独特感最大化。而驾驶更显而易见属于混合动力车型的车子就能实现这种平衡。考虑到这种车子价格昂贵，这也可能有助于满足购车者的另一种心理需求——地位需求。

地位需求

2019年3月12日有消息爆出女影星洛莉·洛克林和费莉西蒂·霍夫曼涉嫌参与一起大规模大学受贿丑闻而被捕。[18]这次调查大学入学舞弊的行动被称为"大学蓝调行动"（Operation Varsity Blues），调查显示33名家长花费2500万美元，以欺诈性手段提高他们孩子的成绩或贿赂大学管理层。这些家长触犯了法律，在斯坦福大学、耶鲁大学、西北大学、加州大学伯克利分校、加州大学洛杉矶分校以及南加州大学等著名大学的招生过程中，为自己的孩子提供帮助。这起事件是美国司法部起诉的同类案件中规模最大的。

国家媒体对此事报道的原因是它涉及名人行为不端，以及暴露出高等教育体系内存在严重的腐败问题。但罪行的核心问题是，这些焦虑的富人家长是在为孩子们在极度激烈的大学录取竞争市场上争取优势。

良好的教育可以确保孩子们将来获得更多机会和收入，而学费通常都很高昂——美国的高校尤为如此。问题是，为了孩子能上一个名气更大一点的大学去花费数十万美元，甚至冒坐牢的风险，是不是值得呢？

大部分经济学家可能会认为不值得。大学的好处往往是由社会经济地位较低的学生积累出来的。而且，比起更知名一些的南加州大学，加州大学尔湾分校的教育质量并不差多少。如果学生动力十足，他们在州立学校表现优异的可能性并不低于在豪华的私立大学表现优异的可能性。这一点往往在排名和评级系统中被人们忽视。教育机构本身是为了育人和改善学生的未来生活而设，但是学校排名往往体现着入学难度、学校的财政资源以及校友们给学校金钱上的回馈。

而这些指标最近一直在变化，学生的表现如毕业率，以及对相对弱势的学生的社会流动性的贡献程度受到了更多关注。

但排名对人们来说的确很重要，人们对地位相对性的感知也是一样。这有助于解释为什么有人为了帮助孩子进入稍微好一点的大学，愿意抵押房屋甚至不惜违反法律。排名更靠前的学校对家长和学生而言能强有力地提高他们的社会身份认同。

我们并没有暗示一所有声望的大学无法带来切实的优势。除了提供绝佳的学习机会，这类院校还能为学生提供更好的就业前景以及挚友和伴侣。学生们可以进入可能毕业后也会一直维系的、有重要价值的社交圈子。但对于毕业生而言，这些优势的很大一部分要归功于学生对于作为大学教育基础的知识和技能的掌握，也同样归功于他们现在拥有的毕业生身份。

在整个高等教育景观中，常春藤盟校代表着高级地位。不过常春藤盟校在地位上也存在着差异。比如，在一次问卷调查中，41%的受访者知道哈佛大学属于常春藤盟校，而只有不足2%的受访者知道宾夕法尼亚大学也属于常春藤盟校。[19]

对于不属于常藤盟校的人而言，这不足为道，但是这种地位上的微妙差别却会对相关的人产生非常真实的心理影响。确实，因为地位不太被认可，宾夕法尼亚大学的学生就会更渴望明示他们的身份，来避免他人的困惑。当两校学生被要求描述他们的学校时，宾夕法尼亚大学的学生更有可能提及自己就读的是常春藤盟校，这种情况在个人通信中也时常发生。但哈佛大学的学生在这方面不会如此迫切，因为外界非常清楚他们有处于高等地位的社会身份。

这一身份心理在大学网站甚至是大学教授的邮件中也有体现。毕竟教授们也几乎难以摆脱类似学生们那样的心理需求。一项分析显示，排名靠后的大学比排名较高的大学更有可能在他们的网站上提到"大学"一词。[20] 而排名低一些的院系也更可能会列出其教员的相关资质。因此出版著作或者被引用次数更多的教员，在邮件签名中展示个人成绩的可能性就会变小。

试图申明或释放高等地位的社会身份，是被称为"象征性自我实现"的心理现象的一部分。[21] 大多数人需要他人的认可才能感觉到自己实现了某种渴望的身份。当你成功的信号被他人认可和肯定时，它会让你安心，因为在同侪和整个社会看来，你已经获得了这种身份。

这不仅适用于学术资质证明，也在我们努力去追求的生活的方方面面得到了印证，包括职业、兴趣甚至是人际关系。要不然为什么"世界最佳爷爷"T恤（World's Best Grandpa T-Shirts）和"世界最佳妈妈"马克杯（#1 Mom mugs）会有市场呢？

我们发现，无论是在社交媒体上还是线下，人们会倾向于减少释放身份信号，甚至在人们这样做了之后加以揶揄。有时候将其贬损为"传递道德信号"或者"炫耀"。这样，展示身份就成为一种自我推销和不真诚的行为。但亮明身份又是人们游走于社交世界的关键手段，是人们确立地位以及他们所珍视的群组成员找到彼此的方式。

找到彼此

人们携手合作就能共创辉煌事业。我们建立教堂，设立大学，运营跨国公司，在国家事务上紧密合作。我们造出了火星探测器，成功登陆了月球。我们实现了整体大于部分之和。这些事业的达成必然不仅仅依靠共同的身份，不过身份确实可以让合作更轻松，从而帮助人们克服合作道路上的障碍。

人们选择共事，本身就是一种信任行为。我们决定共同撰写这本书时，我们也相信彼此会信守这份约定，相信彼此都会花大量时间写作，修改再修改。我们与代理人订立合同时，也相信对方会尽最大努力寻找出版社（再次特别感谢吉姆）。当我们与Little，Brown Spark出版公司签约时，也相信他们可以提供专业的编辑和图书售卖服务。对方也相信我们可以在规定期限内写出一本好书。你在阅读这本书就证明了这些信任行为最终有了结果。

如何判断一个人是否值得信赖有很多种方式。建立那种可以了解彼此的长期关系是其中一种，签订法律合同是另一种，而第三种是培养共同身份。如我们在几个章节（尤其是第一章）中探讨的那样，当人们培养出一种社会身份，会导致人们的动机开始转移，会使得人们关注自身利益之外的结果。那些开始只在乎一己私利之人，也会因此开始为实现集体利益做出贡献，其程度不亚于那些通常更关注他人利益的亲社会人士。

不过，单纯的动机转移并不足以引发信赖，也不足以让你关心群体内成员，并希望看到他们成功。要信任他们，并且坚信对方也会同样期盼你成功，你需要相信他们和你一样因身为某群体成员而愿意为该群体做出贡献。换言之，身份的知识需要分享，以释放合作的潜力。

为了说明分享身份知识的重要性，可以假设你正在玩一款"信任游戏"。每玩一轮，你都会得到一笔钱——如10美元——并且必须决定将所得额中的多少汇给你的游戏伙伴作为投资。这笔钱会被送到你的伙伴手中，并乘以某个数字——假设为3。这样，如果你决定全额投资并汇出所有10美元，它将成倍增加，你的伙伴会收到30美元。你的合作伙伴可以决定寄回给你多少。如果那个人完全公平并且退回他收到的金额的一半，那么你们每个人都得到了15美元，这是你最初分配得到的金钱的1.5倍，而总额是你们一开始共有金额的3倍。如果拥有足够信任，你们两人都拿到了更多报酬。

现在想象一下，在某些游戏回合中，你的搭档是群体内成员，而在其他回合中，你的搭档属于群体外成员。那你会给两种类型的合作伙伴分别投资多少？如果你和大多数人一样，你给群体内成员投资的钱就会高于给群体外成员投资的钱，因为你更信任群体内成员。也就是说，你认为群体内成员会返还更多的钱。

但是现在想象一下，虽然你知道你和你的群体内成员共享同一身份，但你的伙伴并不知道你们的共同纽带。他对"你是谁"视而不见！你现在又会怎么做？

针对这一问题的专门实验发现，虽然人们对群体内成员仍然有很多积极的情感，但当他们的身份不够显而易见时，他们对群体内成员的信任并不高于群体外成员。[22] 让群体内成员知晓你们同属某一群体是解锁合作的关键。

了解共享身份的重要性有助于解释人们为什么会煞费苦心地向他人释放自己属于某一群体的信号。天主教徒会佩戴十字架；自由主义者、保守主义者、环保主义者、跑步者、猎人、活动倡导者和各种活动家会在他们的汽车保险杠上贴上贴纸。2018 年，人们购买获得许可的运动服装的花费约为 264.7 亿美元。这些以及其他许多符号都是群体自豪感的标志，能在向他人表明你的忠诚和身份方面发挥十分重要的作用。

我们在加拿大长大，出国旅行时，人们都会告诉我们要把国旗缝在我们的背包上。当还是少年的我们在欧洲（杰伊在意大利，我在法国）开心游玩时，遇到了几名加拿大女性，她们认出了代表共同身份的象征符号，并很高兴在远离家乡的地方找到了群体内成员。我们前往这些国家体验新事物，结识不同类型的人，但通过以显眼的方式表明我们的国民身份，我们找到并暂时在陌生人群里享受到了群体内成员的陪伴。

曾针对上述多项问题发起研究的社会心理学家山岸俊男，将社会身份描述为"装载一般性互惠的容器"。[23] 其含义是，当我们与某些人共享一种身份时，即使并不了解对方其他方面的情况，也能相信对方。我们相信，群体成员也经历了我们已经经历或正在经历的动机转移，去更多地考虑集体利益。

通过这种方式，社会身份使得人们能够与更广泛的、远超他们可能直接知道的范围的人群或订立法律合同的人建立信任关系。社会身份极大地扩展了建立联系和合作的可能性。而不幸的是，我们在群体内成员身上赋予的价值有时也有消极的一面。在下一章中，我们会深入探讨群体动力学如何加剧偏见和歧视，当然，还有我们可以采取什么措施加以应对。

第六章
战胜偏见

"这里是911,你有什么紧急情况?"接线员问道。

霍莉·希尔顿回答道:"我的咖啡馆里有两位男士既不消费,也不肯离开。"

2018年4月12日下午,费城市中心的一家星巴克咖啡馆的值班经理希尔顿拨打了这通电话,由此引发了一系列事件,这些事件发酵成为国际头条新闻,随后席卷全国,点燃了人们的怒火,掀起了一股抵制浪潮。最终,这通电话导致星巴克高层在全美范围暂时关停了近8 000家门店。[1]

通话中提及的是两名年轻的黑人男子,他们数分钟前进入咖啡馆,安静地等候一位朋友。他们始终没有进行任何消费,而在他们准备上洗手间时，店员阻止了他们。

虽然对许多商业场所而言，这并不是什么稀罕事，但对星巴克来说，此事就不同寻常了——因为星巴克偏偏以免费提供洗手间而闻名。当一位记者询问纽约前市长迈克尔·布隆伯格为什么纽约没有修建更多的公共卫生间时，他打趣说："因为纽约有足够多的星巴克能让你上洗手间啊！"[2] 唉！看起来星巴克提供的这种便民服务并不是面向所有人的。

警方在抵达星巴克后，逮捕了这两名男子，尽管周围顾客证明这两名男子没有做错任何事。这段画面被人拍摄了下来，并迅速传播开来。[3] 全世界的人都能看到这段视频，在视频中，六位警察给这两名男子铐上手铐，并将其从咖啡馆带走，而另一位顾客（一位白人男子）则要求警方解释他们行动的依据。

最终，这两名男子没有受到起诉并被释放，而费城警方及政府当局也在面对巨大公愤的情况下选择道歉。

星巴克公司很快采取补救措施止损。星巴克辞退了希尔顿，并在几星期后宣布暂时关停美国及其他国家的数千家咖啡门店，为员工提供培训，"以消除内隐偏见，促进意识性包容，并确保进入星巴克店的每个顾客都能感到安全和受欢迎"。[4]

在当时，该公司的应对举措实际上是一种致力于消除人们观念中日益增长的内隐偏见的大规模的、引人注目的培训。一时间，所有人都在谈论这件事。但内隐偏见究竟是什么呢？又有什么策略能有效减少偏见？

偏见的根源

在新任总统的内阁提名人选被美国国会确认前,他们都要接受来自两党参议员的质询。在乔·拜登总统提名的司法部长梅里克·加兰的听证会上,参议员约翰·肯尼迪打了他一个措手不及。这位来自路易斯安那州的共和党人问道:"我想问一问你有关内隐偏见的概念。若我怀有内隐偏见,是否就意味着我是一个种族主义者,无论我怎么做怎么想?或者说,我就是一个种族主义者,只不过我对此没有清楚的认识?"

尽管他提问的本意可能只是为了让加兰不安或是设下一个陷阱,但该提问却反映了许多人心中都存在的种种疑惑:偏见的含义是什么?不同形式的偏见之间有何区别?

在过去几十年里,科学家研发了各种测试手段来测量人们的隐性或无意识偏见,采集人们对某些群体超越其他群体的偏好,而他们对此可能并没有完全意识到。[5]科学家设计这些测试,旨在对人们遇到不同群体的成员时,会即时主动浮现于其脑海的感受和联想进行测试。事实上,这些测试可用于评估人们对各类事物的即时反应,不仅限于社会群体,还可适用于食物、成瘾物、动物等。

人们常常用冰山来比喻人类思维。虽然看上去你的意识体验牢牢主导着你的精神生活,但实际上你的意识只是一个更大结构的顶端,其大部分都隐藏在表面之下。思维的许多功能都是自主运行的,或者说是在你的意识之外运行的,等你清醒明确地意识到某事物时,大量的信息已经被处理完了。

第六章 战胜偏见

在某些方面，这是显而易见的。比如你的大脑可以自主调节你的呼吸和消化，而无须经过你有意识地思考后再进行。有时候，这一点会更出人意料，比如在你理解他人的时候，同样会有大量无意识、不受控、极为迅速的信息处理过程的存在。

外显偏见会出现在人们的谈话中。如果有人在一项调查中明确或隐晦地表示她不喜欢千禧一代或加拿大人，那么她表达的就是一种明显而想必也不以为耻的偏见。这类表达往往反映的只是一种人们所处的环境的社会规范，即人们通常只愿意公开表达能为大多数人所接受的言论。测量内隐偏见需要设计更加巧妙的测试。

在许多此类测试中，受试者会看到快速出现的分属不同群体的人的照片。参与者会看到出现男人或女人、基督徒或穆斯林、黑人或白人的面孔。研究人员会要求你对照片做出回应，并根据你的反应模式（反应速度或你的出错类型），评估你对不同群体的无意识偏好。例如，在我们经常采用的一项测试（被称为"评估启动"）里，会给你几毫秒时间浏览一张男性或女性的面部照片，然后再给你浏览一张能被明确公认为好还是坏的图片——比如说一只可爱的小狗或一只长满毛的蜘蛛。而你的任务是：若你看到了你喜欢的事物，就在电脑上按一个键；若看到了不喜欢的事物，则需按另一个键。事实证明，在你对小狗或蜘蛛反应过来之前，你刚刚看到的脸孔会影响你区分图像好坏的速度。比如说比起女性面孔，你对男性面孔的隐性消极反应更严重，那么等你看到男性面孔后，你会更迅速地判断出蜘蛛是坏的，而看到女性面孔时则相反。同样地，在你看到男性面孔后，你判断出小狗是好的的速度也会相应慢一些。

你还可以在哈佛大学的"内隐工程"（Project Implicit）中尝试另一种形式的内隐偏见测量方法，即内隐联结测验（Implicit Association Test，IAT）。在进行了上百万次这项测验后，科学家们发现，绝大多数人都会在某种程度上表现出内隐偏见，他们偏爱自己的种族、民族、政治党派或宗教群体，而排斥相对的外部群体。当然了，人们表现出的偏见程度和类型都是因人而异的。很多人在发现自己怀有这些种族、性别或其他方面的偏见后，都会异常苦恼，因为他们此前一直认为自己坚信人人生而平等。

研究人员甚至对幼童也进行了不同类型的内隐偏见测试，这些幼童同样表现出对自己种族群体的偏好，《新闻周刊》杂志据此刊登了一篇挑衅性的封面文章，标题质问道："你的宝宝是种族主义者吗？"[6] 开发出 IAT 的两位科学家马扎林·巴纳吉和安东尼·格林沃尔德将本性善良的人所拥有的这种微弱偏见称为"盲点"。

那么，这意味着什么呢？人类是否天生就是种族主义者？若并非天生，那这些偏见又是如何产生的呢？为什么那些认为自己无偏见且奉行平等主义的人，依然存在这些偏见？

若人类真的天生便是种族主义者，我们可推导出，我们这个物种是在区别对待并歧视其他种族的人的环境中适者生存、进化而来的。然而，依据我们目前对人类进化的了解，这显然是不可能的。

第六章　战胜偏见

进化心理学家莱达·科斯米德斯及其同事论证认为，他们已经排除了"会导致种族识别的大脑机制正是为此目的进化出来的假说"的可能性。[7]这意味着，虽然我们的大脑能够并且确实会根据种族来判断一个人，但我们并没有因此进化出任何特殊的神经功能。科斯米德斯及其团队提出，很可能是自然选择促进了自动判断性别、年龄的这种大脑机制的形成，因为我们祖先生活的社会需要他们了解其他人的性别和生命阶段从而使他们能够做出各种有效判断：谁是潜在的伴侣？是年轻人还是老年人更可能需要额外的帮助？

但是，科斯米德斯和她的同事认为，种族是不同于性别和年龄的。

首先，他们指出，"遗传学家已经证实，人类并没有被划分为不同的种族类型"。其次，他们提出了一个常识性理由，来解释为什么种族主义并非我们人类的固有特质：我们的祖先属于狩猎采集者，他们在小型群体中生活，主要靠徒步旅行。这意味着，典型的人类几乎永远遇不到基因距离足够远的人群，也就是足以称为不同种族的群体。如果他们从未（或极少）遇到过与自己肤色或面部特征不同的人，那么种族主义就不存在进化优势。

那么为什么种族主义成了当代社会的一个普遍特征呢？他们认为其原因之一是，对种族过分关注并在种族基础上割裂世界是一种神经机制的副作用，这种神经机制经过自然选择而生成，本是用于识别群体内部成员，跟随盟友踪迹的一种神经机制。我们祖先生活的群落，会经常与当地其他群落产生接触。他们需要与内部成员合作，共同抵御外部群体，这种生存需求最终筛选出了那些善于区分"我们和他们"的人，还有那些能为群体抵御外部敌人（那些看上去很像他们）的人。

人们还在群落内部结成联盟。或是为了攫取政治权力，或是为了占据稀缺的食物及其他资源，这两种目的都促使人们达成合作。人们认为，在地球上的每一种文化中，都存在着发现并认同不断变化的联盟的能力。[8]这是一种深刻的人性特征。例如，在第一章讨论的小组实验中，我们已见过此类情形，就算只是被随机分配到一种类别，人们还是会立即形成一种社会身份，并为了支持该身份而歧视外部群体。我们还在其他灵长类动物身上观察到了类似的联盟行为模式，这些灵长类动物是我们的近亲，只不过人类可能是灵长类动物中唯一愿意帮助自己群体成员的种族，哪怕那些群体成员默默无闻。我们是一个真正的群居物种。

但我们的进化过程也伴随着一种趋向，即人类会形成并捍卫等级制度，这种制度将部分人和群体置于顶端，而将另一部分人和群体置于底层。这很好地解释了为什么通过种族、宗教和国籍等类别将世界划分开来之后，人类仍存有那种催生并捍卫那些压迫制度的令人深恶痛绝的趋向。

政治心理学家吉姆·斯达纽斯将对群体等级制度的捍卫描述为一种社会主导的倾向。[9]这种趋向为存在于全球范围内的种族主义提供了心理学基础。从这个角度来看，种族主义并非基于基因和种族差异而形成的，尽管白人至上主义者还是希望你相信种族主义就是基于基因和种族差异形成的。事实与之相反，种族主义建立在一种心理趋向之上,这种心理趋向将世界划分为不同群体,还捍卫了不公平制度和权力失衡。

漫长的历史

种族主义同其他压迫性社会制度一样,都有着漫长的历史。从这个意义上讲,种族主义并不罕见,自1619年一艘载着非洲大陆奴隶的船只抵达弗吉尼亚殖民地以来,美国就一直受种族主义困扰。美国直到1776年才宣布脱离英国独立,但在那时候,奴隶制就已经深植于各种制度之中,并帮助美国积累了其早期大部分财富。

这段黑暗历史的遗留问题直至今日仍大行其道。

在2014年夏天密苏里州的弗格森市,一位警察开枪打死了一名年轻黑人男子迈克尔·布朗。同年,纽约市一名中年黑人男子埃里克·加纳被一位纽约警察用一种违禁的锁喉手段致死,证据确凿。同样还有2020年春天,布伦娜·泰勒在其位于路易斯维尔的公寓里睡觉时遭到警察的枪杀。此后不久,明尼阿波利斯又有一位警察跪压在乔治·弗洛伊德的脖子上,整整持续了9分29秒,最终造成了弗洛伊德的死亡。

在美国,警察杀害黑人等有色人种已不是什么骇人听闻的新鲜事了。20世纪40年代初,社会学家冈纳·默达尔在描述司法中的种族差异时写下的一段话,不加修改仍能应用于现在。他写道:"警察们在履行逮捕罪犯的义务之外,还常常额外承担审判和执行处罚的责任。"[10] 然而,现今发生的这些杀害行为与过去相比也没什么不同，许多涉案警察同样逍遥法外。在迈克尔·布朗、埃里克·加纳和布伦纳·泰勒的案件中，检察官向大陪审团提交了指控，但陪审团却驳回了对这些涉案警察的起诉。这并不是说陪审团裁定这些警察无罪，他们甚至决定不进行审判。

目前人们彼此之间的评估、反应方式，是不同时间尺度上多种影响因子共同作用的结果。它仿佛由一系列不同频率组成的复杂音调或声波一样。其中部分频率以秒、分或日为周期快速振荡。而还有部分频率周期则相对较长，跨度长达数年甚至数十年，足够一个人完成社会化，实现个人发展并体验生命的各阶段。还有部分周期时间跨度可能更加漫长，以一代人为单位，将旧时代的特质留传至今。

近年来，社会科学家已经将研究方向转到奴隶制对现状的影响上来。举个例子，经济学家发现，在19世纪时，美国那些有更多人沦为奴隶的地区如今往往也存在更高程度的经济不平等，经济也更为落后。[11] 我们和其他研究人员也有相同的发现，美国某些地区的奴隶制历史影响了这些地区现存的种族态度和种族偏见。[12] 2001年至2013年，"内隐工程"网站上的一项在线黑白内隐联结测验，收集了约180万白人受试者的数据，基于这些数据，我们研究了特定地点当前的偏见水平与这些地点过去历史之间的关系。我们观察到，以前实行蓄奴制的州，其现今的居民内隐偏见程度也更高。

继续深入研究下去，我们发现现今生活于美国南方州县的人们中存在着更高的内隐偏见，而这些地区1860年也生活着相对更多的黑人奴隶。换言之，通过1860年某县被奴役的黑人人口与白人人口的比例，可以预测出该县如今的白人居民是否存在更多的隐性种族偏见。该比例还能预测该地区是否存在更高的外显偏见。

在一定程度上，正是社会环境的持续稳定性使种族主义身份、态度得以确立。[13] 无论人们能否意识到这一点，环境的象征性、结构性特征都延续了旧模式，比如，从南部邦联旗帜的象征意义到不同种族群体的社区、学校隔离政策。偏见之所以持续存在，很大程度上是因为人们仍生活在一个旧时代遗存的结构性和制度性歧视尚未完全消除的世界。

很多人对种族主义这些系统性特征的影响都已有了越来越清醒的认识。在我们撰写本书的时候，世界各地涌现出了众多抗议者，他们拆除了那些代表压迫历史的象征。2020年的美国，近100座南部邦联纪念碑被人们拆除；在弗吉尼亚州里士满，人们将克里斯托弗·哥伦布的雕像扔进了湖里。[14] 在比利时安特卫普，人们放火焚烧了国王利奥波德二世的雕像。

这一系列事件反映出的是人们重建环境的努力，以形成崭新的社会看法和规范。人们通过明辨种族压迫历史的影响并拆除其象征，希望为后代创造更具包容性的身份。而要为未来规划一条全新道路，往往不得不与过去抗争。但找到实现这一目标的有效途径却总是异常艰难。

这些将现今社会态度与历史环境联系起来的研究表明，可能并不存在任何快速解决关于种族主义及其他形式偏见的问题的方法。然而，对偏见心理根源的分析可以帮助我们寻找一种减少偏见的潜在途径。社会身份心理学可以用来弥合分歧，并避免分歧的形成。人类这一物种具备构建新群体并形成新身份的能力，我们借此可寻找划分社会世界的不同方式，找到一种可以产生积极影响的方式。事实上，创造新的身份就可以重塑无意识的思维。

网络社交身份

在我们两人作为研究生共用一间工作室时，我们就开始对身份对内隐偏见有何影响产生了兴趣。在当时，许多研究人员都有这样一种感觉，即隐性的种族偏见可能是无法根除的。学界普遍认为，在人们经过社会中那种保守的刻板印象和偏见多年洗礼之后，对边缘群体的负面看法将在他们的头脑中根深蒂固。学者们发现，在实验室是很难减少内隐偏见的，人们在调查或公开场合能够明确表达的态度和价值观往往并不适用于测量内隐偏见的手段。

但我们好奇的是，隐性种族偏见究竟顽固到何种程度？我们能否建立一种新的、更具包容性的身份让人们接受，以消除此类偏见？

为了寻找答案，我们驱车大约260千米，从多伦多的工作室赶赴安大略省的金斯敦市，女王大学在那里刚刚建立了一个新的神经科学中心，我们能在大部分时间里预订到该中心的全部设施。我们的导师威尔·坎宁安有一辆1995年产的绿色福特福睿斯，但这台车空间太小，无法容纳我们全部人，导师不得已只好租了一辆车（当时我们所有学生都买不起车）。我们住在外面一家廉价旅馆里，那个夏天我们就是在神经科学中心的地下室度过的，使用功能性神经成像扫描仪对受试者进行扫描。

在之前有关大脑成像的研究中，研究人员发现，当白人受试者看到不同种族的人时，他们的神经反应始终表现出种族偏见的特征。在 IAT 测试中认为黑人与坏人存在更强烈内在联系的人（或者是白人与好人），在其大脑一处被称为杏仁核的杏仁核形状区域显示出更大的血流量。[15] 当受试者看到不同面孔的图片的时间短至数毫秒时（比眨眼的时间还要短），内隐偏见在大脑活动中的表现更为强烈！这意味着种族偏见模式在大脑中的作用速度非常快，几乎不会被人的意识捕捉到。[16]

在当时，人们普遍认为杏仁核是人类负面情绪的处理中枢。然而，我们实验室的人以及其他一些实验室的人已经慢慢找到证据，证明对这片大脑区域或许这样理解才正确：它会对高度相关或重要的刺激做出反应，如色情图片或名人照片。该区域看起来是一种警示信号区域，比如提醒你"要警惕这件事"！通常情况下，这些信号主要是针对负面或不熟悉的事物，比如外部群体发出的。但正面的事物也可能高度相关或十分重要，尤其是当这些事物会与我们的身份认知产生联系时。

那个夏天我们一直研究的问题是：若受试者与不同种族的人共享某种身份认同，再进行上述测试时该区域的大脑活动会发生何种变化。这种情形随时都在发生，比如在学校、工作还有体育运动中，人们会发现自己与不同背景、种族的人共享同一群体的身份和目标。我们猜测，共享一个共同身份可能会使测试中常常观察到的种族偏见模式发生改变。为了验证这一猜测的真实性，我们将受试者（全部为白人）逐个分配进混合种族团队。如此前最简群体研究那样，这些团队是我们用掷硬币的方式随机组建的。[17]

受试者依次接受测试。我们将每个人的照片都上传至电脑。在第一阶段，我们告知受试者他们将加入两个团队豹队或虎队的其中一个。之后几分钟，他们对自己小组内的12位成员的照片进行记忆，还对另一小组的12个人的照片进行了记忆。在各组照片中他们还会看到自己的照片，以帮助他们辨识自己的团队。该测试的关键在于，每组照片都存在种族多样性——每个队都是一半白人，一半黑人。

现在，参与该研究实验的受试者都是混合种族团队的一员了，尽管他们彼此永远不会见面或了解更多。他们只是看到了团队中其他成员的面孔。那么，这是否足以改变他们的大脑对群体内成员和群体外成员的不同识别方式，又或者他们仍会表现出社会中普遍存在的种族偏见的标准模式？

受试者进入脑部扫描仪（你可以想象一个大概有小型厨房体积的设备，这种设备有一个恰好能容纳成年人的通道）后，就会有一扇屏幕在他们眼睛前方几英寸处投射出图像，然后他们要对此做出反应。他们仰面躺着，然后会看见一系列随机出现的面孔图片，每张图片持续显示两秒钟，图片上的人都是他们组内的成员或另一组的成员。每看到一张脸，受试者都要按下手中的按

第六章 战胜偏见　　　　169

钮盒做出简单反应。有时研究人员会要求他们指出某张面孔属于组内成员还是组外成员，还有些时候则会让他们辨别是黑人还是白人。

此种类型的研究耗时极长，且成本昂贵。那个夏天我们多次前往金斯敦，并在成像中心耗费了大量时日以收集需要的全部数据。等这项研究完成时，坎宁安教授警告我们：对任何初步结果都不要太过兴奋。坎宁安教授已经是我们认识的教师中最富工作热情的了，他总是提出种种伟大的构思，总是对新数据时刻保持兴奋，但他严肃地提醒我们，这些发现尚需要更长时间的实验来确认，也需要更长时间才能得到正确解释。但是，在多伦多的实验室里我们全部都围在他的电脑旁，我们得到的初步结果就表明：受试者加入混合种族团队不久，根本性的变化就发生了。

每一位受试者的大脑活动反映的都是其归属豹队或虎队的新身份认同。与之前研究的区别在于，我们可以看到，受试者对看到的面孔所属的种族并未做出任何反应，只是对他们的新群体身份和新团队做出了相应反应。更具体一点说，就是我们观察到，相比于看到组外成员，受试者看到组内成员时他们的杏仁核活动会更加活跃——更重要的是，队友的种族属性对这一结果没有任何影响。这是因为他们的新群体身份才是该实验的核心变量，而种族因素对他们看到这些面孔时大脑做出何种反应几乎不会产生任何影响。

受试者看到内部群体成员的面孔时，我们在其杏仁核中观察到更剧烈的神经反应，这一结果与我们之前的发现一致，即该大脑区域会对高度相关的事物做出反应。对受试者脑部活动的研究反映出，他们对群内成员有更高的亲切感，而在实验过程中这种亲切感表现得最为突出。这足以说明，种族主义并非天生存在于我们的大脑机制里，天生存在的是我们的社会身份。

然后，我们又使用在进行该项研究期间收集的数据对其他类型的偏见测试进行了检验。我们曾要求受试者报告他们对看到的面孔图片的喜爱或反感程度。结果与受试者们的大脑活动一致，他们的报告表明，他们对组内成员的喜爱程度明显高于组外成员。同样，这一结果不受种族因素影响。受试者对其团队中的黑人、白人成员表现出了同等程度的喜爱，而他们对外部群体成员表现出了明显的无倾向性。

过去 15 年间，我们还在其他研究中再次得出了类似结果，这些研究样本基数大，是在其他大学和不同国家进行的。[18] 例如，在与发育神经科学家若昂·莫雷拉及伊娃·特尔泽共同开展的一项研究中，我们在 8 岁儿童的大脑反应和行为中发现了类似的群体内偏见模式。[19] 随着年龄增长，这种群体内偏见模式的影响越来越大。等发育到青春期中段，面对群体内成员时他们的杏仁核活动，与他们向我们研究团队报告反映出的组内偏袒程度之间有着高度相似性。

即使是在内隐偏见的测验中，人们对新创建的群体内成员也始终会表达出比群体外成员更高程度的偏好。而事实是，连这样看起来无关紧要的新身份也能够打破一次又一次出现的典型种族偏见模式。其他实验室也得出了类似的结果。[20] 无论科学家研究

第六章　战胜偏见

171

的是豹、虎这种新建团队，又或是不同大学的竞争身份，抑或是不同政治党派的身份，人们对以上种种群体的忠诚总是能够消除内隐种族偏见。这凸显的正是身份的力量。

在有超过1.7万位受试者参与的规模最大的一项研究中，加尔文·赖及其同事共测试了17种可能减少内隐种族偏见的策略。[21]他们发现，改变群体界限以产生新的身份（正如我们实验中所做的那样），是最有效的方法之一。仅仅加入一个群体就足以改变一个人的身份认同和心理偏好。它可以弥合种族偏见等旧分歧，同时又会引发新的分歧。在此情形下，身份认同无疑是一种既令人欣喜又令人担忧的恩赐——它能让你与陌生人更为亲近，但又会让你与邻居更为疏远。

这并不是说，我们会期望仅靠我们实验室中创造的新的、人为的身份就能彻底消除种族偏见了；我们不能指望受试者从那台大脑成像设备出来之后，其身上的种族偏见就能彻底消失。我们已经发现，因为长期存在于不平等的社会制度中，种族偏见还有其他偏见已经根深蒂固，难以仅通过这一种途径就被彻底根除。

在如何减少偏见的研究中，赖及其同事发现，即便是成功的干预措施往往也不会产生长久影响。在新身份形成之后，新团队对隐性或自主种族主义反应的抑制力量似乎在24小时内就会失效。一旦人们回归正常世界的结构和模式，基于种族的分裂现象就会重新出现。然而，这些基于实验室的研究还是向我们提供了一项强有力的概念证据，即只要我们创造出新的身份认同并将其维持下去，就能有效消除偏见。

下一个问题是，人们能否从实验室中有所发现，并将其应用于现实世界，因为现实世界才是关键所在。在现实世界里构建更稳健的身份认同是否能对群体间的和谐产生长久的正面影响？我们无比幸运，已有其他学者对此进行了研究。

足球疗法

2014 年在伊拉克北部地区，"伊斯兰国"对少数宗教民族犯下了种族灭绝罪。这个恐怖组织以其处决视频而闻名于世，他们通常对那些受害者以斩首方式进行处决，这令世人对其感到恐惧。至同年 6 月，他们宣布自己是世界性的哈里发政权，并开始称自己为"伊斯兰国"。

随着"伊斯兰国"的军事推进，许多人被迫逃离家园，沦落至难民营。最终，在 2016 年的摩苏尔战役后，难民原先居住的城市得到解放，他们得以陆续返回家园。许多人发现他们的社区已是满目疮痍。凡是"伊斯兰国"及其战斗人员掠夺不走的东西，都被他们在撤离时焚毁了。在他们撤离的路上，只留下了一片废墟。这些事件破坏了当地的社会团结，尤其对穆斯林与基督徒之间的关系造成了难以估量的破坏。对 476 名基督徒的抽样调查显示，46% 的人发现自己的家园被洗劫一空，36% 的人发现自己的家园被毁，还有 4% 的人报告称有家庭成员失踪或死亡。

面对这场悲剧和混乱，当时就读于斯坦福大学的博士生萨尔玛·穆萨想要研究这些群体成员之间的积极接触是否有助于两个群体重建对彼此的宽容。[22] 尽管这些宗教群体之间差异巨大，但他们的确仍有共同点：对足球的热爱。萨尔玛与当地合作伙伴进行合作，组织起四个足球联赛，以验证她能否创造积极接触，从而为暴力毁坏后的社会凝聚力提供修复基础。

类似足球这样的团队运动中存在着诸多有效建立身份的关键因素：合作、共同目标、成员之间权力大致平等。借助于团体运动的社会力量和足球在当地的普及度，萨尔玛招募了 51 支业余基督教球队，并邀请他们加入安卡瓦和卡拉库什的联赛。

不过，还有一个难题。

与这些城市生活的诸多方面一样，业余体育运动也在很大程度上存在着宗教隔离。但是现在萨尔玛却要求每支球队引入三到四名新球员，而无论这些新球员是否为基督徒。对此，很多人都颇为不安。一些教练甚至威胁退出联赛。

然而，尽管开始时抗议不断，但最终所有球队还是同意了这些条件。通过引入数位球员，每支球队的规模都得以扩大。其中一半球队引入了基督徒球员，而另一半引入的则是穆斯林球员。

这些球员的平均年龄为 24 岁，未婚，无业，高中学历，家庭月收入约为 500 美元。初步调查还显示，大多数基督徒球员并没有穆斯林朋友。不过，稍稍让人感到欣慰的是，这些基督徒也相信无论信仰什么宗教，他们首先都是伊拉克人。

得到了宗教领袖们的祝福，穆萨和她的团队分发了制服，随之联赛正式开始。所有球队在那个炎热夏季前后共同参加了两个月的比赛，当时伊拉克的气温可能达到了 46 摄氏度。

事情后续是如何变化的？这个雄心壮志般的实验是给基督徒

和穆斯林彼此紧张的关系降了温,还是以传统足球联赛方式度过夏天并没有产生任何好的影响?又或者,当人们被迫与不被信任的群体成员接触时,情况可能会愈加恶化?

结果相当令人震惊——当然了,这与我们在北美实验室的发现是相符的。赛季结束后,混合宗教球队的基督徒球员更愿意在以后与穆斯林球员一起训练,也更愿意在体育道德奖的评选中投票给穆斯林,还更愿意在下个赛季加入混合宗教球队。共享一种群体身份并通力合作,此举能够弥合看似不可能消除的分歧。

穆萨的研究还发现,团队的成功会放大这种影响。任何曾为冠军球队效力过的人都会告诉你,团队的成功可以形成一种极其强烈的认同感,而队友之间的联系也可因此持续多年。有些基督徒球员所处的混合宗教球队更为成功,对他们而言,获胜的热情会延伸至他们对其他不在他们的球队中的穆斯林的身上。3个月后,他们更有可能会到访一家位于穆斯林城市的餐厅,也更有可能出席另一场混合宗教的社交活动。

在那些全部由基督徒球员组成的球队的球员身上,这些积极行为可并不常见。比起与不同宗教群体进行体育比赛,作为队友共享一种群体身份而与不同宗教群体的成员进行合作,这种情况更有利于宗教包容。

即使对我们而言,这项研究也是相当了不起的。人们很难理解,足球队员的身份竟也能帮助人们摒弃宗教种族灭绝的影响。但从多种角度来看,团队运动是一种解决群体间冲突的完美方法。当不同群体的人合力工作并共享一种身份认同时,他们会发展出一种友谊,在适当的条件下,这种友谊会延伸成为他们对彼此群体更广泛的情谊。

对共同身份的认同感还可以延伸到球场外,延伸到身处看台或身处家中观看比赛的球迷身上。穆斯林足球运动员穆罕默德·萨拉赫加盟英国利物浦足球俱乐部,此事对球迷产生了深远影响。萨尔玛·穆萨和她的同事对仇恨犯罪报告以及1 500多万条球迷推文进行了分析。[23] 他们观察到,利物浦地区的仇恨犯罪率下降了16%,同时,与其他俱乐部的球迷相比,利物浦球迷的反穆斯林推文也减少了将近一半。

这些事实令人满怀希望:共享一个身份可以让人们对不同种族、不同宗教背景的队友和群体内成员更加宽容。然而,在许多地区,体制和结构对这种共同身份的生存造成了极大的阻碍。

制度偏见

人们越来越清晰地认识到,种族主义、性别歧视、恐同症或残疾歧视等不同形式的偏见并不仅仅存在于个体思维中。这些偏见不仅仅是一个可以通过改变人们的情感、思想或社会身份就能解决的心理问题,还对我们的制度、组织和社会结构影响深远。偏见是存在于政治、金融、企业、司法、卫生以及其他许多组织系统的一个特征。

谈及"制度偏见",我们发现如果能区分偏见在制度和组织中表现的是下列两种形式中的哪一种,我们就会因此受益。其中一种表现是,重要机构的雇员在其工作过程中做出有偏见的决定。

这可能是因为他们自身存在外显偏见，也可能是因为他们很容易受到我们提到的那种内隐偏见的影响。

例如，在重要机构的一线工作的人（如警察、医护人员、法官、招生人员、大学教职人员、抵押贷款经纪人以及房地产经纪人）在他们的领域拥有巨大的权力，他们每天都会做出影响人们生活的选择。若这些人在行使其机构权力时存在偏见，就会对民众造成显著影响。在前面的章节里，我们讨论过一项关于警察交通拦停的研究，该研究发现黑人和西班牙裔司机比白人司机更容易被警察拦停并搜查。[24] 我们知道这些差异正是由偏见造成的，因为在白天数据差异会更大，这是由于警察在白天比晚上更容易看清驾驶员的样子。此外，尽管黑人司机比白人司机持有违禁品的概率更小，但黑人司机被拦停搜查的比例却更高——这种差异也造成了更多黑人司机被逮捕。

同样，法官往往会对黑色人种嫌疑人判处更严厉的刑罚。而有性别歧视的教授也会更少地回复女生的询问电子邮件，或者会措辞更粗暴地进行回复。有种族偏见的医生为少数族裔提供的医疗服务可能也会更糟糕。在某些情况下，这些决定是生死攸关的。

但第二种表现形式的制度偏见则不那么心理化，它更具结构性。这些偏见直接存在于组织运作依据的政策、程序和规则中。它们是事物运作方式的内在特征，而非基于个体是否存有偏见。无论如何这些偏见都会出现，因为它们造成的截然不同的结果并不是个人自行决定的，也超出了个体的控制范围。像这样的制度偏见往往是历史遗留问题，由于组织、技术以及社会制度上的惯性力量，这些偏见至今尚未改变，甚至人们也许从未对此质疑。

《消费者报告》刊载的一则备受推崇的分析报道指出，安全测试中的偏见是如何造成交通肇事中女性致死致伤人数明显多于男性的。[25] 在美国，女性司机和前排乘客在车祸中死亡的可能性比男性高 17%，女性在车祸中受重伤的可能性比男性高 73%。这是为什么呢？

汽车的安全性能随着时间的推移有了显著提升，这主要是基于碰撞测试的结果。而这些试验几乎完全是用男性碰撞试验假人进行的——更具体地说，是用模仿 20 世纪 70 年代典型美国男性身体的假人进行的：假人重约 77.5 千克，高 1.75 米。但事实证明，女性和男性的身体全然不同，因此设计安全功能只是以最大限度提升男性的安全，从而就导致了道路交通事故中的死伤者的这种致命的性别差异。

当《消费者报告》与汽车行业专家沟通时，他们听到了各种各样的解释："一些人说，开发新的假人进行测试没有什么必要，又说代价过于昂贵，或者说这样需要耗费过多时间。"其中接受采访的任何人都不必公开表达其性别歧视倾向（尽管有些人可能就存在这种歧视），他们仅需表达出对改变现状的抗拒就可以了。因此，在 20 世纪 70 年代工程师们做出的一项关于如何进行安全测试的决定就继续对今天数百万女性的生命造成致命威胁。

这就是我们要让女性和其他不受重视的群体在各公司高层任

职的极为重要的原因之一。截至2019年6月，在所有大型汽车制造商中，福特的女性高管数量最多，副总裁及以上级别的职位有约27%由女性担任。我们猜测，若主要汽车制造商的高级管理层中女性成员更多，这种安全问题就会得到更多关注。管理层性别比例更优的公司很可能会更早发现这个问题，并因此挽救无数人的生命。

制度性或结构性歧视的另一个最为臭名昭著的例子便是美国针对不同形式的可卡因量刑标准的差异。为了平复人们对20世纪80年代所谓快克大泛滥的担忧（有人称这种担忧到了"歇斯底里"的程度），立法者决定，联邦政府对持有快克可卡因的处罚应比对持有等量粉状可卡因的处罚严厉100倍。因此，持有5克快克可卡因的人与持有500克粉末可卡因的人将被同等判处最低5年的强制性刑期。

这两种可卡因在化学上基本相同，几乎具有相同的生理成瘾特性。但粉状可卡因是富有白领阶层的常规毒品选择，而快克可卡因则往往与贫穷挂钩，通常流行于黑人社区。

美国公民自由联盟在2006年的一份报告中得出结论："与粉状可卡因犯罪相比，快克可卡因犯罪的量刑更为严厉，与白人被告相比，非裔美国人被告因贩毒而受到不公正惩罚的比例也更不寻常。而导致此问题更加复杂的是，从一开始白人就不太可能因毒品犯罪而被起诉。"[26] 2010年，美国国会修改了量刑指南，将量刑差距从100∶1降至18∶1。这是一种进步，但相关的判刑政策仍然存在一种制度化偏见，并且在如今仍然是一

第六章 战胜偏见

个社会难题。

这些形式的制度偏见导致的后果极其恶劣，但其形成的原因与汽车制度商高管或处理这些案例的法官的心理偏见关联度并不高。无论是因法律、立法、规则还是因政策或程序所致，制度偏见跟我们的组织和机构的运行方式息息相关。

著名大学通常存在所谓的"传代"（legacy）招生政策，对校友或捐赠者的子女给予优惠待遇。大体来讲，因为白人在历史上有更多机会接受高等教育，也拥有更多财富用于捐赠，所以这种招生制度实际上一直是有利于白人学生的。

至于在警察事务方面，政府及从政人士制定的政策和优先事项会对警察的巡逻地点产生影响。如果这些政策导致更多的警察被派往贫困和少数族裔社区，而被派往白人和富人为主的社区的警察更少，那么单纯依据数据的正相关，就会导致贫困和少数族裔社区更多的交通堵塞，也会有更多的贫困阶层和更多的少数族裔被逮捕。

随着技术的发展，这些问题可能会进一步恶化。如果算法根据以往的大学录取信息或以往的社区犯罪率的数据集合进行模拟训练，那么其做出的决策可能会继续对过去权利被剥削的社区成员带来不利影响。[27] 在一些情形中，尽管编程设计和机器学习算法会模糊偏见的根源，并在表面上做出客观公平的决策，但实际上技术进步会让这些偏见变得更加严重。

在一个场景中就出现过这种情况，那就是个人对个人（P2P）平台。在世界各地，人们每年预订租住爱彼迎的人次超过7亿，乘坐优步出行的超过100亿人次。但越来越多的证据表明，这些平台上也存在着歧视。例如，名字看上去像黑人的爱彼迎用户更不容易被房主接纳为客人，而黑人爱彼迎房主的公寓价格也比拥有类似公寓的白人房主的价格要低10%。爱彼迎用户体量如此之大，消除其中的内隐或外显偏见看上去仿佛遥不可及。但我们发现，只需要改变平台显示关键信息的方式，就能够改变这种歧视的现状。

通过对挪威经济学院的卡特里内·贝格·恩特维特和哈尔盖·肖斯塔主导进行的一系列实验进行研究，我们找到了削弱在共享经济中存在的种族偏见的方案。[28]若让挪威爱彼迎用户在租赁公寓或酒店时进行选择，他们选择租赁其种族内成员拥有的公寓的可能性比种族外成员拥有的公寓的比例要高25%。然而，若给他们提供一个有关信任度的简单提示——来自其他用户的五星评价，那么这种偏见模式就会完全消失。而评分差距不明显时，这种歧视现象则会继续存在。

我们从中发现的并不是我们据此消除了潜在客户心中的偏见，我们只是改变了平台显示关键信息的方式。房主的种族可能会对消费者产生影响，因为这体现的正是他们心中该信任谁的种族成见。但是，如果共享平台能提供基于现实的有关房主的可信度的信息，那么客户就乐意与不同种族背景的人住在一起了。若这些共享经济公司渴望减少种族偏见，这些公司就应该重新设计网站和应用程序，将信誉评级更突出地显示出来，而不是一味地显示房主的种族身份。

整治我们的机构并改进技术，以减少不同群体受到的区别待遇，属于我们的道德义务。此外，制定更公平有效的规则、政策和程序产生的正面影响，甚至可能超越机构本身的影响。只有透明公正有效的制度，才可能会让人们基于其共同群体身份和共同社会身份，更有效地规避歧视。

此前，我们曾描述过人类可能经进化后形成帮助人类祖先适应其生存环境的联盟心理。人们总是会寻找盟友，并对潜在敌人保持警惕。基于共同社会身份建立的同盟关系是我们保护自己的一种方式，它会提高我们接触可靠的人群并让他们友善对待我们的概率。在这样一个混乱的世界，拥有忠诚的朋友是一种对冲我们风险的方式。

但人类社会发展出的诸多机构也可以发挥同样的作用。比如说，若你十分幸运地生活在一个法律体系合理有效、公平运行的社会，这会让你在与他人的日常交往中充满安全感。如果你能认识到，大多数时候做出抢劫或诈骗行径的人都会被抓获并得到惩罚，那么你就不必担心被抢劫，因为你相信法律体系会威慑那些有这种企图的人。如果在你所处的社会中，合同是可执行的，那么你就不会过分担心在交易中受骗，因为你明白自己拥有法律追索权。[29]

若这些效用制度不复存在，那么人们可能就会缩小自己的信任圈，仅信任那些早已与他们建立关系的人，信任那些与他们存在个人关系或拥有共同社会身份的人。人们可能只会选择与自己有同样身份的人产生联系，比如雇佣关系、生意来往，只有这样才会让他们获得足够的安全感。然而，若存在有效体制为整个社会的良性行为背书，那么人们的信任圈就会对那些未曾与其形成个人或群体联系的人开放。也许正出于此种原因，我们发现，人们对重要的社会机构（其中包括政府、法律系统还有警察系统）越信任时，他们也就越愿意与其他种族群体的成员往来。

我们还发现，制度性结构可以减少内隐偏见。在两个实验中，我们让白人学生进入实验室，然后告诉他们，之后他们会和其他学生一起玩一系列游戏。[30]他们从照片上能看到，其他学生里有白人，也有黑人。因为受试者们存在作弊的可能，所以这些游戏需要受试者彼此有一定程度的信任。而我们会告诉一半受试者，每个人都会受到一位观察员的监控，该观察员将惩罚作弊行为。换言之，有人会扮演无私的执法者的角色，以减少他们的同伴作弊的可能性。

我们在他们知晓观察员存在之后且真正开始游戏之前，对他们进行了一项内隐种族偏见的测验。若白人受试者知晓要玩的游戏是有人监控的，他们不会对白人表现出超过对黑人的隐性偏好。然而，若他们以为要玩的游戏没有这种信任增强特征，他们就会表现出典型的亲白人的内隐偏见倾向。

该实验结果与我们进行豹队和虎队的混合种族团队实验时得到的结果是非常相似的。在某种条件下，隐性种族偏见都被消除了。但在后一项实验中，并没有团队力量起到作用。若人们能建立一种可促进人们彼此信任的制度性结构，即便没有形成一种共同身份也能有效消除偏见。若能促进人们彼此间的信任（在此种

第六章 战胜偏见　　183

情形中，是以建立公平执法者的方式实现的），首先便可能降低我们对团队的需求。

采取行动

现在，对偏见（尤其是内隐偏见）的本质进行深入研究之后，我们是时候回归参议员约翰·肯尼迪向梅里克·加兰提出的问题了。"若我怀有（内隐偏见），是否就意味着我是一个种族主义者，无论我怎么做怎么想？"

加兰给出的回答深奥而微妙。他说："我不会将这个种族主义的标签贴到我身上。所谓内隐偏见只是意味着所有人身上都存在偏见。对我们身上内隐偏见进行测试的目的是让我们的意识思维进入潜意识层面，并明确我们在何时会以保守刻板的风格行事。"

当然了，社会上人们的一些公开信奉、支持甚至不遗余力宣扬的信仰，属于毫不掩饰而又堂而皇之的种族主义。一些群体认为，支配他人是正确做法。心理学家发现的那种运作迅速的自主内隐偏见似乎很普遍，在很多人看来并不属于种族主义。事实上，很多人在接受偏见测试时感到十分沮丧，因为他们发现自己的测试结果表明他们相较女性更偏爱男性，相较黑人更偏爱白人，相较老年人更偏爱年轻人——这些他们身上的偏见与他们一贯对于世界运转规则的信念截然不同。他们推崇平等主义，所以在得知自己思想的一部分存在全然背离平等主义的倾向后，他们才会如此震惊。

以我们的观点来判断,内隐偏见是否使你成为一名种族主义者(或性别歧视者、年龄歧视者或对任何特定群体持偏见者),关键并不在于你存在偏见与否,而在于你发现自身存在的这种偏见之后,会对其做何处理。如果我们追求的是要建立一个更公平公正的世界,那么人们在消弭差异与歧视方面付出的努力,就比他们的内隐偏见测试分数要重要得多了。事实上,你的内隐偏见分数无时无刻不在发生极大变化(正如我们此前讨论的,部分原因是我们身份认同和信任条件的变化),无论如何,这就使得该分数并不能明确表达你自身的态度。与此相反,那些政客常常宣扬自己身上并不存在种族主义的基因,但如果事实并非如此,而他们做出的决定又会让种族歧视延续,那么他们的言语就不会对世界产生任何正面影响。

一项担忧也浮出水面,因为内隐偏见表明人们对不同群体的反应并不由他们的主观意识控制,所以人们可能因此对自己的歧视性行为不会承担任何责任。也就是说,人们可能会将内隐偏见当成借口,给自己出具一封"无罪释放"的判决书。

为了扼制此现象,我们将进一步研究,在梅里克·加兰国会证词的基础上更进一步。测试偏见(无论其隐性与否)的意义,都在于使我们明确,由我们的思想驱动的行为和结果,有时与我们更为宏大的信仰和价值观相背离。只有清醒认识到这一点,我们才能掌控自己,发挥能动性,质疑自己或他人,进而建设一个更加美好的世界。

当然了,要使我们社会中的根深蒂固的不平等现象发生根本

第六章 战胜偏见　　　　　　　　　　　　　　185

改变，仅仅在实验室做些简单操作是远远不够的，甚至对足球领域进行重要干预也是远远不够的。我们还需要开发一套快捷的反偏见培训课程。我们可以将此视为十分重要的第一步。然而，正如我们将会在下一章中讨论的那样，严肃且可持续的变革需要有组织的集体行动，我们首先要确定那些产生不同机会和结果的体系，然后再将其彻底打破。简言之，我们要团结一致。

第七章

寻求团结

1970年9月,佛罗里达州立大学社会工作学副教授西尔维娅·罗莎莉·雅各布森从耶路撒冷启程返回美国的家中。[1] 从法兰克福起飞后不久,她乘坐的环球航空741号班机被解放巴勒斯坦人民阵线(PFLP)成员劫持,与其他148名乘客及机组人员飞至位于约旦境内沙漠中的一个偏远的小型机场。

飞机在众人神经紧绷中着陆后,更多阵线成员登上了飞机。在一只手电筒照亮的客舱内,一名女性阵线领导人宣布了一个可怕的消息:在劫机者的要求——包括官方释放被关押的阵线囚犯——得到满足之前,没有人能离开这片沙漠。西尔维娅·雅各布森事后写道:"这时,我们第一次意识到自己是人质。面对威胁和压力,我们在这个陌生环境中成为一个社群。"[2]

时间一天天过去,客舱内的情况慢慢变得越来越糟。空调系统失灵,厕所过于拥堵,人们开始生病。更糟糕的是,劫机者开始转移部分乘客。一开始,非犹太裔的妇女和儿童乘公交车被押往首都安曼的几家酒店。之后,每隔一段不定期的时间,男人们就会被分批带往秘密地点,命运难料。最终,所有的男人都被带走了,许多剩下的女人心急如焚。

尽管乘客最初在沙漠中有成为一个社群的团结感,但几个导致分裂的根源开始显现。有 14 名大学生把这次磨难经历视为一次冒险,这让其他乘客大为恼火;而拖儿带女的父母觉得自己和没带孩子的乘客也大不同,因为后者无须担忧孩子的安危;之后,犹太父母间出现了明显的分歧,一些父母允许自己的孩子吃劫机者提供的非犹太的不洁食物,而另一些父母则不允许。

这时更具威胁性的分裂状况出现了:劫机者积极地将犹太人、美国人与其他人分化。这一做法将持有两本护照的乘客和仅有一本护照的乘客对立起来。前者占了优势,因为他们可以隐藏自己的某些社会身份。然而当劫机者在反复搜查客舱后发现了藏起来的护照时,他们变得更加愤怒。隐藏护照这一行为似乎令每个人的处境都更为危险。

乘客中不时有人试图将客舱内的人组织和领导起来,但一开始都无济于事。例如,那些提出负责管理厕所或食物分配的人,其诉求的合理性受到了尖锐的质疑:"谁给你的特权?"

身陷高温、紧张、困惑与争执的 741 航班的乘客,在重新认识到大家都属于人质这一共同身份时，开始团结一心。这是劫机者将他们视作整体的时刻。当劫机者和阵线士兵成群结队地穿过机舱时，乘客们强烈地意识到彼此的共同命运。那时，雅各布森写道："分歧被搁置了。虽然乘客们国籍不同，宗教信仰和种族也各不相同，有着不一样的悲痛感、需求、价值观、怨恨和恐惧，但面对劫机者们质询的瞪视所表现出来的骄傲的漠然、冷眼和蔑视却是一致的。"

最终，因为处境更为恶劣，所有乘客感受到彼此目标一致，他们是命运共同体，于是开始组织调动起来。第五天快结束时，他们意识到应更为严苛地分配水和食物。他们开始协调厕所的使用，对有限的供水定量分配。其中的那些大学生不再那么孤立，开始为孩子们表演。乘客们的团结意识得以增强。

1970年9月11日，在经历了五天情绪、结盟和身份不停变动的炼狱之后，西尔维娅和大部分意志消沉的乘客被转移到安全的地方。次日，PELP炸毁了这架飞机。这场危机直到9月30日才完全解除，最终以释放巴勒斯坦和阿拉伯囚犯为条件交换了人质。

和所有乘客一样，雅各布森教授得以幸存，讲述了这个故事。但作为一名接受过培训的社会科学家、人类动力学的敏锐观察者，她没有在那些晚宴上仅将这段经历作为谈资，更是因汲取了团体如何在巨大的压力下活动这方面的教训，发表了一篇相关的学术论文。

那次劫持行动阐明了一组引人入胜的群体动态：人们所处的

形势如何激活新的身份,子群体如何引起并助长冲突,以及共同的目标如何促成团结意识和集体意志,并引导人们为了共同利益做出协调和牺牲。

本章将着重研究人们团结在一起时的运作机制。共同身份感是理解人们何时会伸出援助之手的关键。当人们为实现共同目标而合作时,会在日常生活中建立认同感。同样,在面对挑战建立联系时,也会形成认同感。正如上文描述的人质事件那样,在很多情况下,人们会在压力下建立新的身份。劫机和恐怖袭击等事件——更不用说像严重疾病这样处于重压的生活场景中(或同事在鸡尾酒会上窒息)——建立的社会身份会形成抵御悲剧和灾难的凝聚力和韧性。

老生常谈的一个观点是,面临危险或威胁时,人们总是只顾自己。好莱坞众多电影描绘的都是危急情况下的恐慌或骚乱场面。但在现实中,这种混乱却鲜有发生。半个世纪以来对灾难、抗议和群体行为的研究发现,可怕的环境往往会激发共享身份的建立,使群体能够协调与有效应对重大挑战。至关重要的一点是,共同身份也能令边缘和弱势群体及其盟友动员起来反对不公,推动社会变革。

伸出援手

如同每一个心理学专业的大学生一样,杰伊也听闻过姬蒂·吉诺维斯遇害的惨剧,《纽约时报》首先报道了这则令人窒息的案件。杰伊了解到,或者说他自认为了解到的事情原委是这样的：1964年3月13日晚上，在半个多小时的时间里，纽约皇后区38名奉公守法的市民目睹了一名凶手分三次跟踪并刺捅一名妇女。他们的说话声和卧室里突然亮起的灯光让进行中的犯罪中断了两次，并吓得凶手落荒而逃。每次折返回来，他都会追上这位妇女并再次刺捅。这38人中没有一个人在凶手袭击期间报警，仅有一名目击者在那名妇女遇难后报警。[3]

38名目击者的确切住址尚不清楚。然而，居然有如此众多的公民可以无情地目睹一名同胞被刺杀却置若罔闻，这一点引起了众怒。人们谴责纽约这座城市文明衰败、世风日下。[4]

作为研究员，我们读到这条新闻时在脑海中闪现了一些灵感。当时在纽约工作的心理学家约翰·达利和比布·拉塔内也是如此。他们针对悲惨的姬蒂·吉诺维斯遇害案提出了一项假设，命名为"旁观者效应"，并对其进行了实验研究。[5] 旁观者效应是指出现在紧急事件现场的人越多，这些旁观者愿意挺身而出的可能性就越低。

为什么在紧急情况下有其他人的出现会导致个人不愿采取行动呢？对此，他们在理论中指出至少存在两个原因。其一，人们并不能准确判断当前是否为紧急情况，经常需要求助于他人来做出判断。当你看到其他人没有反应时，你可能会以为他们清楚眼前并非紧急情况。如果其他人恰巧也是通过你的表现（或无动于衷）得出完全相同的结论，这就构成了严重的问题，即所谓的"多数无知"——没有人知道发生了什么，但以为其他人都知道。

其二，如果人们以某种方式摆脱了这种相互之间一无所知的状态，认识到当前发生的是紧急事件，他们可能因为"责任扩散"理论而不采取行动——每个人都认为其他人有责任或者已经承担了责任。

达利和拉塔内设计了巧妙的室内实验来验证自己的假设：在其中一项实验中，有人假装癫痫发作；在另一项实验中，门缝里冒出滚滚浓烟。他们对受试者独处和与其他人（不采取行动）共处时应对以上危机的不同状态进行了观察。果然，与独处时相比，当周围有其他人时人们反而不太愿意伸出援手。

在艾伯塔大学读本科时，杰伊了解到"多数无知"和"责任分散"这两个概念。差不多在同一时期，一群年轻人在加拿大埃德蒙顿的地铁上袭击了一名无辜的受害者，当时周围无人制止，这再次引发了公众对文明衰败和大城市腐化现象的控诉。对此，杰伊给当地的报纸写了一封信，指出周围的人不愿制止袭击的原因可能部分源于"旁观者效应"。他还提出，进一步了解人类在此类情况下的心理活动可能有助于人们克服这些心理障碍，从而采取行动。

他没想到，自己不久之后就得以验证了这个理论。

杰伊从艾伯塔大学毕业之后，前往多伦多大学攻读社会心理学博士学位。有一天下午，他结束圣诞采购后搭乘地铁，当准备出站时，他注意到一个年轻人正往自己的反方向奔跑。这个男人看上去20岁左右，没买票就跨过了检票口的闸道，跳上了自动扶梯。

几秒钟后，这个年轻人回来了，拖拽着一个比他个子小很多的女人爬上地铁站的楼梯。他把女人往墙上一摔，对着她大声咆哮。他抓住女人的肩膀，用力摇晃她，女人不停地哭喊着。几十名通勤者注意到了这场骚乱，伸长脖子想看清具体情况。然而，当看到这一幕时，大多数人都视而不见，快步走过这对男女，匆匆忙忙地去赶晚班列车了。

杰伊跑到一面树脂玻璃墙后面，向多伦多城市交通公司的工作人员报告了这起骚乱。当这名工作人员呼叫保安时，杰伊想知道自己还能做些什么。他打量着那名年轻男子，看上去个头比他大，显然处于暴怒的状态。由于杰伊了解"旁观者效应"，他预感"多数无知"和"责任分散"可能会阻止其他人挺身而出。他心跳加速，生理上面临着或站或走的抉择。最终那一刻，他决定克服恐惧，挺身而出进行干预。

当杰伊走向这对男女时，另一个看起来有点焦虑的陌生男人加入了他。他们简短地进行了眼神交流，互相点头确认之后，走到那个暴力男面前，让他放开那个女人。

那个愤怒的男人转身喊道："少管闲事！"说着他把手伸进口袋，杰伊的心一沉。他这是要拔刀子？还是拿更有杀伤力的武器？好在，他只是拿出了一枚 25 分硬币，扔给他们："打电话叫管事的人来！"

发现他们执意不走时，那个男人抛下几句威胁的话，气冲冲地走了。杰伊和那名同伴护送年轻女子走下楼梯，前往地铁站台，询问她是否需要他们等到保安到达之后再离开。她谢绝了，表示

第七章 寻求团结　　　　　　　　　　　　193

自己只想回家。因暴力男已经离开,她觉得自己已经安全了。

片刻之后,他们听到列车进站了。杰伊和那名同伴离开女子,折返朝楼梯走去,想确保那个暴力男不会溜上列车,尾随女子回家。正如他们担心的那样,地铁列车驶入站台后,当数百名乘客涌向列车时,那个男人再次跳下自动扶梯,向那名女子冲去。

他尖叫着制止她上车,但她还是走上了列车。正当车门即将关闭的瞬间,男人试图冲进去。杰伊和那名同伴不假思索地抓住他,把他按在地上。他们艰难地控制住他,就差挨拳头或被他吐唾沫了。这时,他们意识到列车员发现了骚动,停下了列车。他们抬起头,看到数百名乘客盯着他们。列车停驶,站台上空无一人,然而没有人愿意下车帮忙。

杰伊暗自嘀咕:这就是旁观者效应!他意识到自己必须向围观者解释清楚情况,请求他们的援助。他需要打破"多数无知"和"责任分散"的惯性理念,正是这些想法让他们裹足不前。他的确这么做了,成功地说服了另外两个陌生人下车帮忙。他们一起按住那个满口脏话的男人,直到两个身材魁梧的保安到达现场,才移交给他们接管。

了解旁观者效应可能有助于人们克服在紧急情况下不愿挺身而出的心理障碍,就像杰伊那样。但是我们现在也知道,无论是姬蒂·吉诺维斯遇害的惨剧,还是旁观者效应都不像人们长期以来认为的那样简单。[6]在姬蒂·吉诺维斯遇害的那晚,听到她呼救的一些邻居确实以某种方式进行了干预。虽然他们不确定发生了什么，但有几个人隔着窗户大声呵斥袭击者，曾一度吓跑了他。某些邻居，包括一名后来成为警察的纽约男孩，宣称自己曾在袭击中报警。对此，警方从未做出回应，这可能与美国直到4年后的1968年才设立统一的911报警电话系统有关。在此之前，所有警察局、消防站和医院的电话号码都各不相同，没有设立接听或响应公众来电的统一系统。

旁观者效应可能会给人一种错误的印象，人们会误以为在紧急情况下是很难获得援助的。然而，研究表明，人们确实在许多（也许是大多数）紧急情况下进行了干预。例如，最近的一项研究回顾了荷兰、南非和英国的城市地区的监控录像记录的攻击性事件。[7] 研究人员发现，在219起涉及两人或两人以上的公共冲突中，有199起冲突会出现至少一名旁观者出手干预——相当于91%的概率。

仅凭这些数字，你也许会认为，周围的人越多，就越可能有人站出来。然而，这并不意味着你干预的概率会增加。理解这种差异是很重要的：周围的人越多，其中一些人最终会意识到问题并采取行动的机会就越大。但是，任何一个人在这种情况下会干预的概率仍然很低，除非有什么因素触发了那个人产生干预的念头。

理解"多数无知"和"责任分散"这两个概念仍然有助于了解人们何时可能施以援手，以及何时不太可能施救。如果人们由于不确定自己看到的是不是紧急情况而不愿干预，他们会产生一些与直觉相反的预判，认为自己在更危险的情况下不太会受"旁观者效应"的影响。当局面真的十万火急时，人们应该更清楚紧急情况确实存在，或许也更清楚地意识到需要大家一起施以援手。与此相一致，100多项基于旁观者研究的元分析表明，在更危险的紧急情况下，人们不太会因为旁人的存在而裹足不前。[8]

在杰伊的案例中，他对旁观者效应的理解——以及或许是基于一名社会心理学家的新身份——促使他在旁人无动于衷时进行了干预。但很显然，你不一定非要成为社会心理学家才进行干预，其他身份也会对是否干预起到重要作用。事实上，仅仅认识到你与某人共享某一身份这一点，似乎也是一个重要原因。

扩大我们的道德圈

像许多其他事情一样，我们对他人提供何种程度的帮助取决于我们是否认为与他们共享某一身份。哲学家彼得·辛格将之称为"道德圈"(moral circle)，其界限决定了谁值得我们的关切——当然还包括谁不值得。[9]许多现今被认为是基本人权的东西——言论自由、不受压迫的自由以及投票权——曾经是统治阶级中的少数精英拥有的特权。随着时间的推移，更大的群体普遍拥有了这些权利。扩大妇女、少数族裔、有色人种、宗教少数群体和性少数群体的权利，可以被理解为对道德圈的拓展。

我们的身份的边界不是一成不变的，可能会随时间推移和情势的不同而发生变化，这取决于最突显出来的是什么。马丁·路德·金曾说："道德宇宙的光弧虽长，却终究归于正义。"他可能是对的。因此，在不同的时刻，我们觉得有责任帮助和照顾的对象也是不同的。

英式足球的球迷名声虽不佳，但他们愿意帮助自己阵营的球迷。马克·莱文和同事们将曼联球迷邀请到自己位于兰卡斯特大学的心理实验室。[10] 他们到达后完成了一系列实验任务，这些测试旨在唤起他们作为曼联球迷对这支球队的热情。然后，他们被要求步行到另一栋建筑完成这项实验研究。

半路上他们遇到了紧急情况。一个年轻人从他们前面的小路上跑过时绊了一下摔倒在地，一边捂着自己的脚踝，一边痛苦地呻吟着。这些球迷会帮助这个陷入困境的人吗？

每次半路冒出来的那个笨拙的陌生人，其实是同一个人，他是实验者秘密安排好的，但他的身份在每次出现时都不一样。第一组粉丝遇到的是穿着一件无任何装饰衬衫的年轻人；第二组见到的年轻人则穿着曼联球衣，表明自己是红魔的忠粉；第三组遇到的则是一名身着利物浦球衣的球迷。在许多曼联球迷眼中，利物浦是他们最强劲的对手。

上衣的简单差异至关重要。当受伤的陌生人穿着曼联球衣时，在场有92%的曼联球迷会帮助他；如果他是利物浦球迷，在场只有30%的曼联球迷会停下来帮助他。很重要的一点是，受试者不愿伸出援手看似是不愿帮助竞争对手俱乐部的球迷，其实是因为没有共同身份，因为也只有33%的人愿意帮助穿着无装饰衬衫的陌生人！

好吧，好吧，你肯定在想：曼联球迷是狭隘的卑鄙小人，他们不愿意向自己团体之外的任何人伸出援手。但不要太快得出结论……

在第二项研究中，莱文和同事们再次进行了这项实验，但在曼联球迷到达实验室后，更换了询问他们的问题。这一次，他们完成的实验任务旨在提醒他们多么热爱"足球这项传统悠久的竞技比赛"，以及他们是足球迷，以此激发出他们更广泛、更包容的那重身份。

实验研究的其他环节都和之前一样，但结果却大相径庭。这次，受试者愿意帮助受伤的利物浦球迷，将他与曼联球迷一视同仁。然而，他们仍然不太愿意帮助那个倒霉的穿无装饰衬衫的陌生人。换句话说，这些粉丝被激发出了比以前更宽泛的社交身份。他们的道德圈得到了拓展，因此愿意帮助更大范围内的同类人，尽管只限于足球迷。

在某种程度上，这也反射出那些在约旦的沙漠中被劫持的乘客的经历。当他们有共享身份感时，他们很乐意合作。但是当他们在食物分配、子女问题或护照问题上产生分歧时，他们就不太愿意彼此扶持了。同样一群人在某种状况下表现得漠不关心，换了另一种状况则可能表现出乐于助人的一面，这一切都源于身份的转变。

急救培训项目通常聚焦于如何识别突发事件，以及相关的应对措施。然而，提供帮助不仅仅意味着要知道施救内容。正如以上研究所示，帮助始于我们如何构建一种充分的共享身份后施以援手，尤其是在危险或恐怖的情况下。

潜在新身份

正如上文所述，不同情况可以激发我们的不同身份，并对自身思维、感受和行为方式产生重大影响。你和其他球迷一起挤进体育场观看足球比赛时，呈现在脑海中的可能是自己的球迷身份，而不是职业、家庭或宗教信仰身份。你拥有多重不同的身份，环境的变化会使不同的身份轮流凸显。当然，有时我们会发现，自己所处的环境可能促使新的身份产生。

我们在第一章中曾讨论到，"物理群体"——恰巧同时聚集于同一空间的一群人——和"心理群体"之间存在一个重要的区别：前者仅仅共存于一个公共空间，而后者则共享同一种身份，他们知道这是一个具有意义的集体，比其中的个体更为重要。

"物理群体"是潜伏的、待形成的潜在群体。无论是飞机上的乘客、餐馆里的用餐者，还是市郊的邻里，只有发生了让他们形成共享身份的事件时，这群人才会构成群体。有些事件可能是经过缜密思考的故意行为，比如有人把邻居们组织成群体以团结和组织当地社区；或者，有些事件可能是完全未经筹划，甚至是不受欢迎的，比如劫机或灾难来袭。

这样的灾难在 2005 年 7 月 7 日就到来了。恐怖分子在早高峰时段袭击了伦敦庞大的交通网络。自杀式炸弹袭击者在地铁站引爆了 3 枚炸弹，还在双层巴士上引爆了一次。包括恐怖分子在内共有 52 人丧生，700 多人受伤。

爆炸发生后，数千名乘客受伤，许多人被吓得目瞪口呆，被烟雾、黑暗和爆炸残骸包围。在这种可怕的情况下，人们已经预估可能会出现大规模性恐慌——群体相互推搡、疯狂逃跑，完全不顾伤亡人员。场面喧嚣嘈杂、混乱不堪。

然而，事实并非如此。英国心理学家约翰·德鲁里对群体在紧急情况下（包括伦敦爆炸案在内）的反应进行了深入研究。他认为，人们对灾难的认识有以下四大方面可以提高。[11]

第一，恐慌和过度反应并不常见。西尔维娅·雅各布森的描述中也提到劫机事件中的人们并没有恐慌。尽管被劫持的乘客对当时面临的事件表现出震惊、恐惧、沮丧以及极度的难以置信，但他们从未失去理智。第二，幸存者互相扶持很常见。第三，这种广泛的互相扶持源于他们那个时刻的共享身份。第四，应急人员和当局对待聚集群体的方式决定了群体的反应方式，因为前者在很大程度上会影响群体的共享身份感。

伦敦爆炸案发生后，德鲁里和同事们采访了事故幸存者，并搜寻了亲历者对这起事故的公众陈述记录。[12]尽管这些人使用"恐慌"一词的频率不低，但大都用来描述他们恐惧和震惊的生理反应，而不是无序或疯狂的行为。尽管面临动荡不安，但他们普遍使用了"冷静、有序、可控"这些词来描绘人们当时的表现。一位受访者表示：

> 这是一次相当平静的疏散，没有人大喊大叫地跳下地铁。大家都很冷静。当时确实有人在哭喊，但大多数人都很冷静，我觉得真的很了不起。

此外，受访者表达了与彼此间形成的团结感：

> 我感觉我们像是在同一条船上……当时压力很大,我们在一起经历着,摆脱的最好方式就是互相帮助……是的,所以我感觉自己和周围的人都很亲近。

相互支持很常见,这与共同身份和彼此帮助方面的研究一致。报纸报道了一系列相关故事,有57人称进行了施助、17人称自己得到了帮助,还有140人见证了施助行为。其中仅在三则报道中出现了有人称目睹了自私行径的情况。

紧急情况和灾难虽是极端事件,但我们可以从中了解许多身份动力学在相对常态且并不恐怖的情况下的运作机制。命运共同体的感受会产生共享身份——我们都是群体的一部分。这种共享身份产生了凝聚力,让人们能够共同努力。当人们凝聚在一起时,共享身份就成了他们展开协作的基础。

众志成城

在本书中,我们一直认为共享身份的其中一项必要益处在于,能使群体做到个体单枪匹马无法做到的事情。在某些情况下,共同努力显然可以让我们获得卓越的成就。只有人们同心协力,才能建成一座大教堂,演奏一首交响乐,或是完成全民接种疫苗的任务。但在另一些情况下,共同努力并不一定是最佳方式。很显然,某些任务最好是单独完成,或者至少是出于个人兴趣才能完成。

在最近的研究中,我们开始就以上问题进行测试,审视当我们团结一致而不是单打独斗时,我们的大脑会受到何种影响。我们致力于研究"心理群体"是否更易实现相同的神经波长,从而比"物理群体"——恰巧同时聚集于同一空间的一群人——表现更佳。

在一项由迭戈·雷内罗博士主导的研究中,我们邀请174人在实验室里完成了一系列难度较高的实验任务。[13] 例如,在其中一项实验任务中,他们得到了一份物资清单,并被要求按照在隆冬时节坠机中幸存的重要性排序。有些选项与直觉相反——除非你是生存专家——需要缜密的推理才能做出明智的决策。

每组实验会邀请四名受试者同时进入实验室。在他们投入实验解决难题之前,我们会随机分配出数个四人小组展开协作("群体小组"),或是四人分别以个人身份全力以赴("个人小组")。

为了在群体小组中建立团结意识,我们告知他们将与其他群体竞争这项实验任务。我们还为此设立了奖金:如果某小组在所有小组中排名前5%,他们将平分200美元奖金(每人50美元)。之后,我们要求他们起一个队名,并让他们彼此面对面,随着放克音乐①一起轻叩节拍。随音乐摆动是一种帮助人们感受集体目标感的古老方式。

与此相反,被分配以个人身份完成实验任务的受试者被告知他们将单独行动,并与其他个人展开竞争。排名前5%的个人将

---

① 放克是一种美国的音乐类型,起源于20世纪60年代中晚期。它是非裔美国人音乐家将灵魂乐、灵魂爵士乐和节奏蓝调融合后,形成的一种有节奏的、适合跳舞的音乐新形式。它也被认为是迪斯科的前身。——编者注

获得50美元奖金。之后，我们要求他们为自己起一个代号，让他们离开小组，用自己的耳机收听同一首放克音乐。这一安排旨在让他们意识到自己处于异常激烈的个人竞争中。

你可能会注意到，这种状况和你熟悉的组织或工作场所在某些方面存在令你感到不适的相似之处。许多公司、学校，甚至家庭的激励机制都酷似我们设置的个人赛制。人们相互竞争奖项，强化个人身份。在开放式办公室里，许多员工戴着耳机屏蔽掉同事，完全沉浸于自我的精神世界。

老生常谈的一个观点是，人们在可以将收益最大化时表现最佳。然而，就我们对身份的认知而言，我们认为当人们团结一心共同努力时，会比单打独斗时表现得更好。

当受试者准备开始实验任务时，我们的研究小组会在他们每个人身上配置一枚小型耳机，追踪他们完成实验后的脑部电流活动。这些耳机相当小，戴在头上如同小皇冠一般。一旦实验开始，许多受试者似乎完全忘记了耳机的存在。

当受试者进行实验时，我们能够记录他们的大脑活动模式，观察他们的脑部是否和小组中的其余成员处于相同的波长。为了评估受试者的神经同步水平，我们对每位受试者在整个实验过程中的大脑活动与其他同时进行实验任务的受试者表现出的模式进行了比较。同一时间，他们的大脑发射电波的相似程度有多大呢？

我们在数据分析时首先注意到，群体小组几乎在每项任务上都比个人小组表现更佳。他们在生存任务、数独游戏、记忆力测试、头脑风暴和单词排序等测试中，都比单打独斗的受试者找到了更佳的解决方案。群体协作能比单枪匹马持续稳固地获得更好的成绩。

人们身处一个有意义的群体时，比他们仅仅是群体中的个体时合作更多。我们告知每组实验的受试者，在每一轮的实验中，他们个人赢得的 10 美元可以捐赠给所在小组，所有奖金集中起来之后会增加一倍，然后再平均分配。所以，如果四人均捐出各自的 10 美元，最后每人能因此分到 20 美元。我们发现，群体小组中有 74% 的受试者向自己的群体捐赠了 10 美元，但个人小组中这一比例仅为 51%。

换句话说，群体小组几乎在集体决策的每一个环节上都比个人小组表现得更好。群体表现唯一不如个人表现的实验任务是一项简单的打字任务，因为合作和协调应对拖慢了他们的速度。群体合作并不总是解决问题的最佳方式，但在大多数情况下肯定是更优的选择。

观察大脑活动时，我们关注到一个几乎固定的模式。起初，群体小组的受试者并没有比个人小组的受试者更同步。但是随着实验深入，群体小组成员的脑部会开始彼此映射。实验结束时，群体小组和个人小组的大脑同步程度存在明显差异。

更重要的一点是，这种大脑同步与表现是挂钩的！同步性更高的群体在实验任务上表现更佳——他们更擅长集体决策。群体小组获胜的一个因素是他们的脑部处于相同的神经波长，尽管几乎可以肯定，他们本身并没有察觉到这点。

类似的动力学也在教室里发挥作用。教室是人们视作"物理群体"或"心理群体"的又一场所。在我们的共同研究者苏珊·迪克的牵头下,我们将一个高中生物班的学生作为实验对象,观察他们在整个学期里的大脑活动状态。[14]在大约3个月的时间里,苏珊每周都去授课,并给12名学生佩戴我们的耳机。这样,我们对他们学习神经系统科学时的大脑活动进行了记录。

对教师而言,最大的挑战之一是让整个教室的孩子在难度较高的学习材料中持续保持专注。在我们的实验中,苏珊采取了包括出声朗读、播放视频、上台演讲和引导讨论等多种方式帮助学生们学习。这时,我们会观察这些学生在哪个环节大脑的波长相等。

事实证明,观看视频和参与讨论不仅是课堂上最令人愉快的环节,也是学生们大脑活动模式最相似的时段。随着学生们的同步性增加,他们表现得更为投入,对课程内容的反馈也更为积极。有趣的是,我们还发现,如果两名学生在上课前进行过简短的交流,他们的脑部活动更有可能在课堂上达到同步,当天他们会感到彼此更为亲近。那些转瞬即逝的联系似乎会让人们大脑波长相等。

在这些研究中,人们的大脑波长相等是他们做出群体决策、进行学习和合作的关键。他们谈到,在某些日常情况下,提高对于共享身份和社会联系的结果的认知,可能是真正有益的。

然而,共享身份也具备更为广泛的社会意义,尤其是处于社会变革和追求世界上更大正义的时期。马丁·路德·金所说的"归于正义的长光弧"不是人类启蒙运动的必然结果,而是通过艰苦卓绝的奋斗取得的成果（这些抗争往往由那些无法获得公平正义的人发起，用来提升人权以及其他集体权益）。当人们彼此团结并将正义捍卫到底时，变革就会发生。

争取变革

共享身份能将边缘化群体及其盟友组织和动员起来，从而推动变革。正如上文所述，人们可能就任何事情构建起社会身份。然而，历史上很长一段时期内，大量遭受压迫的群体——农奴、奴隶、被污名化的群体和阶层——鲜有机会因共同利益而被动员起来。这引出了一些关键问题：边缘化和被剥夺权利的社会群体何时会因自己的社会身份团结起来，然后推动变革？又有哪些因素可以使他们的集体行动取得成功？

人类最重要的社会身份是围绕着共同的传统、仪式、历史、神话故事、对成就的记忆和欢乐创造和培育的。然而，人类的社会身份也是由逆境、困苦以及他人如何对待与"虐待"自己这些因素促成的。当人们意识到，生活中的机遇和收益受到限制是由于自己碰巧属于某个特定的群体，并且这些限制是不合理的，他们往往会认为彼此是命运共同体，从而产生一种共享的身份感。

作家兼教育家杰克逊·卡茨进行的一次演示对这一现象做出了有力的说明。[15] 他首先向在座的男性发问："你们每天会采取什么措施来预防自己受到性侵？"这种问题被提出后伴随的往往是令人尴尬的沉默。在大多数情况下，男性无言以对。然后当卡茨向在座的女性提出了相同的问题后，台下立刻纷纷举手，女人们分享了自己每天采取的许多常规的安全预防措施，比如手持钥匙以备防卫之需，上车前检查汽车后座，时刻携带手机，晚上避免独自外出，随身携带胡椒喷雾，在光线充足的地方停车，等等。

这项小实验揭示了女性面临的极其严重的危险（而许多男性对此并不知情），但也表明了有多少女性在性别认同上的经历。大多数男性可能不会在日常生活中过多考虑自己的性别，因为身为男性不会让他们置于危险之中。但是，女性采取的大量例行预防措施表明，许多女性会更长期地意识到自己的性别，因为要时刻预防大多数情况下由男性对她们构成的危险。

当弱势或受压迫群体认为其所处的社会制度不合法且不具渗透性（impermeable）时，他们的社会身份就会得到强化，这更有可能成为变革的凝聚点。[16] 当人们认为一项制度不具渗透性，就会认为自己的社会地位和经历与自身所处的群体捆绑在了一起，所以不能像其他处于更有利的群体的成员那样获得自由长足的发展。同样，当他们认为这项制度不合法，他们会认为现状从根本上讲就不公平。就性别暴力而言，女性遭遇危险的比例比男性大得多——这种经历必然会影响她们的群体成员。通过像"#MeToo（我也遭遇过）运动"这样的形式，人们越来越意识到男女经历的这种差异，并认为这种差异是可怕的且其存在完全没有正当理由。

另一个体现不合法的非渗透性的例子来自臭名昭著的"玻璃天花板"（glass ceiling）——女性在职场中晋升到高级职位前会遭遇的障碍。然而，正如"（透明）玻璃天花板"一词暗示的，群体障碍并不总是显而易见的,往往有一些力量让其处于不可见状态。在许多文化中,类似的力量有一种强烈的、将结果完全归因于个人行为的倾向。也有一种倾向,认为世界和世事本质上是公平的,会将我们生活的体制合理化——这一过程被称为"系统辩护理论"。[17]

很多人似乎内心相信因果报应。当坏事降临在某人身上,他人总以为这些人多少有些罪有应得。当人们因不可控的情况与事件而被追究责任甚至遭受羞辱或惩罚时,这种"罪有应得"的想法就构成了"受害者有罪论"。[18] 这种观点常见于性侵案,因为公众——有时甚至是司法系统——对受害妇女的指责不亚于甚至甚于对罪犯的指责。更常见的是,将结果归咎于个人的倾向,会导致人们在知晓不同群体在薪酬、健康状况或司法制度存在差异时,将其视作个人选择或个人的失败。

她在酒吧里被骚扰了?好吧,她就不该穿成那样。她为什么这么晚还出门?

她挣得比他少?确实,她没跟公司人力资源部门好好谈吧。

他开车又被警察拦下搜查了?好吧,如果他不开那么拉风的车,就不会这么引人注目了。

当人们把以上种种情况的发生归为个体原因而非外部因素,就会让人们忽视这样一个问题:一些系统性或结构性因素对某些群体成员的负面影响要大于其他群体成员。

另一股反对基于人们所属的社会的类别认可他们遭受的非法待遇的力量,就是一种被称为"象征主义"的现象。[19] 除了最为残酷的镇压性政权外,至少有一小部分弱势群体成员,能克服某些障碍而取得成功。当这部分人被认为是体制是公平且具有渗透性的证据时,就会出现"象征主义"。社会上可能出现的任何问题都被认为是过去的事情。看,我们有一位女性 CEO 了,或者我们有一位同性恋市长了,或者我们有一位黑人总统了。

2008 年巴拉克·奥巴马当选总统时,至少有些人将黑人入主白宫视作美国已经突破种族界限的一个标志。华盛顿大学的谢里尔·凯泽教授及其同事的一项研究发现,人们认为在奥巴马当选总统后,当代种族主义问题在美国已不再是一个问题。[20] 他们对减少种族不平等政策的支持度也不如奥巴马当选前了。他们认为,奥巴马总统的成功似乎证明了美国的政治体制是公平与公正的。

通过上述的以及其他一些方式,人们实际上参与到了体制性辩护中,将对自己、对他人的不平等现象合理化。在我们针对这一话题的研究中,我们发现这种为制度辩护的倾向会导致人们更严厉地评判少数族裔,抵制性少数群体应享有的平等权利。[21] 当人们认同某一压迫性制度时,往往会被激励去维护这一制度。

为了超越这种为制度辩护的力量,被剥夺自由的群体成员及其盟友会经历一次缓慢而艰难的意识提升:"是的,这是一个真正的问题。这确实是错误的。它是系统性的。这不是个别事件。我们可以一起做点什么。"

"#MeToo(我也遭遇过)运动"和"#BlackLivesMatter(黑人的命也是命)运动"是最近尚在进行中的关于意识提升的成功

案例。两个运动都涉及重大组织与街头抗议，以及有机的网络行动主义。某些人批评这两个运动的网络部分仅仅是标签式抗议或"懒人行动主义"，但社交媒体与手机视频相结合的方式已经改变了这些民权问题的游戏规则。

一些影像资料——尤其是记录警察对黑人与其他少数族裔暴行的视频——让世界各地的人们看到了发生此类事件的惊人频率。2014年（当年纽约警察杀害了埃里克·加纳）至2020年，美国人中认为警察比其他人更有可能对黑人使用过度武力的比例从33%上升到57%。[22] 同样，"MeToo"标签让女性得以记录和证明性骚扰和性侵犯在全世界不同社会中是普遍存在的。

重要的是，类似于"黑人的命也是命"运动和MeToo运动达成的意识提升不仅仅影响了弱势或被剥夺权利的群体成员的身份和忠诚度。男性在得知女性遭受的性骚扰和不公平待遇后，也会感到瞠目结舌。因此，白人也开始理解，自己相较于黑人和其他少数种族群体成员，更受益于社会制度的结构（或享有无罪推定的优势）。他们也开始明白这些差异从根本上而言是不合理的，从而提倡社会变革。

当然，并不是每个男性、白人或处于优势地位的人都会发生这样的转变，仅仅了解差异不足以促成跨群体联盟。然而，当这些观念上的转变导致认同上的转变时，我们最终会迎来变革运动，就像2020年的"黑人的命也是命"游行一样，当时不同种族、年龄、性别、宗教和文化背景的人们团结在一起，发出了自己的声音。[23]

阻力使我们更团结

2020年当我们在撰写本书时，支持"黑人的命也是命"运动的抗议活动在美国和世界各地进行得如火如荼。抗议活动始于明尼阿波利斯，人们要求逮捕参与杀害乔治·弗洛伊德的警察。另一名黑人公民的不正当死亡也引发了人们的悲痛和愤怒，人们更普遍地团结起来反对警方暴力。夏季参与"黑人的命也是命"抗议的人数显示，该项抗议已成为美国历史上最大的抗议活动。同时，远在伦敦、多伦多、阿姆斯特丹、悉尼和里约热内卢等城市的人们也举行了游行示威。

这些抗议绝大多数是和平抗议，但也有一些例外，抗议中发生了抢劫案，还有抗议者与警方发生了暴力冲突。随着对抗议活动的支持越来越多，反对声也越来越多。很明显，人们在这些事件中看到的结果是通过自身身份的视角感知的。有些人看到的是和平的人群行使自身的权利，另一些人看到的则是不守规矩的暴民。有些人看到的是过度好斗的警察，另一些人则看到警察在履行职责。身份再一次塑造了认知，构筑了他们自身特有的现实。

但这不仅仅涉及感知。抗议期间实际发生的事情以及他们保持和平或变得暴力的可能性与身份动力学息息相关。尤其是，抗议者的反应往往受当局对待他们的方式的影响。这些群体之间的关系塑造了他们的认同感以及关于适当行动路线的规范。就这一点而言，2020年"黑人的命也是命"抗议期间的事件反映了从此前许多抗议运动中观察到的规律。[24]

例如，在2011年，英国警方在伦敦郊区的托特纳姆枪杀了混血男性马克·达根。在他遇害后,托特纳姆爆发了骚乱,之后蔓延到英格兰的其他一些地区。骚乱中发生了抢劫和纵火,有五人死亡。成千上万的民众在与警方的愤怒对峙中被捕。

尽管骚乱在社区和城市间蔓延,但并没有波及所有地方。原因何在?一份题为《伦敦骚乱》的报告发现,发生骚乱的地区贫困程度更高,这体现在相对更低的收入、更差的健康状况与更多的教育障碍这些因素。[25] 在过去两年半的时间,发生骚乱的地区受警察拦截和搜查的居民的比例也更高。

马克·达根遇害时,许多地方都存在有人被剥夺自由,以及经常与警察发生冲突的现象。在这些地方,人们已经不信任警察,认为自己与警察当局处于一种对立关系。当达根被枪杀时,这些条件为公众联合起来反对警察的社会身份的出现提供了基础。当伦敦和英国其他城市的人们因为警察的态度联合在一起时,他们开始将彼此视作命运共同体。骚乱由此蔓延开来。

警方的行动进一步培养和塑造了这种身份。直到达根死后两天,托特纳姆才发生第一次骚乱。那天是周六,达根的家人和朋友在托特纳姆警察局门口发起了一次抗议活动。这是一次和平抗议,直到有人认为警察殴打了抗议人群中的一名年轻女性,正是在这个关键时刻,"与警方的暴力对抗第一次成为常态",之后情况愈演愈烈。

当然,大多数抗议并不针对警方,或者至少初衷不是如此。人们集会反对搭建输油管道或是垃圾场。他们走上街头反对不得人心的税收政策或政治丑闻。警察维持秩序,维护国家权威。大多数参加抗议或参与其他集会的人是为了追求自己认为重要的以变革为导向的目标。他们的目的不是抢劫、闹事或加入与警方的暴力对抗之中。

当然，有时也有少数寻衅滋事的行为。媒体的报道往往集中在砸窗户或者抢劫商店的人身上，因为他们具有新闻价值。然而，有证据表明，真正的抗议者往往会阻止这些人或把他们赶出去。人群会围绕适当的行为规范进行协调，并且遵守这些规范。他们能够而且确实会自发地管理好自己。然而，这种动态在面对警方的攻击性行动时很快就被打破了。[26]

在2020年的"黑人的命也是命"抗议活动中，我们看到世界各地的警察做过好事，也看到他们做过坏事（至少就促进和平抗议而言）。我们看到穿着普通制服的警察和抗议者一起游行，跪在地上安慰哭泣的人们，并停下脚步帮助受伤的人。在这种情况下，冲突逐步缓和。我们看到警察局长为社区领袖提供平台，他们在极度沮丧的同时，试图将公众的愤怒情绪引导为非暴力行为。所有这些都有助于打破"我们"和"他们"的区别，在人群中促成自我管理的形成。

然而，我们也看到警察穿着防暴装备，驾驶军用车辆驶向和平抗议的民众。我们看到军官冲向似乎毫无挑衅意味的平民。我们看到警察向没有违规行为且不构成威胁的抗议者和媒体人员发射催泪瓦斯和橡皮子弹。这些行动强化了"我们"和"他们"的区别，并可能将抗议者群体中的规范从和平行动转变为暴力行动。当这些行为的视频在网上疯传时，就如同把一根火柴扔向汽油中。

通过主观地将人群视为危险的巨石，警方引发了一种命运共同体的体验，这种体验会制造出抗议者与当局对立的身份。警方先发制人地使用暴力通常被认为是不合理的，在许多人看来，这可能是抗议者使用暴力作为报复的正当理由。被驱逐的麻烦制造者可能开始在人群中获得信任和影响力。更提倡和平方式的抗议者可能会被赶出抗议者行列，或者他们可能选择采用一种新的、更为暴力的规范。

换句话说，警方过激的反应往往会不必要地升级为暴力，将人群变成暴民，将抗议变成骚乱。或许警方希望这种恐吓性的武力方式能起到威慑作用，让抗议者落荒而逃，但他们忽略了社会认同的力量。如果人们普遍认为当局的行为非法时，反对者就会团结在一起对抗当局。

选择正确的立场

最终，对谁的行动和主张最为合理的认知会影响社会变革运动的成败。一旦有足够多有能力实现变革的人加入时，社会运动就能成功推动变革。在不同的情况下，这些人可能是投票的公众、媒体成员、政治家，甚至是安保人员和警队本身。在默认情况下，这些第三方倾向于支持现状，或者至少通常没有反对的动机。当他们的忠诚度发生转变时，变革会来得更为迅速。

抗议者和反抗运动使用的策略似乎对推动变革至关重要。政治学家埃丽卡·切诺韦思和玛丽亚·斯蒂芬对 1900—2006 年之间世界各国社会运动的有效性进行了研究。[27] 他们比较了暴力运动和非暴力运动的成功率。与"只有枪杆子里出大事"的直觉认知相反，他们发现在历史长河中，非暴力运动比暴力运动要成功得多。暴力运动的成功率为26%，而非暴力运动的成功率达53%，在产生变革方面的成效是前者的两倍。

非暴力运动更具成效性至少有两个原因。第一，非暴力运动对潜在支持者更具吸引力，有助于他们建立更具包容性的社会身份。非暴力策略被认为更合理，让更多的人加入运动中来，并从外部获得更多支持者。第二，当局对非暴力运动使用暴力往往会适得其反，增加人们对抗议者和激进主义分子的同情和支持。这使得认同警察的人数减少了，同时认同抗议者的人数增加了。

忠诚度开始转变。在那些渴望通过抗议运动改变政权——取代领导人和推翻独裁者——的地方，安全部队本身的忠诚度往往至关重要。当警察和军人不愿意对和平的平民和同胞采取更暴力的行动时，他们的忠诚度更有可能发生改变，而对此持拒绝态度的政权则会垮台。

重要的是，要注意，非暴力抵抗不是消极抵抗。推动变革的群体需要引起人们对其变革目标的关注。他们需要头条新闻，需要增强意识，这通常意味着非暴力反抗，从而引起骚动以及触犯法律。我们可能会看到人们做一些通常我们厌恶的事情：喷涂鸦、堵塞道路和铁路、占用公园和办公楼。这些行动不仅是为了挑战当权者，也是为了引起公众的注意，最终改变公众的舆论导向。

这导致了马修·范伯格及其同事所说的"维权人士的困境"。[28] 封锁高速公路和破坏财产这样的抗议行动可以有效地向相关机构施压并提升认知，但这些行为也可能破坏公众对社会运动的支持。找到适当的平衡点对于推动有效的社会变革至关重要。

媒体通常也至关重要。大多数人无法目睹抗议或其他形式的集体行动，而是通过新闻渠道得知这些事件。媒体塑造抗议和抵抗的方式——他们将抗议者定义为"好人"和"坏人"——在塑造公众舆论方面发挥着关键作用。而媒体也对抗议策略做出了回应。

政治学教授奥马尔·瓦索最近对美国民权运动期间不同类型的抗议活动以及出现在主要报纸上的头条新闻进行了分析。[29] 他发现，非暴力抗议活动与更多关于民权的头条新闻联系在一起，而随后的民意调查发现，民权被认为是一个重要问题。相反，暴力抗议与更多关于骚乱的头条新闻以及公众对社会控制更强有力的认同有关。

他的分析报告表明，美国某县的非暴力抗议活动使投票给民主党人（他们普遍支持扩大民权）的人数增加了约 1.6%，但暴力抗议使投票给民主党的人数减少了 2.2%~5.4%。

大多数时候，对于大多数社会不公平现象，大多数人都属于第三方，他们的拥护可能会以某种方式打破平衡。即使他们是一场变革斗争中的积极分子，他们亦是许多其他斗争中的旁观者。作为一名旁观者，每个人都必须问自己这些基本的问题：我和谁站在一起？谁的诉求更合理？谁站在正义一边？谁拥护着历史的道德光弧？我认同的是谁？

第八章

培养异见

直升机炮手罗恩·赖德诺尔在1968年4月下旬听闻了那则"黑暗而血腥"的谣言。在美国驻越南司令部附近闲逛时，赖德诺尔遇到了他接受航空训练期间认识的一位朋友。这位朋友讲述了一个令人不安的故事。大约一个月前，隶属查理连队的士兵对一个可疑的越共据点发起了本应是一次寻常的进攻。但他们乘坐直升机进入美莱村时出了可怕的岔子。①¹ 匪夷所思的是，美军只发现了一个很小的聚居地，这里只有树木、小屋和农场动物，

---

① 1968年越南战争期间，美军在越南广义省美莱村制造了"美莱村大屠杀"，杀害了500多名手无寸铁的平民。这件惨案被认为是越战的分水岭，推动了美国国内的反战情绪。——译者注

而其中居住的不是敌方士兵，而是妇女、儿童以及年龄大到无法战斗的男人。在接下来的几小时里，美军屠杀了手无寸铁的村民。大量越南平民被无情杀害——被机枪扫射，被手枪射击，又或是被扔进家中的手榴弹炸死。据估计，美莱村有 500 多人因此死亡。最后小村庄被付之一炬。

赖德诺尔震惊不已，难以相信他听到的一切。但在接下来的一年里，他将从曾是查理连队成员或认识这些成员的人那里听到的故事片段拼凑起来，这些细节全都十分恐怖，而且惊人地一致。赖德诺尔竭尽所能地收集这些真实的故事。在结束任务返回美国后，他将这一切写成一封信，并寄给了包括国会议员、总统及五角大楼官员在内的 30 个人：

> 1968 年 3 月在美莱村究竟发生了什么我不确定，但我确定的是，这其中的内幕绝对非常黑暗。我仍然义无反顾地相信，无论我们的身份多么卑微，如果你和我真的相信这个国家的建国根基是"正义原则"以及"法律面前人人平等"，那么，我们必须齐心协力，推动就此事展开广泛而公开的调查。[2]

赖德诺尔的信引发了军队的内部调查，并导致了几起起诉。最终，只有一个人，即威廉·凯利中尉因在美莱村犯下的罪行被判刑。[1] 当美国公众意识到大屠杀及其证据遭到掩盖时，这些故事撕裂了这个国家。公众对越南战争进一步反感。但与此同时，许多人认为罗恩·赖德诺尔及其他举报人的行为动摇了军心，是不爱国的背叛行为，并为此感到愤怒不已。1974年，在美莱大屠杀6年后，唯一被追究责任的威廉·凯利获得了理查德·尼克松总统的赦免。

罗恩·赖德诺尔仍然是一名受人尊敬的调查记者。后来回顾他揭露士兵在美莱的暴行时，他写道："我经常被问到的问题不是他们为什么要这样做，而是我为什么要这样做。"[3]

在本章中，我们将解释社会身份如何推动人们表达异见。尽管大多数人认为，合格的群体成员会遵守社会规范并阻止对其群体的批评，但我们的研究表明，当人们认为有必要挽回群体价值观及目标时，最深层次的群体忠诚往往包含表达异见。

权利和义务

在众多国家中，美国是深知"公民不服从"之价值的国家。这使得持异见者和揭发者如罗恩·赖德诺尔等人引起的负面反应更令人惊讶。从波士顿倾茶事件[2]到民权运动，抗议是美国人基

---

[1] 1971年3月31日，美国军事法庭开庭审理了一起美军屠杀越南平民的案件，在审理过程中，陪审团一致认为美军威廉·凯利中尉，因为谋杀了102名无辜的越南平民，该为此案负全责。他因此获罪，审判最终结果是凯利中尉被判终身监禁。——译者注

[2] 为反对英国东印度公司垄断茶叶贸易，1773年12月16日夜间，数名波士顿人化装成印第安人，潜入东印度公司的3艘运茶船，将船上装的茶叶倒入海里。这成为美国独立战争的导火线，最终导致了美国独立战争的爆发，从而促使美国独立。——译者注

因的一部分。1776年发表的《独立宣言》以激烈的异见行为建立了美国,由此,支持反抗不仅是这个国家的权利,更是义务:

> 我们认为这一真理是不言自明的:人人生而平等,并由造物主赋予了某些不可转让的权利,其中包括生命、自由和追求幸福的权利……然而,当一系列滥用职权和强取豪夺的行为表明政府企图把人民置于专制暴政之下时,人民就有权也有义务去推翻这样的政府,并为未来的安全提供新的保障。①

最初隶属于英国的13个殖民地代表大会可能针对的是英国乔治三世国王②,但他们的话语持续影响到20世纪的独立运动,因为世界各地的人民都试图推翻他们认为不合法的统治者和殖民者。

在美国国内,这些话语启发了几代美国公民质疑现状和挑战权威。在大概是民权运动领袖马丁·路德·金最有影响力的演讲中,他大量引用了《独立宣言》的内容,他说,"我仍然有一个梦想。这个梦是深深扎根于美国的梦想中的。我梦想有一天,这个国家会站立起来,真正实现其信条的真谛:我们认为这些真理是不言而喻的,人人生而平等"。

---

① 节选自《独立宣言》。——译者注
② 为了节省政府在北美的军事开支,乔治三世决定限制英国的北美殖民地向西扩展,且对当地课以重税,这就是美国独立战争的开端。——译者注

正如罗恩·赖德诺尔将他的抗议与该国的建国根本联系起来一样，马丁·路德·金使针对美国黑人权利的政治抗议立足于国家最初的原则。马丁·路德·金和赖德诺尔都明白，提出异见的代价是推进国家建国文件中体现的价值观所必须承受的。在这两种情况下，他们都愿意付出高昂的代价——从受人厌恶到遭到暗杀——以确保这个国家能践行其信念。

危险的群体规范

某些真理可能是不言而喻的，但异见的价值并不属于其中。批评者的优点和反叛者的正义都只能在旁观者的眼中得到证实。当一个人置身事外或从历史的角度回顾过去时，很容易高度尊重异见者或举报者，甚至将他们视为英雄。但是，当人们在当下面对他们时，对这些人的看法可能截然不同。在现实生活中，在我们所属的群体内，他们往往是麻烦制造者、煽动者、离经叛道者、怪胎，甚至是彻头彻尾的大麻烦。

美国如今有一个为纪念马丁·路德·金的全国性节日。其间，政治家、各公司以及公众人物都会向他的言辞及为后世留下的遗产致敬。直到 2011 年，人们普遍视马丁·路德·金为英雄，他的全国好感度为 94%。但在他追求公民权利的年代，人们对马丁·路德·金的看法分歧很大。1966 年，也就是他发表《我有一个梦想》这一演讲三年后，只有 33% 的美国人认为他是一个正面的人物。[4]

事实上，在当下，人们常常对"道德反叛者"（那些在重重阻碍下仍坚持自己价值观的人）感到不适。

伯努瓦·莫南和他的同事研究了人们对做了正确事情的人通常会产生的不同反应。[5]例如，在一个实验中，受试者们了解到一位先前的受试者被要求撰写和录制一段演讲，她将不得不在其中公开发表与自己信仰相悖的观点。现在的受试者有机会听取这段录音。一组受试者听到的是这个人顺从地听从实验者的要求，表达了自己不认同的观点。然而，另一组受试者听到的却是一个拒绝服从的声音，拒绝任何让她讲出自己不相信的话的意图。

一边是讨喜的服从行为，另一边是有原则的违抗行为。如果你自己是受试者，你会更尊重哪一个？如果你和我们一样，你会很自信地认为自己更喜欢有原则的反叛者。

但是你会如此吗？我们会如此吗？

我们没告诉你的是，在他们了解其他任何受试者之前，上述每种情况下的一半受试者也被要求写下和录制他们自己的演讲，而这些受试者已经服从了实验者的要求，表达了他们不认同的观点。另一半受试者没有收到这样的要求，因此只是其他人服从或不服从要求的旁观者。

与服从者相比，旁观者更喜欢和尊重叛逆者。愿意为自己的信仰坚持到底的人给他们留下了深刻的印象。如果你得出相同的结论，很可能是因为你作为读者，并没有参与其中。

但对于那些服从要求的受试者来说，这种模式完全相反。他们更喜欢和尊重服从的演讲者，而非反叛的拒绝者。

在随后的实验中，受试者们了解到有一位受试者拒绝完成某项任务，理由是该任务可能涉及种族主义。重要的是，无论受试者是否完成了这个涉及种族主义的任务，他们都再一次了解了这位反叛的同伴。当被要求描述这位反叛的同伴的特征时，旁观者（和自己的行为没有利益攸关）称，拒绝完成种族主义任务的道德反叛者"意志坚定""独立自主""坚决果断"或"公平公正"。但已经按要求做完同样任务的受试者则将同一个叛逆者描述为"自以为是""防御戒备""容易被冒犯"或"困惑糊涂"。为什么存在这样的差异呢？

站在远处，我们钦佩道德反叛者。但是，当他们动摇了我们是善良和有道德的人这一信念时，就会改变我们的视角。在这些情况下，道德反叛者让我们否定自我并遭他人冷眼，我们担心这些更有道德的人会对我们做出负面评价。

我们当中谁没有听见过某人在压力下做出不道德或不高尚的行为呢！这个人也许是迫于老板的要求而欺骗客户，或者因为每个人都觉得有趣而去欺负某同事，然后自己心里却念想着："我永远不会做这种事！"然而，至少在某些时候，我们中的许多人确实会做自己不认同的事情。反叛者在其他人保持顺从的情况下做出不服从决定时揭露了一个事实，即许多人在面临道德困境时往往未做正确之事。直到更有勇气的人让人们意识到自己的道德弱点，他们才会承认甚至意识到自己的局限性。但这些人会想："（这个有勇气的人）真是自以为是的傻瓜！"

事实证明，人们并不一定欣赏做好事的人，即使他们客观上是在为他们的群体做好事。虽说人们对"吃白食"的人产生反感并不奇怪（这种人对困难的集体项目贡献甚微，但却在项目成功时攫取功劳；又或者逃税但又过度享用政府服务），但更令人吃惊的是，人们对非常慷慨的群体成员也可能有同样的负面评价。

研究人员帕克斯和斯通的一项研究聚焦人们对那些为团队资源贡献了很多但自己却很少从中获利的个人的反应。[6] 他们发现，当有机会驱逐一些群体成员时，人们渴望驱逐这些慷慨的人，一如他们想要驱逐自私的人！

当研究人员询问人们为什么会做出如此反应，有人说是因为比较慷慨的群内成员让自己看起来很糟糕。但也出现了第二种解释：慷慨之人打破了群体规范。一位受试者写道："一个人不断给予而不要求太多回报是很奇怪的。如果你付出很多，你就应该获得很多。"另一位受试者写道："如果我没看到其他人的选择，看到他如此不同，我还可能和他相处融洽。但他和我们大家太不一样了。"

在探究人们如何回应异见者、反叛者和批评者的科学文献中，各类事件都会引发负面反应。将其联系在一起的主线是这些事件威胁了人们的身份。有时，就像我们上面讨论过的道德反叛者一样，威胁可能是群内成员的个人自我意识，但通常是针对他们的社会身份以及他们认为的群体利益和规范。

人们捍卫他们的群体规范，因为这些规范定义了他们并有助于协调行动，让每个人步调一致。因此，离经叛道者往往在较小的群体中遭到更强烈的排斥，因为他们可能会对规范与共识造成更大的破坏。[7]

当违反规范的人的行为模糊了群体之间的界限，混淆了成员喜欢维护的"我们"和"他们"之间的区别时，他们会受到特别严厉的批判。当群体面临截止日期的压力或卷入与外部群体的竞争时，他们也往往不会欣赏越轨行为或异见。[8]稍稍偏离常规可能是合理的，但现在不是时候！当群体处于战争状态时，是时候闭嘴并团结在旗帜周围。你要么与我们站成一队，要么就站在我们的对立面！

但镇压异见的群体也是在玩危险游戏。在时间长河中，兼听各种观点、听取批评意见，对于群体在面对新挑战和逆境时保持生命力是必要的。正如我们在第三章中讨论的那样，群体和组织过于强调遵循规则，或早或迟，往往注定要失败。

为什么我们需要异见？

要正确理解异见、批评和反叛的优点，显然我们不能完全依赖当前人们所持的观点。幸运的是，有大量研究异见优缺点的科学文献。

查兰·内梅特教授，是《为"捣乱者"辩护》一书的作者。在她职业生涯的大部分时间里，她都致力于研究异见的影响。她认为，异见者存在的真正好处，与其说是来自他们支持的想法或他们提出的建议，不如说是他们改变了其他人的思维方式。[9]

当人们接触到大多数人普遍持有的观点时,他们的思维往往会变得懒惰和狭隘,专注于判断大多数人的观点是否正确。但是,当他们听到少数人的观点,从更罕见的角度看待问题时,他们的思维就会扩展。他们开始认真思考为什么有人会持有这样的想法。说实话,他们经常在一开始反对这类想法,但在反对的过程中,他们被迫撒下更广阔的思想之网,仔细考虑甚至质疑自己一开始的想法。

这至关重要,因为这就是异见提高创新力、创造力和改进集体决策的方式。异见之所以有效,是因为其改变了其他人的思考方式。这意味着并不是说异见者的观点必须是正确的才能使群体受益。他们只需要不太保留地表达,引发其他人的思考。他们的存在可以激发更多不同的想法,并为其他人提供表达不同观点的空间。

为了评估异见的影响,密歇根大学的研究人员进行了一项实验:在一个学期的课程中向其中一些学生小组中安插了异见者。[10] 在超过 10 周的时间里,28 个小组参与了解决问题的任务,研究人员对其解决方案的独创性进行了评估。对学生而言,其重要性相当高,因为这些问题的分值占最终成绩的 40%。

在一半团队中(每队由 5 名成员组成),其中一人在其他人不知情的情况下被研究团队征募为异见者。这使研究人员能够确定在团队中加入一位异见者是否会改进团队表现,或是只会造成冲突并拖团队的后腿。

研究人员并没有盲目挑选这些异见者。他们需要的是能够自然而然地提出不同意见并且乐于表达的人。因此,这 14 名异见者是在之前的调查问卷中认同诸如"我预估会冒险在我的团队中表达我的想法"和"我重视人们行为中的新颖性"之类的表达。研究人员培训并鼓励这些学生在提出异见时始终如一并坚持到底,但不要显得僵硬呆板。他们还要求这些异见者只有在他们真正不同意时才表达与自己团队不同的意见。

在学期末,结果出来了。

异见者加入一个小组中会在多方面见到成效。随机分配到异见者的团队比没有异见者的团队表现更好,而客观的外部专家对他们作品的评价是"更具原创性",甚至与异见者合作的学生也注意到了不同之处。当他们思考自己小组的思维模式时,他们认为自己小组比没有异见者的小组思维更为发散。

类似的情形在公司和组织中也发挥了作用。在对七家《财富》世界 500 强公司进行的一项研究中,组织研究人员通过详细的案例分析,来研究高层领导团队在两个特定的时间点如何发挥作用:一是在公司成功期,二是在被广泛认为未能使关键利益相关者满意的时期。[11] 在公司成功和失败这两个时期,领导团队的动态大为不同。

共同身份的重要性显然与成功时期有关。在这些时期,领导团队似乎更有命运共同体的感觉,更致力于解决群体问题,表现出更多的团队精神,更专注于共同目标。

至关重要的是,在成功时期,这些组织还鼓励成员在非公开会议中表达更多异见,成员彼此间更加开放和坦诚。这表明异见可以随着对共同身份的强烈认同和团队精神而得到充分表达。事实上，这些因素似乎是实验室和现实世界中团队成功秘诀的重要组成部分。

研究表明，当异见持续出现并保持一致时，最有可能产生效果。在亨利·方达主演的经典电影《十二怒汉》中，陪审团需要决定一名被指控谋杀父亲的 18 岁男子是否有罪。证据似乎很清楚，在首轮无记名投票中，12 名陪审员中有 11 名准备投票该男子罪名成立。其中一名陪审员想快速了结，因为他买了棒球比赛的门票。

只有一名陪审员（第八号）认为被告可能是无罪的，而且证据并不像看起来那么确凿。在接下来的几个小时，他的观察和提出的质疑开始慢慢改变其他陪审员的想法，他们自己也开始质疑证据。起初还有人坚持被告有罪。但最终，最后一位支持有罪判决的人屈服了。陪审员一致同意宣布这名年轻人无罪。

这部电影讲述了一个唤醒人心的故事，其内容包括异见者的责任以及单个坚持不懈的怀疑论者如何改变其他人的想法与司法进程。更笼统地讲，异见者愿意在反对意见前坚持自己的立场，这促使其他人更加仔细地思考问题。我们认为，这个人必须真正相信自己所说的话。这是为什么呢？

然而，与涉及人类的一切事物一样，关于异见的整个故事是复杂的。异见并非对所有群体均产生积极影响，并且不同的研究结果显示好坏参半。在最近的一项荟萃分析中，科杜·桑巴及其同事发现，高级管理团队之间的"策略性异见"与低质量的决策和较差的表现相关。[12]发生这种情况是因为异见似乎恶化了群体成员之间的关系，从而在实际上减少了他们对信息的深思熟虑。

然而，重要的是，这些研究人员所称的"策略性异见"不仅反映了某群体或组织应该如何实现目标的分歧，还反映了目标应该是什么的分歧。在领导团队这一案例中，这种冲突反映了组织高层对他们试图实现的目标以及他们潜在身份的分歧。正如桑巴及其同事所说："策略性异见与其说抓住了可以有效整合的多样化信息和深刻见解，不如说代表了成员在捍卫既得利益中相互冲突的目标和偏好。因此，策略性异见会扰乱信息深究，因为管理者的动机是捍卫自己的立场，而非以开放的态度参与搜寻和分析。"[13]

在前面提到的七家《财富》世界500强公司成功的时期，公司整体拥有更高的异见度，但也有明显的团队精神，并专注于共同的目标。在明确共同身份的背景下，异见是有益的。对于缺乏共同身份或身份受到严重质疑的团队，异见更具挑战性和难度，并且可能并不总是与更好的决策或业绩立即产生关联。

这不是说异见并不重要。有时，群体——无论是高级管理层还是更广泛的社会——进行辩论及彻底改变其目标，并从根本上重塑它们是谁以及它们代表什么，是至关重要的。但这个过程并不容易。

为了利用异见的潜在好处，团体必须做到如下两点：其一是必须吸纳愿意表达不同观点的成员；其二是其他成员必须并愿意带着好奇心而非防御的态度倾听。以上两点都基于牢固而安全的身份。

人们都会从众吗？

尽管异见、异常行为、批评和煽动民心是很重要的课题，但科学家已经将更多的时间和精力投入了解其对立面，即从众、顺从和服从。心理学家中的"墨守成规者"对服从的关注可以追溯到该学科历史上的两个关键事件。

一个是所罗门·阿施进行的从众实验，在该实验中，尽管亲眼看到证据，但人们仍会接受他人的错误判断。[14]正如我们在第二章中所述，这些研究的受试者需要完成一项极其简单的视觉任务：确定哪几条线段的长度相等。每个人都可以很好地完成任务，直到前面回答的人开始给出错误的答案。突然间，受试者面临着"随大流"的压力，他们在大约 1/3 的时间里屈服于这种压力，通过错误地回答问题，以达到与人群一致。

第二个重大事件是几年后耶鲁大学心理学家斯坦利·米尔格兰姆进行的一系列研究。[15]米尔格兰姆通过研究单个有权势的人在风险远高于预计的情况下如何塑造自己的行为，扩展了阿施的一致性发现。

他招募了康涅狄格州纽黑文市的居民，进行了一项关于"惩罚对学习的影响"的实验。受试者成对抵达耶鲁大学，一名身穿实验室外套的实验员与他们会面。如同阿施一样，米尔格兰姆特意做了安排，即每对受试者中只有一名成员是实验对象，另一名则秘密地为研究团队工作。该实验指定真正的受试者为"教师"，他们被告知将测试被分配为"学习者"的合作伙伴的记忆力。

教师被要求向学习者朗读单词对列表，然后学习者必须背诵下来。每次学习者犯错时，教师要施加不断升级的电击作为惩罚。最开始时，电击电压很小，为15伏，但每多犯一个错误电压就会增加15伏。随着研究进行，学习者犯了更多错误，他们要遭受的电击越来越令人生畏：强烈电击，危险级电击，最后是450伏的电击。

当教师施加电击时，学习者被要求发出越来越强烈的抱怨，表现出痛苦，并请求教师在他们陷入有预兆的休克前能停止电击。如果教师对实验本身表示抗议，实验员会坚定地回应"请继续""这个实验需要你继续""你必须继续""你绝对别无选择，只能继续"。当然，实际上学习者并未接受电击，整个场景只是一个精心策划的"诡计"。

你会不会在听到完全陌生的人痛苦地尖叫或抱怨心脏不适时，依然对他们进行电击？大多数人说他们不会。

在进行实验之前，就"当被要求对同伴进行明显危险的电击时，实验受试者们会如何回应"这一问题，斯坦利·米尔格兰姆询问了一组精神病学医生的观点。临床医生的共识是，只有千分之一的人会完全听从这样的请求。

专家们大错特错。在实验中，近2/3的受试者完全听从了实验员的指示。相当多的人对看上去毫不知情的学习者施加了最大程度的电击，仅仅是因为一位身穿实验室外套的人指示他们这

第八章 培养异见　　231

样做。

在阿施和米尔格兰姆的研究中,受试者们都没有对自己所处的情况感到高兴。阿施的实验的受试者显得很困惑,他们试图弄清楚到底发生了什么:"别人怎么可能弄错了呢?我的眼睛有问题吗?"米尔格兰姆实验的许多受试者则质疑实验员:"你确定吗?我们不应该去看看他吗?"实验员不耐烦地回答:"请继续,实验必须继续。"他们中的许多人确实坚持到了最后,一次又一次对隔壁房间里那个看上去无助的人进行电击。

最初,这些研究的结果非常令人惊讶并颇具启发性。他们揭示了人类行为中那些让人始料未及的方面。许多人看到了米尔格兰姆的实验与大屠杀暴行之间的相似之处。但是人们的想法发生了变化,这些发现很快从令人震惊的启示变成了普通的想法,至少对社会科学家的影响是这样的。从阿施和米尔格兰姆的实验中得出的经验似乎很清晰。人们非常循规蹈矩,即使面对的只是来自同龄人的轻微压力,他们也像绵羊一样顺从。人们也是盲目服从权威的,这种不假思索的服从可能导致他们参与罪大恶极的活动。

在教科书和通俗心理学书籍中,通常仍从这些研究中汲取上述观点。但专家对这些问题的理解在不断发展,今天的社会科学家对这些研究有不同的解读。从这些经典研究得出的新结论更加微妙和复杂,甚至可能会让很久以前了解这些研究的人感到惊讶。在每项研究中,实验的发现与受试者的社会身份之间的联系比以前理解的要密切得多。

我们毕竟不是绵羊

作为多伦多大学的研究生，我们两个人在安尼斯社区的二手书店仔细阅读了许多书籍，度过了许多快乐的时光。这里毗邻市中心校区，非常热闹。虽然耽搁了写论文，但我们勤奋地在每家书店的心理学书籍区域仔细阅读图书，来说服自己我们还是在产出的。有一天，多米尼克漫无目的地盯着书架，发现了一本《对权威的服从》。斯坦利·米尔格兰姆在书中全面描述了他对"服从"的研究。这本书售价 6.99 美元，非常便宜。于是他赶紧买了下来。

通常，我们可以毫无争议地认为一项研究越有知名度，人们去实际阅读这项研究的可能性就越小。每年有超过 100 万学生参加心理学入门课程，其中大多数人学习的是教科书上援引的米尔格兰姆的研究。这些研究在经过人们足够多的复述之后，变得像神话一样的存在：人们放大研究中的关键发现，而关键细节和背景却在一次又一次的转述中慢慢地丢失了。

学生们还了解到，米尔格兰姆的研究在道德上并不光彩，因为该研究误导人们做出恶劣行为，而如今并不允许这样做。那么我们要如何做才能做到正本清源？还有 100 万份其他材料需要阅读，谁有时间？

然而，多米尼克仍然拖着自己的论文。不过他利用挤出的时间寻到了一个精彩的新发现。[16] 米尔格兰姆进行了各种各样的"服从"研究。在每项研究中，他都操纵情景的一个变量，试图找出影响服从率的因素。他发现，增加与受到电击者的身体亲密

第八章 培养异见 233

程度会降低受试者的服从性。他发现女性的反应与男性大致相同。他还发现,让实验员通过电话发出指令会降低受试者的服从性,尽管一些受试者觉得有必要撒谎,告知缺席的实验员他们继续对倒霉的学习者进行了电击。

米尔格兰姆的书为其中许多研究提供了原始数据。其中一张表格记录了从 15 伏一直到 450 伏这些电压点上退出实验的人数。当多米尼克阅读这项研究的每个变体时,他越来越被这些数据吸引,尤其对不服从的受试者感兴趣。他着迷于研究那些在施加最高的 450 伏电击之前就退出的人,即那些在残酷的权威人物面前持异见的人。这些道德反叛者是谁?

令多米尼克惊讶的是,他开始看到这种不服从是有模式可循的。米尔格兰姆的书并没有提到这种模式,多米尼克以前也没有听到任何人谈论过。他的眼睛在欺骗他吗?将米尔格兰姆的几项研究的数据输入电子表格,并将其绘制在图表上仅需要几分钟时间。杰伊跟他一个办公室,并坐在他的正后方。他转向杰伊,问道:"是这么个规律?"

在每个实验中,受试者可以在 29 个时间点不服从实验员的指示,范围从第一次实验的 15 伏到倒数第二次实验的 435 伏。然而,当多米尼克仔细查看数据时,他发现受试者实际上选择不服从的点并不是均匀或随机排列在这些可能性中的。相反,不服从的选择似乎在特定的时间达到顶峰,尤其是在某个时刻:当受试者需要施加 150 伏的电压时,关键时刻似乎已经到来。

150 伏有什么特别之处?为什么研究中的这一点与 135 伏或

165 伏不同？多米尼克艰难地寻找最初的方法解决这个问题。

正如我们之前提到的，米尔格兰姆研究中的学习者是照本宣科的，会随着电击增加而向每个受试者故意发出一系列不断升级的抱怨、恳求和痛苦的表情。他们的表情越来越痛苦，直到最终失去意识。

但 150 伏这一点在性质上是不同的。这是学习者第一次（但不是最后一次）明确要求要退出实验。他喊道："实验员，让我离开这里！我不会再参加实验了！我拒绝继续！"

第一次请求是一个转折点。受试者面临关键的选择是要么听从学习者的意愿，要么听从实验员的指示。如果听从实验员指示的话他们很可能会一直坚持到最后。

随着研究的进行，学习者提出的类似请求并没有产生同样的效果。所以只有第一次请求才能真正发挥作用。尽管随着电击电压的增加，学习者的表情越来越痛苦，但不服从率并未受到影响，这表明停止电击他人的决定并不是出于对他们的痛苦的移情反应，还有其他因素发挥了作用。

那是什么推动了他们做出决定呢？史蒂夫·赖歇尔、亚历克斯·哈斯拉姆和乔安妮·史密斯最近的一项分析表明，无论是与实验员还是与学习者产生了身份认同感，都可能在受试者的选择中发挥关键作用。[17]而且在 150 伏这个大关，受试者必须选择一方：他们到底和实验员一队还是和学习者一队呢？

如今研究人员已无法直接复制米尔格兰姆的研究，这阻碍了许多调查的展开，但这三位研究人员想出了一个巧妙的解决方法。

在最初的研究过去半个世纪后，他们告知受试者（包括一组心理学专家和一组本科生）米尔格兰姆实验的不同版本。对于实验的每个变量，他们要求这些受试者评估他们认为自己会在多大程度上与科学家和科学界以及作为普通公众的学习者产生共鸣。

在米尔格兰姆研究的某些变量中，例如当学习者距离较远时，人们认为他们会更多地与实验员而不是学习者产生共鸣。对于其他变量，他们的想法正好相反，比如实验员给受试者打电话传递指令。

研究人员利用这些当前的身份认同的评级，测试受试者是否可以预测原始实验中实际的受试者在20世纪60年代所做的事情。他们可以！如果现在的受试者认为当年的受试者认同实验员，则这强烈预示着在50年前米尔格兰姆进行的那些最初实验中，受试者会更加服从。相反，如果他们认为当年的受试者认同学习者，则强烈预示着在最初的研究中，他们的服从性较低。

那么，服从和不服从似乎都是一个关于身份的问题。你支持哪一方呢？你是认同这位身穿实验室外套的科学家，以及他所代表的知识、进步和专长？还是你认同公众，以及各位公民拥有的所有权利？一旦人们做出这个决定，就会影响他们到底是持有异见或继续走上残酷道路的意愿。

理性的顺从和非理性的异见

在多米尼克发表他对米尔格兰姆服从数据的分析后不久，他遇到了伯特·霍奇斯。霍奇斯和他的同事刚刚改编了所罗门·阿施著名的线段认知实验的剧本。[18] 在 20 世纪 50 年代的原始研究中,受试者清楚地分辨出视觉任务的正确答案,但听到其他人都在给出错误答案,导致了他们的服从。在这个新版本的实验中,受试者可以听到其他人的答案,但他们自己却无法清楚地看到图像。受试者必须识别投射到房间前面屏幕上的单词,但他们的坐姿让他们很难得出答案。正如阿施的研究一样,其他可以清楚地看到单词的受试者首先做出了反应。

站在受试者的立场上试想一下。你不能清楚地看到图像以正确完成任务,这不是你的过错。但幸运的是,其他人可以,而且他们会在你之前给出答案。你会怎么做呢?虽然在阿施的原始研究中,遵循明显不正确的答案会令人不舒服,但在这个实验中,遵循其他人可能正确的答案是合乎情理的。公平地讲,你可以休息放松,附和其他人便可。

这就是受试者大约在 2/3 的时间里所做的事情。但在其他实验中,他们做了一些违反直觉的事情:他们猜测并编造了一个几乎可以肯定是错误的答案。在大约 1/3 的时间里,人们选择不采用从知识丰富的其他人那里获得的信息。引人注目的是,这种"非理性"、非墨守成规的行为的比例与原始研究中"非理性"、墨守成规的行为的比例几乎相同,这在实验的 1/3 时间里会有所呈现。

但是,在阿施的原始研究和反向的从众研究中,人们都是非理性的,除非我们假设人们仅仅被一个目标驱使时,即对正确的渴望。但显然他们不是。阿施的原始研究的受试者也被"融入他人、受他人喜爱和被他人接受"这个目标所激励。但实现这个目标也不是那么耗费精力,所以人们一直都选择服从。

人们拥有无数个目标,似乎总是试图一次完成多件事情,他们选择采取的行动往往反映了他们尝试在目标中找到平衡。当和其他人在一起时,你努力成为一个优良的社交伙伴,而当在一个群体中时,你的目标是成为一个可靠、有贡献和有用的成员。我们有多种方法可以做到这一点。行事准确无误并提供正确的信息很重要。但是,在更广泛的意义上,建立友好和互相信任的关系,以及正确定位自己的身份同样重要,而不仅仅是给出客观正确的答案这么简单。

每个人都曾处于这样的境地。你和朋友、同事或家人坐在一起,他们都认同在你看来完全荒谬的事情。比如:"《猫》[①]是一部很棒的电影!""蛋奶酒[②]很好喝,一点不会甜到腻!""'猫兔'是猫与兔子交配的产物,并且真实存在!"但是,当纠正同伴这种理直气壮的冲动冒出来时,你又打起退堂鼓。你想:"让我们保持和平吧。"你现在很开心,你觉得可以之后再纠正他们。更深层的真相是你认为"我在这,我身处其中,我想和你们一样"。

这就是阿施的原始实验的受试者所做的事情:保持各个目标之间的平衡。他们在给出准确的答案(与他人意见相左)和

[①] 《猫》是安德鲁·劳埃德·韦伯根据 T.S. 艾略特为儿童写的诗改编的音乐剧。——译者注

[②] 蛋奶酒是圣诞节的传统饮品,有的人会使用甜朗姆酒或白砂糖制作。——译者注

给出圆融的回应（表示愿意与他们合作，以在群体内保留一席之地）之间走钢丝。在其反向实验中，人们仍旧走钢丝，但他们的行为不一样了。在该实验中，人们试图在准确（在这种情况下意味着附和了他人的观点）和为团队做出独特贡献之间取得平衡。尽管从人群中脱颖而出可能会让人不舒服，但我们也不喜欢一直盲目地跟从别人的感觉。通过偶尔与别人产生分歧，受试者可以保持一定程度的独立性，并向其他人发出他们不应被视为良好的信息来源的信号，当他们的视线受到阻挡时，你便能顺势揭露这一点。

这些研究揭示了关于人性的一些重要启示。首先，人们不会盲目服从权威。抵抗和异见与服从一样是人性的一部分。反而，重要的是我们认同谁——我们是与权威人士保持一致，还是认同我们认为应该听取和考虑其愿望和权利的那些更普通的人呢？

其次，面对来自同龄人的压力，人们并非不可避免地像绵羊一般。的确，我们确实经常服从他人的行为，而且理由充分。但我们也经常有充分的理由不服从。当我们选择不服从时，通常不是因为我们不在乎别人的想法，也不是因为我们想变得难对付。我们会选择不服从，通常是因为我们想在群体中有所作为。

当人们可以表达不同观点时，群体往往会做出更好的决定。一点点异见可能添加的是一条重要信息，拓宽人们的思维，或者让别人更容易发声。有时，异见只是让我们重新评估想法，更加自信地确认我们走在正确的道路上。

表达异见的成本

那么人们什么时候会做这项重要的工作（即表达不同的观点）呢？对于群体而言，无论是社区联盟、工作组织甚至是单一民族国家，如何才能培养健康的异见水平呢？

想象几个场景。你是一名边防警卫人员，你注意到你的同事们倾向于更挑衅地盘问某些类型的旅行者。或者你在一家中型公司工作，你团队中的员工通常每天花几个小时浏览社交媒体而不做自己的工作。或者你在一家小型初创公司工作，从上至下每个人都争相成为最努力的人，每天工作时间很长，周末也加班，每个人都在吹嘘自己有多忙。或者，也许你是一个志愿者组织的成员，人们并不羞于表达他们对在政治上持不同意见的人的蔑视，即使你知道他们当中有的人勤奋且安静地工作。

为了弄清你在这种情况下可能会做什么，我们可以提出一系列问题。第一个问题很简单："你对惯常现象是否持不同意见？"也许你以前从未思考过，例如，你从未问过自己，花钱招聘员工而他们却在浏览社交媒体是不是对公司资源很好的利用。或者你已经思考过这样的惯常现象，但你对此没有意见。你可能认为，在边境上，某些特定人群就是应该比其他人受到更深入的盘问。或者，如果人们想在你的初创公司里长时间工作，你觉得那很好。如果你同意这样的惯常现象，你可能不会回头去质疑它。如果你不同意，你可能会这样做。

接下来我们需要问第二个问题："你在多大程度上认同这个群体？"[19] 认同很重要，因为这会影响你致力于追求何人的利益。

即使在最好的时候，持有异见也是很困难的。请记住人们对道德反叛者的回应。除非你非常关心群体、你的同事以及你的集体的未来，否则提出异见可能得不偿失。

假设你对这个群体的认同感很弱，换而言之，你不同意发生在某个群体内的惯常现象，不过你并不是特别关心这个群体。面对这种情况，你是否会将时间和精力投入到表达异见上？你是否会将自己暴露在随之而来几乎不可避免的社交攻击中？可能不会。在这种情况下，你很可能会进一步脱离此群体。你可能向群体外的朋友表达你的意见，但不抱有改变任何人的想法或让该群体变得更好的希望。根据你与惯常现象冲突的严重程度，你甚至可能会完全退出该群体。再见，傻瓜们！

但是，如果这是你非常关心的群体呢？在这种情况下，提出异见可能是值得的。你希望你所在的这个群体取得成功。你希望它成为受人尊重、成功、合乎伦理道德的群体。在这种情况下，你可能会主动挑战你的群体，试图将其变得更好。

你担心在某些旅客过境时以不同的方式对待他们会破坏公众对边境执法人员的信任，降低你们的效率或士气。你认为如果人们更多地关注他们的工作，而不是在照片墙上分享自拍或在领英上打磨自己的简历，你的团队最近的一些绩效问题就可以解决。你注意到"谁工作最努力？"这种创业公司的竞争文化正在使好人精疲力竭，而淘汰了特定人群，尤其是有孩子的女性。你担心这种文化从长远来看是不可持续的，并削弱了你留住最优秀人才的能力。或者在你投入高度精力的志愿者组织中，你认为思想不同的人也应该受到尊重，这是重要的原则性问题。

当你看到了一个问题并关心这个群体时，你是否真的提出异见取决于对第三个问题的回答："你期望你提出的异见产生什么影响？"其中包括两种重要的潜在影响：对你个人产生的影响和对整个群体产生的影响。

对个人产生的影响很重要。正如我们看到的，异常行为往往得到的是他人的负面反馈，当这些反馈来自你心爱的群体中的亲密伙伴时，会更加刺痛你。你对群体的热爱可能足以让你愿意冒牺牲他人对你的善意和认可的风险，但随着个人惩罚的严重程度的增加，你的不适感也会愈发强烈，你就更不愿表达异见了。对这个群体的影响现在真的开始变得重要了。如果你认为，尽管会得到的是负面反馈，但你的异见有相当大的机会改变群体，实际上让其变得更好，你可能仍然会坚持下去。但是，如果你觉得实现变革不太可能或根本不可能，那么很简单，表达异见似乎并不值得。这是对异见的成本效益分析。

我们可以通过一系列分支路径绘制出你可能做出的决定。第一分支：你不同意惯常现象吗？第二分支：你对这个群体有强烈的认同感吗？第三分支：异见的潜在益处是否超过潜在成本？如果所有这些问题的答案都是肯定的，那么你很可能会表达异见。

鼓励表达异议

理论上，或当我们与异议者和批评者有相当距离时，我们会将他们视为英雄。我们也喜欢把自己想象成那种当发现不法行为或认为有更好的方法来完成事情时会勇敢地说出来的人。但研究表明,当面对真正的异议者(即道德反叛者)时,人们往往会感到不安,并诋毁或排斥他们。当他们与自己的群体发生实质分歧时,人们往往会保持沉默或距离,而不是鼓起勇气试图让事情变得更好。

如果群体成员或领导者想对这种情况做点什么,想创造一种文化,让人们在出现问题时敢勇于说出来,他们应该怎么做?如果我们希望培养一个群体,人们可以自由表达观点并有能力从不同观点中学习,我们该怎么做呢?

在我们的一些研究中,我们通过简单地要求人们思考惯常现象可能对他们群体有害的方式来关注路径的第一个分支。[20] 一旦我们让人们思考这些问题,对群体强烈认同的成员会更愿意表达异议。事实上,他们比对群体认同感较弱的人以及那些虽然对群体认同感强烈,但认为惯常现象对自己有害的成员更愿意提出异议。

异议的关键是他们看到自己关心的群体受损了。

我们还测试了一些更巧妙的方法,以促使人们批判性地思考他们的群体正在做什么。[21] 特别是,让人们进行更抽象的思考似乎可以让他们对群体行为产生不同的想法。有许多方法可以让人们进行抽象思考,但一种常见的方法是鼓励人们放眼长远进行思考而非聚焦短期目标。当我们进行短期思考时,我们专注于眼前的需求和目标。这通常会让人有一种紧迫感——我们只需要完成这项工作,并认为当前不是提出问题或怀疑的时候。

然而，当我们放眼长远时，我们会更加关注改变和改进的可能性。对未来的五年或十年进行思考，然后我们提出这样一个问题："那时我们还想这样做吗？"如果我们继续用疯狂的工作时间让员工筋疲力尽，我们是否能够从初创公司转变成盈利公司？明天会不会面临与今天一样的国家安全问题？如果不会，我们将如何修复现在我们以差别性的对待导致的被破坏的社区间的关系呢？如果我们不能让员工减少上网时间，从而花更多的时间做自己的工作，五年后我们的企业还会存在吗？我们的志愿者组织内部的政治偏见是否会赶走敬业的贡献者呢？这会破坏我们的可信度吗？

为了调查时间在异议中的作用，我们研究了共和党的支持者以及他们挑战党内普遍立场的意愿。[22] 例如，在一个案例中，我们询问人们是否愿意公开表达对共和党反对《平价医疗法案》[①]即奥巴马医改的担忧。

就他们发表意见的意愿而言，有三件事很重要。第一，正如我们讨论的，他们不得不反对标准的党派立场——有些人确实如此。第二，他们必须强烈认同共和党。第三，他们不得不担心对共和党自身未来的影响。在这种情况下，他们不得不担心反对公共资助的医疗保健会损害该党在未来选举中的前景。当这三件事连在一起时，我们观察到反对的意愿更大了。

对于有抱负的变革推动者，我们有几点建议。其一，你对一

---

① 该法案于2010年颁布，法案规定，大多数美国人都必须获得健康保险，否则将面临罚款。——译者注

个群体的认同感可以很弱。并非你所属的每个群体都一定值得去认同。例如，我们认为，如果米尔格兰姆实验的参与者不认同实验员，这是一件好事。这种对权威认同的缺失，以及对学习者的认同让人们做了正确的事情，不去服从会造成伤害的指示。

其二，为了能够提出异议，你必须能够批判性地思考你的团队正在做什么。你必须经历多多少少的分歧。这听起来很简单，但事实并非如此。如果每个人都在工作时浏览社交媒体网站，这将成为一种默认行为或习惯。这就变成了完成任务的方式，你可能永远都不会再对其进行思考。如果每个人都在超时长地工作，这可能看起来也就不那么疯狂了，因为我们在现实中就是这么工作的。当这些习以为常的状态出现问题时，团队中的许多人已经将其合理化和内化了，认为如果他们不长时间工作，公司就会破产，或者团队肯定会失败。

有时，不良模式的发展和恶化与导致米尔格兰姆实验的参与者用 450 伏电击别人（或者是他们确信是 450 伏的电压）的逻辑相同。电压为 15 伏的电击似乎还可以。人们能将其合理化，并轻松地将电压提到 30 伏，然后是 45 伏，以此类推。每一小步都会让下一步变得更容易。一旦电压超过 150 伏大关，参与者很可能会继续增加电压，直到 450 伏为止。曾经看起来不可思议的事情变成了例行公事。

然而，当有人指出群体惯例的潜在缺点时，许多人可以立即意识到这些缺点，尽管他们自己可能并没有注意过。要做到这一点，需要将焦点从当下或现在的任务转移到未来或意义更重大的

第八章 培养异见 245

事物上。这可能就是为什么在对经验持开放态度的人格特质上得分较高的人往往持有更大的异议。[23] 高度开放的人倾向于以更具创造力和抽象的方式思考事物,从而在不同的想法之间建立更多的联系。它们还倾向于寻找更独特的体验,这可能会使他们接触到不同的观点。

如果你对自己所处的群体认同感较弱,那么当你观察到自己以一种不舒服的方式服从时,这是值得注意的。你通常不会觉得自己必须在周末工作,但当区域经理在城里时,你就会这样做。你通常不会取笑那些在政治上与你意见相左的人,但不知何故,你发现同事在你身边的时候你会这样做。这些行为上的转变表明你对惯常现象并不是漠不关心的。事实上,你可能会遇到问题。若你感觉被迫改变通常的行为,这可能表明某些事情不对劲。

但愿你能将大部分时间花在你关心和认同的群体中。在这里,你有动力去做你认为符合群体最大利益的事情,并且你希望为群体做正确的事情。但是什么才是符合群体最大利益的事情呢?为群体做正确的事情意味着什么?这些都是关键的问题。

作为领导者,如果你想鼓励人们在看到问题时更频繁地提出异议且避免群体思维,那么你的杠杆就位于我们所描述的决策道路的岔路口。人们需要批判性地思考才能提出不同意见。他们需要强烈地认同这个群体,并足够小心地说出自己的想法。当然,人们需要思考提出异议是否值得。如果可能付出的成本太高或可能得到的收益太低,那么人们不太可能提出异议。

让人们从长远角度思考你的团队正在尝试做什么。在组织中，如果老板主要对短期结果感兴趣，或者如果管理层只是一次又一次地处理眼前的危机，员工也会有同样的关注焦点，他们会觉得他们必须这样做。然而，如果领导者每过一段时间就停下来与员工们讨论长期影响或员工们希望在十年后达到什么目标，那么其他人也会觉得有权以这种方式思考。对季度回报的痴迷可能是促进群体思维和削弱异议的最有力的诱因之一——类似的相互作用可能会使政界人士陷入持续不断的选举周期当中。

领导者应该特别关注自己发出的关于提出异议的成本的信号。尽管人们几乎都不愿疏远同事，但在等级森严的情况下，以及当老板在身边时，保持沉默的压力往往更大。当人们认为提出不同的想法和意见没有风险时，尤其是在不同的想法和意见被明确重视的情况下，他们更愿意在群体和组织中发表意见。各级领导在创造心理安全感方面发挥着关键作用。[24]

组织心理学家埃米·埃德蒙森研究了领导者如何在心脏手术团队中促进心理安全感，因为他们学习了一种新的实施心脏手术的方法。[25] 这种新的手术技术要求这些由外科医生、麻醉师、护士和技术人员组成的团队，作为完美协调的整体进行工作，尽管他们在培训、学科背景和地位方面存在很大差异。而且他们的工作风险非常高——他们的沟通能力实际上决定了病人的生死。

她观察到，成员有发言权并乐于发言的外科团队在采用新的手术技术方面更成功。她发现，一些外科医生，即团队负责人，比其他人更擅长制造这种心理安全感。更成功的团队领导者在传达他们学习新技术这一使命的重要性方面投入了更多的精力。他们也更加努力地减少团队内部的权力差距,试图让每个人都处于平等的地位。当其他人有话要说的时候,这些领导者一定会倾听并采取行动。他们注意强调每个人的角色的重要性,并因为注意到自己的局限性而表现谦逊。他们还避免对错误反应过度,在团队成员犯错时,经常选择改进并继续推进手术进度,而不是把犯错的个人拎出来。

谷歌也观察到了类似的模式。他们着手确定最高效的团队要素。[26] 他们观察了整个公司的 180 个团队,以识别出能够解释团队成功的技能组合或性格类型。谷歌以处理数据和发现模式而闻名,但这次他们几乎找不到任何模式。据亚里士多德计划(这项研究的名称)的负责人之一阿比尔·杜贝说:"我们有很多数据,但没有任何迹象表明特定人格类型、技能或背景的组合会产生任何影响。方程式中的'谁'的部分似乎并不重要。"

但是有一件事情确实是团队成功的前置条件。谷歌的研究团队得出结论,群体动力学是实现团队成功的关键。还需特别指出的一点是,他们的数据揭示:心理安全比其他所有事情都更重要,心理安全在提高团队效率上起着至关重要的作用。优秀的团队可以为人们提供一种积极向上的环境,在这种环境中,人们可以自由表达不同意见,而不必担心有何后果。

人们常常误认为心理安全就是你不会受到任何批评。但其实际含义恰恰与之相反——心理安全环境指的是一种人们可以安全表达不同意见的环境,在此环境中人们乐于接受甚至欢迎争辩的出现。在一些群体中,人们可以表达不同意见并互相尊重,而在第二天再次聚集一起时，彼此也不会产生怨恨。他们能够质疑别人的想法和做法，因为全体成员都能感受到他们在向着实现共同目标一起努力。

有智慧的组织还有其领导者会专注于营造出一种心理安全环境，并降低与异议相关的成本。甚至还有一些组织找到了更进一步的方法，他们会对建设性异议进行嘉奖。美国对外服务协会正是这种团队精神的典范。每年，该协会都会向服务表现优异的四位成员颁发"建设性异议奖"，该奖项是由外交事务总干事共同赞助的。正如该网站所表示的：

> 本奖项之设立，是为了对那些勇于从内部挑战体制、质疑现状并表明自身观点的个人进行表彰，他们提出的问题直指要害，但他们并不顾忌自身的行动有何后果，他们身上体现出的智慧和勇气值得嘉奖。[27]

该组织已明确认识到异议对本机构（还可以间接上升到整个国家）产生的价值，并提高了对提出建设性异议的人员的奖励。此外，该奖项在对相关人员认可的基础上，还对每人给予4 000美元的物质奖励。

当然，我们中大多数人都无法为建设性异议设立奖励。但我们作为普通群体成员，仍然是综合体的关键组成部分。我们对不同观点的反应，我们是否愿意倾听他人，我们如何对待表达独特观点的那些人，都会影响持不同意见者坚持下去的意愿。我们可能还会对其他那些关注时事的人的未来行为造成影响。尽管我们的自然倾向往往是去抵制那些反规范的行为和个人，但我们心知肚明，反规范在大多数情况下都对我们的群体有益，而且事实上，那些反规范的人往往才是真正关心群体的人。

所以，长长呼吸一口气吧！给持不同意见者、批评者还有反抗者们一个机会，不要立刻认定他们动机邪恶。正如美国外交服务协会认识到的那样，这些人的所作所为很可能会十分具有建设性。

但归根结底，谁在乎他们的动机是什么呢？正如对越轨行为和异见有何影响的研究表明的那样，异见的主要好处之一是它能让其他人开始思考。持不同意见者不一定是正确的，但他们可以激发我们的思维，让我们有机会做出更好、更具创新性的决策。若你的团队有一个刺头，每个人都有可能从中受益。

如果我们能承认不同意见对我们的群体有益，那我们就会更容易接受异见。但有时，仅仅接受可能还不够。面对我们的建议你可能会点头赞许，但请回顾一下本章开头关于道德叛逆的研究。人们对那些偏离原则的人持抵制态度，他们自己没有这样做，是因为他们觉得这可能会使他人质疑自己的智慧和正直。为了避免这种对自己形象的威胁，这些研究的受试者漠视并贬低这些叛逆者，并称他们"自以为是"且"令人困惑"。

谢天谢地，伯努瓦·莫南及其同事已经找到了一种潜在的解药，来解决人们的这种无所作为。他们发现，若让受试者回顾最近的他们表现出与他们珍视的价值观一致的行为的经历，可以降低道德叛逆者造成的威胁。[28] 这种自我肯定活动提醒人们，事实上他们大多是智慧和善良的，此举似乎能让他们清晰地看到他人的智慧和善良，即便他们自己在某个特定时刻的表现并不尽如人意。

以下便是莫南及其同事使受试者进行自我肯定的方式：

> 请写下你最近的一次展示了一种对你来说非常重要的品质或价值观的经历，且该经历让你对自己感觉良好。例如包括（但不限于）艺术技能、幽默感、社交技能、自发性、运动能力、音乐天赋、外表吸引力、创造力、商业技能或浪漫主义。

如果你愿意，现在就可以尝试，或者下次你遇到一个捣乱者或煽动者说一些你不想听的话的时候，你尝试一下效果会更好。倘若运气不错，随时间推移，你能十分自豪地写下一些亲身经历，其中就包括包容他人表达异议，还有自己参与的一些正义的反抗。

第九章

有效领导力

当我们想到行动中的领导者时,一组简单的标志性形象常常浮现于我们的脑海中。

其中的一幅画面可能是新西兰总理杰辛达·阿德恩在一次直播电视采访中对于突发地震的反应。在谈到她的国家应对新冠肺炎疫情的高效举措时,脚下的地面突然开始摇晃,但阿德恩却镇定自若。"瑞恩,地面似乎有些震动。"阿德恩镇定地安抚着采访者,示意采访可以继续。[1]

另一幅画面可能是温斯顿·丘吉尔走在被法西斯轰炸了整整一夜、满是断壁残垣的建筑废墟中,向清理碎石的伦敦人招手示意。

再一幅画面可能是罗莎·帕克斯,在亚拉巴马州种族隔离盛行的蒙哥马利市的那辆公交车上,她平静却掷地有声地拒绝司机让她给白人乘客让座并挪到车后方的要求。①

映入脑海的画面也可能是圣雄甘地带领着数千人组成的印度抗议人群步行数百英里到达海边。他捡起一粒盐,打破了禁止印度人收集和售卖食盐的税法。这是针对英帝国主义压迫的一次强有力的典型非暴力游行。

我们也可能想到的是巴拉克·奥巴马任职早期拍摄的那幅著名的照片,奥巴马在椭圆办公室里深深弯腰,一个黑人小男孩伸手摸他的头发。拍摄这张照片前不久,5岁男童雅各·费拉德菲亚小声说道:"我想知道我的头发是不是和你的一样。"奥巴马朝着雅各低下头去。②"你为什么不摸一下,自己来判断。摸一摸,小朋友。"

领导力是一种非常复杂的现象。尽管科研人员已经思考了千年之久,但他们至今还是不能回答以下几个最基本的问题:是什么让一些领导者管理高效,而其他人却指挥得一团糟?是什么因素使得一些人争抢着领导团队?为什么有人愿意接受他人领

---

① 罗莎·帕克斯是一位美国黑人民权行动主义者,美国国会后来称她为"现代民权运动之母"。1955年12月1日,时年42岁当裁缝的帕克斯在一辆公交车上就座时,司机要求她给白人让座。她的被捕引发了蒙哥马利市长达381天的黑人抵制公交车运动。组织者是当时仍名不见经传的一名浸信会牧师马丁·路德·金,他后来作为反种族隔离斗士获得诺贝尔和平奖。这场运动产生的结果,一是1956年最高法院裁决禁止公交车上的"黑白隔离";二是1964年出台的《民权法案》禁止在公共场所实行种族隔离和种族歧视政策。帕克斯从此被尊为美国"现代民权运动之母"。30年后,她追忆当年时说道:"我被捕的时候没想到会变成这样。那只是很平常的一天,只是因为广大民众的加入,才使它意义非凡。"——译者注

导？如何培养人的领导能力？哪些能力是必须的？领导者何时会成为善的力量，何时会成为恶的力量，以及邪恶的领导者能否被挫败？

心理学家霍华德·加德纳在其经典著作《领导者的大脑》一书中，对 20 世纪的多位杰出领导者进行了研究。[3] 这 11 位领导者的个人生活、采取的战术以及成败经历各不相同。研究对象包括玛格丽特·米德①和罗伯特·奥本海默②等学术和科学领袖，也包括军事、宗教和商业领袖，还包括马丁·路德·金、玛格丽特·撒切尔和圣雄甘地等社会和政治领袖。

"将这 11 个人联系在一起的……以及本世纪（20 世纪）那些同样可以轻易上榜的领导者身上的共同闪光点是，他们构成了一个适用自己，最后也适用于他人的故事。他们用很长的篇幅讲述了他们自己、他们的团队，他们来自哪里又将走向何方，什么是可怕的，什么是要去斗争的以及如何实现梦想。"

加德纳也强调，只靠讲故事是不充分的，领导者需要身体力行。

"领导者……要通过他们的各类行为去践行这些故事，要以

---

① 玛格丽特·米德，美国人类学家，美国现代人类学成形过程中最重要的学者之一。米德先后提出文化决定论、三喻文化理论和代沟理论。——译者注
② 罗伯特·奥本海默是研制原子弹的"曼哈顿计划"的首席科学家。——译者注

身作则，以求激发自己的信众。直属领导的行为方式以及代表性事件，要被信众明确感知。"

我们上文描述的领导力的标志性时刻，都属于代表性事件。由于它们能捕捉到本质，所以它们有巨大的作用。但这一精髓不单单属于领导者本身——他们独特的活力、魅力或是感召力——也是属于团体的、"我们"的精髓。在这一时刻，领导者行为体现了"我们是谁"或者"我们渴望成为什么样的人"。

杰辛达·阿德恩面对地震临危不乱，表现出了镇定自若、心向集体的作风。新西兰以此能够应对2019年基督城遭遇的恐怖袭击和新冠肺炎疫情的冲击。

丘吉尔在废墟中大步向前，象征着英国人的勇气和坚韧，因为当时英国人在抗击希特勒的德国时，或多或少都是单兵作战的。

罗莎·帕克斯高雅而谦卑地拒绝向白人乘客让座的小小举动，虽然导致她本人被捕并被指控违反亚拉巴马州的种族隔离法律，却开启了一股不可阻挡之势，并成为非暴力抵制种族偏见的强大象征。在蒙哥马利第一次有组织的抵制公交车运动后不久的一次集会上，26岁的马丁·路德·金提及罗莎·帕克斯，说道："没有人可以质疑她的品行的影响力的广度。没有人能质疑她的品格的高度。仅仅因为她拒绝站起来就被逮捕。你知道的，我的朋友们，总有这么一天，人们会厌倦被压迫的铁蹄践踏。"[4]这是马丁·路德·金的首次政治演说，也成为美国国内民权运动斗争和整个国家的转折点。

奥巴马在总统办公室弯腰让5岁男童摸自己的头发，他代表的是这项民权运动的延续。在此之前，美国的黑人小孩从未见过长相和自己类似的人在如此高的职位上任职。这一时刻的出现得益于民权运动取得的成就。在这一刻，黑人总统给人带来了持续向一个更公正公平的社会迈进的希望。

奥巴马代表了美国的特殊风度。"摸一摸，小朋友。"

在这些领导者中，当属甘地最为谨慎，确保自己明晰地践行他讲述的印度独立和非暴力抗争的故事精神。他穿着简纺缠腰布，以夸张的方式展示他与穷人的纽带关系，并发起了抵制英国控制下的纺织业、夺回自我纺织权的运动。纺车也成了印度独立运动的标志。另一标志则是食盐。

映入脑海中的这些快照能引起人的回想，因为它们展示了领导者代表的一种身份，而他或她试图讲述有关群体身份的故事是瞬间被捕捉到的真实行动。

当然，我们都知晓这些案例的结局。我们可以看到某位领导者让团队成员围绕某一身份团结起来，但之后却不能一以贯之。我们可以看到没有哪位领导者的故事能够揭示某团体的全部真实情况。我们也可以看到没有哪个故事是没有争议的。对于我们来自哪里又将走向何方，我们的恐惧、斗争和梦想，总会有不同的设想。据此，从很多方面来看，我们都可以将领导力理解为一场叙事之战。

领导力是什么？

管理大师亨利·明茨伯格教授指出，经营一个团队涉及多项任务。[5] 有时领导者需要做发言人，推销自己的团队；有时要做好监控工作，审时度势寻求机会并关注风险；有时要做企业家，针对机遇和风险提出应对策略；而更多的时候，领导者要做灭火的人，要处理团队内外的事情，实际上承担了人力资源和公关者的角色；其他时候要做资源分配和协商者，决定成员的利益分配或者探讨出双方都能接受的结果。

那么，到底什么是领导力？对该词的定义和撰文讨论领导力的作者同样多。不过学者大多认同霍华德·加德纳的定义：领导力是指"一个人或一群人影响他人的能力"。哈里·杜鲁门总统以更桀骜的方式表达了类似的观点。杜鲁门称，一位领导者"能说服他人做不想做之事，并且喜欢去做"。[6]

这些宽泛的定义强调的一个事实是，领导者可能出现在当地的足球场上、公司会议室里或是行政机构的办公室中。他们不一定身居正式或高级职位。实际上，在商业体系中，施加最大影响的可能是工会代表或是像无赖那样的中层管理人员，而不是最高管理层。足球场上的领导者可能是中场球员，而不是教练。

在过去的几十年里，大量研究聚焦于变革型领导。① 变革型领导者表现出一系列令人钦慕的特征。[7] 他们恪守道德并致力于所在机构的发展完善，是正直的模范。他们鼓励人们树立宏大的目标，激发他们尽心竭力。他们相信人们会批判性地为自己思考。

---

① 变革型领导（transformational leadership）是20世纪80年代以来西方领导理论研究的热点问题，近年来逐步受到管理学界的关注。变革型领导超越了传统领导者的角色，强调精神的感召力和对下属情感与价值观的影响。——译者注

他们在物质上和精神上支持人们的工作。意料之中的是，人们喜欢拥有一位变革型领导者，这种领导风格与个人、团队和机构的良好表现密切相关。

没有人会质疑变革型领导是一件好事。但是研究员弗兰克·王和简·豪沃尔通过对工作场合的变革型领导的研究发现，这类领导倾向于集两种行为于一身。[8] 变革型领导的一些方面关注领导者如何将追随者视为个体，并对个体的诸如职业发展和晋升等表示关切。这些都是你成为好老板的关键，这意味着这个人知道你是谁、认可你的成就并且关心你个人的抱负。而变革型领导的其他方面则侧重于关注群体导向的活动，如分享团队愿景和围绕共同目标构建团结性。

两位研究员认为这两种不同类型的行为可能培养出两种截然不同的身份。一种是个体型领导——这可能构建一种相关型身份，个体感受到一种与领导者个人化的关联，一种被领导关怀和去关怀领导的感觉。另一种是团队型领导——这可能会构建更强烈的社交型身份，即团结感和为团队发展而共进退的目标感。

两位研究员对加拿大一家大型公司做了调研后发现，如果员工拥有一个更关注他们个人、对员工期望值很高、注重员工发展自身技能的领导，那他们就会更加认同自己的领导。这种对领导者的认同感预示工作中更好的个人表现，以及更强的赋权感。

而如果员工拥有一个更关注团队的领导，这个领导愿意传达愿景并着力构建团队友谊，那这些员工就会更加认同他们的团队。这类团队会有更好的表现，而且效率更高。很重要的一点是，拥

第九章　有效领导力

有更强烈团队型社交身份的个体表现也更佳。

有效的领导者注重个体与集体形式的变革型领导力。这两样都是人们希望在管理和主管身上看到的品质,更不用说教练和导师了。建立牢固关系、提供有效反馈、制定战略、分配资源以及处理人力资源事宜方面的书籍和文章不胜枚举。但我们的研究方法略有不同——我们关注的是领导者如何通过管理其社会身份影响他人。

领导者通常会努力影响追随者的认同感,以及他们社交身份的具体内容,即他们对"我是谁"的感知。不过归根结底,领导者讲述的身份故事会不会被他们的追随者接受取决于后者。

领导者的故事

玛丽·罗宾逊于1990年当选为爱尔兰首位女性总统。女性当选来得非常突然,使整个国家面临突变,不过出现这种局面的至少一部分原因是反对党自我毁灭的行为。罗宾逊就职总统时,控制生育在爱尔兰仍然是非法的,而且已婚妇女被禁止从事某些政府工作,同工情况下女性工资仅为男性的一半。

从1990年到1997年任职总统期间,罗宾逊在实现爱尔兰自由化方面发挥了重要作用。她还从根本上改善了与英国的外交关系,成为第一位会见英国君主伊丽莎白二世的爱尔兰总统。罗宾逊在担任总统及之后担任联合国人权事务高级专员期间,在爱尔兰获得了巨大的声望。2019年,在她75岁生日那天,爱尔兰中央社称她为"20世纪最重要的爱尔兰女性"。[9]

1990年12月3日玛丽·罗宾逊就任总统时,她发表了就职演讲,讲述了爱尔兰这个国家的故事。[10] 这是一个关于爱尔兰"来自哪里"和"走向何方"的故事。在这次演讲中,她这样定位其领导力——带领爱尔兰从限制性和孤立的过去走向宽容和充满活力的未来。

> 我将代表的爱尔兰是一个开放、宽容、包容的新爱尔兰。虽然你们中许多人把选票投给了我,但也不会认同我所有的观点。我相信,这是一个标志着变化到来的信号,是一个无论多么微弱但却切切实实的信号,表明我们已经跨过了门槛,通往一个新的多元化爱尔兰。

像所有领导者一样,罗宾逊利用边界性来定义她的"团队"。但方式极具包容性,她撒下了一张比民族国家更广阔的网,将世界各地"庞大的爱尔兰移民社区"——无论他们身在何处——纳入同一身份之中。

罗宾逊进一步扩展了爱尔兰国家故事,涉及了爱尔兰将在世界舞台上扮演角色的雄心勃勃的愿景。她就职时柏林墙刚在一年前倒塌,她指出她是"在欧洲历史上的一个重要时刻"就职的。在她的领导下,爱尔兰对人权、宽容和包容性的承诺,难道不能在重塑欧洲方面发挥关键作用吗?

> 当我们进入一个旧伤可以治愈的新欧洲,一个谢默

斯·希尼称为"希望与历史相和谐"的时代,在这个激动人心的变革时刻,愿我有幸领导这样的爱尔兰。愿在我总统任期内,可以向你们、向爱尔兰人民吟唱威廉·巴特勒·叶芝回想起的14世纪爱尔兰诗人的欢快副歌:"我来自爱尔兰……来和我在爱尔兰共舞吧。"

罗宾逊明白,领导者使用的语言,无论是口头、书面还是发表的推文,都是打造共享身份的重要工具。

当我们听到或读到振聋发聩的演讲时,我们往往会专注于转换得当的短语、恰当的隐喻、优美甚至诗意的节奏。这些特征是伟大的演讲的重要标志。但更微妙的语言线索也很重要,特别是那些暗示团结的词语。

研究人员维维亚娜·塞瑞尼安和米歇尔·布莱对从西奥多·罗斯福到乔治·W. 布什的20世纪美国总统的演讲使用的包容性语言进行了编码。[11] 他们也在寻找能够唤起集体身份,以及领导者和追随者之间相似性的词语和短语。

不过,他们首先请了10位政治学家来确定17位总统中哪几位是"有魅力的领导人"。正如研究人员所说,有魅力的领导者"以某种根本的方式进行社会变革并改变现状……方式是向人们展示具有激发和激励作用的强大愿景"。根据这些标准,只有5位总统被认为具有超凡魅力:两位罗斯福、约翰·F. 肯尼迪、罗纳德·里根和比尔·克林顿。

研究人员回顾了这些总统的演讲后,他们发现这5位总统使用的语言明显要比其他 12 位总统更具包容性。这在他们的整个任期内都是如此,尽管个人魅力十足的总统们在任期的早些时候会特意运用与其追随者相似的语言。在他们的总统任期的早期,为自己树立起能代表支持他们的群体的形象可能是最重要的一件事,就像玛丽·罗宾逊在她的就职演说中做的那样。

研究表明,身份语言可能是一种成功策略。2013 年,研究人员分析了对 1901 年以来澳大利亚总理的全部竞选人(包括胜选者和败选者)的竞选演讲。这些胜选者使用集体代词(英语中"我们"的主、宾格)的频率,明显高于那些落选的竞选人,他们很少会使用单独的第一人称代词(英语中"我"的主、宾格)。[12] 在竞选中获胜的政客的演讲中平均每 79 个词会出现一次"我们"的主格或宾格,而陪跑者的演讲中平均每 136 个词才会出现一次"我们"的主格或宾格,出现的频率只有胜选者的一半左右。

领导者使用语言来明确这种共同目标认同感,而那些我们心中杰出的领导者也意识到了某个象征时刻具有的力量,那便是他们通过其追随者创造出一种社会身份的时刻。大约就在玛丽·罗宾逊阐述爱尔兰身份新愿景的同时,在另一片大陆上也有一位领导人,在环境全然不同的情况下,运用了相同的身份领导原则,帮助他的国家从一段悲惨得无以复加的黑暗历史中走了出来。

塑造你的身份象征

20 世纪 90 年代初,南非的种族隔离政权开始瓦解倒台,随后该国便陷入孤立,步入危机的深渊。其他国家为抗议该政权残酷的种族主义政策而对其实施了经济制裁,该国经济遭受重创。冷战期间,为了便于对抗苏联,该国与西方国家结盟,随着冷战结束,联盟关系也因而瓦解。该国爆发的包括抗议和镇压在内的政治暴力事件对国家稳定造成了巨大的破坏。内战可能一触即发。

当时的南非社会环境令人神经极度紧张,任何错误举动都可能引发大规模暴力,纳尔逊·曼德拉出现了。曼德拉曾因反对种族隔离政权而被逮捕入狱,他被关押于臭名昭著的罗本岛,在一间不到 4.65 平方米的牢房里生活了长达 26 年。曼德拉几乎失去了一切。他错过了陪伴孩子们长大的时日。而他的母亲与他的长子相隔一年先后去世,他也无法出席他们的葬礼。

对于南非的黑人而言,对于曼德拉所在政党(非洲人国民大会)的支持者而言,曼德拉是一个英雄人物。但对于许多南非白人而言,曼德拉却是一个罪犯,或者是一个恐怖分子。1990 年曼德拉获释,白人们极为不安甚至恐惧战栗。1994 年,南非首次不分种族的自由选举开始了,曼德拉当选为南非总统,白人们再次惶恐起来。如今曼德拉及非洲人国民大会已经上台,突然间就执掌了国家政权,他和他的政党会做出什么事情呢?

幸运的是,纳尔逊·曼德拉并不是一个对其压迫者怀揣复仇之心的人。作为一位领导人,他认识到身份象征的力量,这种力量不仅可以像该国此前数代人那样将人们分裂开来,而且也能够将他们紧紧团结在一起。

曼德拉当选总统一年之后,南非主办了橄榄球世界杯赛。而在种族隔离时期，南非是被禁止参加该赛事的，所以这便成了一个象征性事件。不过曼德拉意识到，此事可发挥的作用远不止于此。南非的橄榄球队跳羚队在当时还是一支全白人球队，深受南非白人的喜爱，也因此被南非黑人鄙视，黑人们总是会为跳羚队的对手摇鼓助威，这是他们的原则。

所以，当跳羚队在自己的主场比赛并最终捧起橄榄球世界杯冠军奖杯时，曼德拉抓住了这个机会。电影《成事在人》就刻画了曼德拉的这一历史性画面：他走上领奖台，身穿跳羚队的绿色球衣、头戴绿色球帽，那一刻他不仅是南非总统，同样还是一位球迷。

对于南非的黑人和白人公民而言，曼德拉此举正是一则简短但意义深远的声明：我们属于同一个团队，我们属于同一个国家。在那一刻，曼德拉能够拉拢殖民压迫的身份象征，并借此使他的国家更为团结。

当然，并不是所有的领导人都能与玛丽·罗宾逊及纳尔逊·曼德拉并肩，去更加包容地划定边界。有些领导人会尝试鼓动一种狭隘的联盟关系，利用"我们"与"他们"之间的显著差别，来创造出一种更具排他性的社会身份。这些领导人为加强内部凝聚力，可能会更多地强调群体间的竞争和来自外部的威胁。在两极分化的政治制度和专制政权里，我们当然会看到这种动态。不过这也不是什么新鲜事了，我们将在本章末尾讨论领导力堕落会带来何种危险。

像曼德拉和罗宾逊这样的人物会振奋人心，但过于关注故事、言论、象征，以及过于追求修饰美化的光辉形象，也有可能产生风险。霍华德·加德纳提出的"代表性"这一概念提醒我们，领导者的行动与其言论同等重要。如果他们讲述的身份故事、他们使用语言的方式、他们使用象征的方式以及划定界限的方式，与他们自己的行为自相矛盾，是不可能吸引追随者支持他们的事业的。

言行一致

懦弱的领导者无法给人们勇气。自私的领导者无法用慷慨激励人们。那些不倾注心血，仅口头上吹嘘自己会展开具体行动的领导人最终的结局注定是失败的。

更宽泛地讲，高效的领导者对创造条件、结构和制度具有极高热忱，这就让他们的身份故事真实起来。纳尔逊·曼德拉可不只是穿一穿跳羚队的绿色球衣就作罢了。南非的领导者经过深思熟虑，才让国家走上了自我修复和谋求统一的漫长而艰辛的道路。他们深刻认识到，如果不能直面历史，那么历史就不会成为过去。所以为了应对该国恐怖的种族隔离历史，他们建立了真相与和解委员会等机构，从而力求其未来更充满希望。罗莎·帕克斯和她的同胞们一而再再而三地组织起民权运动。在第二次世界大战期间，丘吉尔除担任过首相，还兼任了国防部长。他利用这一职位，几乎全面兼顾了战争时期做出努力的各个方面，从海军战略到武器开发，从粮食配给到新闻报道。最近这段时期，为了控制新西兰的新冠肺炎疫情，杰辛达·阿德恩及其政府接管了相关后勤部门的所有工作。

使条件、结构和流程与群体身份相适应的原则同样适用于组织或公司。很多公司都渴望增加公司多样性，创造出更包容、更公平的公司文化。但仅仅举办一些研讨会，或在网络上表述其价值观，是远远不够的。领导人必须充分利用其掌握的各种管理工具，使"我们正在成为谁"的故事具象化，还要将行动的重要性置于愿景之后，如此才能取得重大进展。遵循公平倡议合理分配资源，不仅仅意味着要聘用一位能体现多样性、公平性以及包容性的管理人员，还意味着要使此人在重要预算、决策过程中获得权力。审核及变更流程中可能就有偏见存在。为保证进展顺利，克服挫折，还需根据这些目标对环境进行监控。要对雇佣情况进行定期更新，更重要的是明确谁最终会被留下来。还要留意组织中是否存在低度代表群体成员发展受限的警告信号，而且要大张旗鼓地将这种关注表达出来，应坚持寻找并根除会导致此类问题发生的潜在系统性因素。

所有这些都是领导者在日常工作中体现他们努力创造身份的方式。领导者展示并强化这些身份的另一种方式体现在当群体共享现实遭受威胁时（或许是共享现实定义本身遭受威胁时），他们做出的反应。

应对威胁

尽管几乎没有人注意到，但社会心理学家研究的最具标志性的领导力时刻之一发生于1954年12月21日凌晨，当时多萝西·马丁再度提振了其末日派教徒低迷的情绪。我们在第三章中讲述过他们的故事。[13] 这群末日信徒本寄希望于外星人的飞船在午夜钟声敲响时将他们拯救出地球。钟声终于响起，外星人却不见踪迹，他们陷入了绝望中。

但没过多久马丁夫人便收到了外星人的一则消息，即这一小群人整夜守候，为人世洒下无量光，故而上帝决定不让世界毁灭。他们的共享现实被从悬崖边拉了回来：我们并没有发狂，我们睿智而善良。我们甚至是拯救世界的英雄。

保护并增强群体对于其自身的共同概念，是领导者需要反复进行的事情。尤其是在内部或外部事件对群体身份产生威胁的时候，领导者会创造性地做出回应。[14]

1988年，《商业周刊》有史以来第一次对管理课程进行了排名，此种威胁深深震撼了全美的商学院。[15] 该杂志采用的衡量标准包含两个关键指标：近几批 MBA 毕业生对其课程的满意度，以及企业招聘人员对这些毕业生的满意度。忽然之间，大量性质复杂的商学院身份认同（其中包含这些机构的自我定义及自我价值的丰富概念）坍缩成了单一维度。它们的价值降低到了成为一个个赤裸裸的孤零零的数字。

此前，每所学校都能因自己的独特优势而产生自豪感。他们也许可以将自己视为国家领导者的孵化中心，也可以将自己视为研究密集型项目或权势集团的孵化中心。通过强调其独特性与其他学校形成区别，任何学校都能将自己视为最好的学校之一。排名制度发起者约翰·伯恩说："许多年来，恐怕至少有50所商学院都声称其名列全美商学院前 20，还有数百所商学院声称其名列前 40。《商业周刊》的调查使得一些商学院再也无法声称自己在全美排名前列了。"[16]

《商业周刊》发布的新排名让各商学院的领导都大为沮丧，尤其是有些人本来对其学校充满信心，排名简直令他们难以接受。组织心理学家金·埃尔斯巴赫和罗德里克·克雷默趁此身份新威胁突然出现的机会，对这些机构的领导者的应对方式进行研究。

两位学者研究分析了许多文档，其中包括媒体新闻稿还有学生报纸刊载的文章，还对各学院的院长及公共关系专家进行了采访。一位受访者称："这简直是胡闹。"另一位受访者则说："如果我对此没有任何回应的话，那我担任这所学校院长的时间恐怕也长久不了。我得有所表示，哪怕坦承我们学校的排名确实在全美排行中下滑了。"

各商学院领导者提出了一种挑战性观念对此进行回应，即各商学院可以进行更为合理的整体比较，而没必要纠缠在某个特定类型上的比较。有人指出："《商业周刊》所做的好比将福特、雪佛兰和保时捷混为一谈。这全然不公。就像一定要去评判苹果和橙子的优劣一样，我们跟其他许多学校也都不是同一类型的学校。"此外，如果必须进行排名，他们建议找出一种更合理的比较方式。并非巧合的是，这些学校都认为自己的学校才是更好的。

然而，更重要的或许是这些商学院领导利用了这种威胁，强化了其支持者对他们自己是谁的共同身份的概念。他们着重强调了其内部的共享现实。例如，一位加州大学伯克利分校的行政人员就如此说道:"我们真心十分重视我们学校的创业文化氛围,这是我们的核心特质。如果哈斯商学院改变其一贯推崇的高科技创业精神,那么这所学校也就丧失了其身份特质以及竞争优势。"换言之:我们不接受他人给我们所下定义;我们不会陷于平庸;我们与众不同,而且必须将我们别具一格的身份延续下去。

关于这一点,我们此前已讨论过领导者如何使用社会身份认同这一工具建立团结并激励他们的群体。但这种手段有效吗?并不是所有领导者都能同等程度地激励其追随者,最终决定领导者成功与否的关键在于追随者的反应。追随者基于其社会身份评估其领导者并追随他,若追随者信任其领导者,那么这种追随将是狂热的。

领导力的本质

正如我们此前讨论的,共享身份的关键影响之一就是鼓励人们彼此信任。当结果甚至你的命运掌握在另一个人手中时,你感觉能放心依赖他人尤其重要。因此,人们总是特别关注领导者的可信度,因为是他们控制着团队、组织甚至国家的未来。[17]

比起拥有共同身份的人彼此间的信任,对领导者的信任更重要。西蒙菲莎大学的一位科学家库尔特·德克斯说服了30支NCAA男子篮球队的主教练,让他们在赛季开始前对他们的球员展开调查。[18]除此之外,330名球员评估了他们对教练的信任程度。

德克斯追踪了每支球队的表现,发现有部分球队的表现更好，而这些球队的球员认为"球队大多数成员都对教练信任且尊重有加"，还认为"教练具备专业精神和奉献精神"。事实上，在赛季初球队对教练的信任就已预示出球队会在赛季中赢得更多比赛，即使分析中控制了大量其他变量后也是如此，诸如球员彼此间的信任、球队的整体天赋水平、教练过往的执教胜率以及球队的历史表现。

有一位球员的言论极富有启发性："一旦我们对教练建立信任，我们就会取得极大的进步，因为我们不会再疑惑或忧心忡忡。相反，我们会全心投入，并坚信只要我们努力就会取得成功。"[19]

换言之，团队从一开始就信任领导者可以让成员们从一开始就享受拥有领导者的好处。有人设定方向并做出关键决策，这样团队的其他成员就能全力以赴完成他们的工作。因此，在工作场所进行的研究表明，建立起对领导者的信任能带来诸多好处，包括更好的工作表现、更多的利他主义、更高的满意度和投入度以及更低的人事变更率。这并不是什么稀奇事。

在这项对 NCAA 篮球联赛的研究中，历史表现更好的球队在调查当赛季也赢得了更多比赛，这也并不出人意料。但出人意料的是，从统计学上讲，这种正相关似乎是因为对教练的信任而形成的。过去表现好与未来表现好之间存在一定联系，部分原因是过去的良好表现增强了人们对领导者的信任。如此，成功的领导力才能促成良性循环：被信任的领导者带来成功，取得成功的我们又会更加信任领导者，而这种信任又有助于创造未来的成功。

相信领导者的行为有利于我们，比如会帮助我们获胜，这是我们信任他们的关键原因之一。研究表明，还存在另一个关键因素——领导者的"原型"（Prototypic）程度，即他们看起来在何种程度上属于我们中的一员。[20] 若人们认同一个群体，他们会认为该群体的关键特征能定义他们自己。如果你所属的群体身份的核心组成部分是责任心（或者说好胜心、好奇心也一样），你会倾向于认为自己具备责任心、好胜心或好奇心。你也会因此调节自己的行为，使之符合群体规范。当然了，任何群体里的成员表现出的该群体的核心特征、规范程度在不同个体间都存在差异。

事实证明，群体往往特别关注他们的领导人与其社会身份的"契合"程度。心理学家慎重地将这类契合称为原型性，而没有将其称为典型性，因为最受信任、最有影响力的领导者并不是最普通的群体成员，而且他们也不仅仅是要融入群体中。相反，他们是最能抓住群体成员认为自己是谁或他们想成为谁这一本质的人之一。事实上，领导者往往会以夸张的方式实现这一点，比起群体中的其他人，他们更像是"我们中的一员"——他们便是群体社会身份最生动形象的概括。

在竞选期间，政治家会拍下自己享用十分接地气的当地美食（热狗、奶酪牛排或比萨）的照片，这就是此类情况的表面版本。然而，领导者必须与群体真实契合才能真正起效果。若追随者真实感受到"我们的领导者理解我们，能为我们发声，做出的选择也会最大程度地反映我们的利益"，那么他们就会信服其领导。

人们会使用契合原则来选择哪位领导者更值得信任，不过，这种方法可能有一个致命缺点。若过于注重领导者应与特定原型相匹配，则那些表面上与大多数人不同也不符合群体传统观念的人就难以获得领导机会。例如，在历史上由白人男性主导的行业中，人们会认为女性和代表性不足的种族或族裔群体成员不该获得提升，或者认为其无法成为称职的领导者。[21]

研究还表明，人们拿不定主意的时候会倾向于选择原型性领导者。有一种例外情形是，群体在面临危机时，他们会认为需要一个不同类型的领导者。在此情况下，他们可能会得出"是时候要改变了"的结论。[22]例如，在公司业绩滑坡的情形下，组织可能会决定以女性领导者取代男性CEO。这听上去似乎不错。但米歇尔·瑞安与她的同事们发现，这种改变大多数时候都会产生极大的负面效果。[23]在许多案例中，这些非原型性领导人都失败了。

瑞安的研究揭示了一种"玻璃悬崖"效应，在这种效应中，女性和低度代表性群体领导者在业绩滑坡等组织危机中确实更有可能获得晋升，这"并不是因为人们期望女性能改善现状，而是因为人们视其为优秀的人事管理者，并且可为失败承担责任"。因此，在并非由她们导致的恶劣情况中，女性领导者为此承担责任的比例极不正常，而她们可能就像其他所有领导者一样在这种境遇下努力解决问题。无疑，如果她们失败，陈旧的刻板印象就会继续下去，即男性比女性更适合承担领导角色。

为了消除这种偏见，"我们中的一员"的定义需要被进一步扩大。幸好，群体对"对我们有益"的观念并不是一成不变的。这些观念可能认为，把不同知识水平、经验层次和背景的成员引

第九章 有效领导力 273

入领导层十分重要。这些观念还可能使人们希望自己群体的愿景更加宏大，成员数量不断增长。

最后，我们会信任那些行为有利于我们且看起来是我们中一员的领导者，此外，我们还会信任那些行事公平的领导者。领导者很多时候必须做出艰难决定，这些决定会对追随者的生活产生真正影响。他们会决定哪些篮球运动员上场，他们会决定谁升职而谁原地不变，他们可能会选择裁员，他们甚至可能会决定发动战争。

关于程序正义的概念支持这一点——领导者的决策方式与他们的实际决策之间存在差异，而追随者对这两者同样关注。[24] 坚持程序正义的决策方式是确保和维持信任的关键。如果一个决定是以一种人们认为公平的方式完成的，那么即便人们不喜欢该决定，人们也会更容易接受。只要人们认为过程是公平的，他们也会更容易接受违背自己利益的结果，比如没有得到晋升或没有被录用。

在决策表现中立时，在领导者未表现出私心时，在人们感受到礼貌和尊重时，人们才会认为决策是公平的。决策过程中领导者对待人们的方式会传达一个信息，即领导者如何看待他们以及他们在团队中的地位。若你受到粗暴对待并被要求屈从于偏见而武断的决策过程，那你显然并不重要。若你受到礼貌对待且决策流程谨慎、公正，则表明你受到了重视，即使结果并不如你所愿。这并不奇怪，因为社会身份感最强烈的人往往就是对群体投入最多的人，也是最在乎其在群体中的地位的人，他们往往最关心是否得到公平对待。

深刻而影响广泛的领导力与追随者的社会身份息息相关，因此可以利用社会身份影响他们的思维、感受还有行为。但是，领导者同样也会深受社会身份的影响，比如他们所在群体的社会身份，以及他们对自己属于某类领导者之一的态度。

领导者的身份

社会身份塑造了人们的观念，也划定了人们的关注界限。身份认同会激励群体成员保卫其群体的某些概念，维护其共享现实。有时候，人们会陷入身份认同-身份确定的循环怪圈，如此他们便无法从不同视角看待问题。领导者往往是为其群体倾注心血并具高度原型性的群体成员，所以他们也会受到上述这些过程的影响。[25] 例如，一个群体对其共享现实的感知会影响其领导者监控环境的方式，会影响他们发现机会，还会影响他们感知威胁。

1970 年，英特尔成为世界首家生产商用动态随机存取存储器（DRAM）的公司。这项新技术是对此前计算机使用的磁性存储器的极大改进。DRAM 技术使英特尔成为计算机行业的主要成员之一，它也一度成为英特尔公司的核心业务。但到了 20 世纪 80 年代初，英特尔遭遇了日本科技公司的激烈竞争，它的市场份额被一步步蚕食掉了。英特尔的 CEO 罗伯特·伯格尔曼和前 CEO 安德鲁·格罗夫在一项研究组织如何应对战略挑战的分析中发现，高层管理在感知并应对不断变化的竞争环境方面反应迟缓，他们将这种迟缓的主要原因归结于社会身份认同。[26]

他们写道:"高层管理人员通常是从底层一路晋升上来的,对公司成功原因的看法对他们产生了太深的影响。例如,英特尔之所以迟迟没有关停 DRAM 业务,是因为其高层仍然坚持英特尔内存公司的身份。"直到英特尔的领导者意识到,该公司已经成为一家微型处理器公司,而不再是一家内存公司,他们才最终放弃了已经无法盈利的 DRAM 制造业务。

领导者除了认同其领导的群体之外,他们还可能拥有作为领导者的社会身份即作为影响他人的那类人的一部分。他们可能会狭隘地理解这种身份,比如作为 CEO、副总统或者总理。又或者,他们还可能会过分广泛地理解这种身份,即将自己视为历史长河中的众多领导人之一。

领导者如何理解其作为领导者的社会身份(即作为领导者意味着什么)可能会造成深远影响。霍华德·加德纳回顾了他对 20 世纪的领导者的案例研究,提出了一个附带规律。这些领导者中有许多人从小时候起,似乎就认为自己理所当然地属于领导者,并理应在其中占有一席之地。事实上,加德纳将这一特征视为领导者身份原型的一部分,并将其描述命名为"榜样领导者"或简写为"E. L.":

> 榜样领导者的突出之处在于,她认同并认为自己在同龄人中处于权威地位。榜样领导者都思考过一个有关具体领导职位的问题,并认为她自己的见解至少与当前领导者的见解一样具有积极性,甚至可能会更有效。

温斯顿·丘吉尔在16岁时与一位同学讨论自己的未来时说："这个国家会由于某种原因遭受大规模入侵，但我要告诉你，我将会肩负伦敦的防御指挥任务，我将会拯救伦敦和英格兰于灾难之中。"[27]

他的朋友问道："那你会成为一位将军吗？"

丘吉尔回答道："我不知道，关于未来的发展模糊不清，但主要目标却清晰明确。我重申，伦敦将陷入危难之中，而我将登上高位，拯救首都和大不列颠帝国的责任都会落在我肩上。"

该对话发生在1891年，狂妄自大但又有着惊人的先见之明，是对约50年后才会发生的事件的未雨绸缪。但是，作为一名领导者，这种身份认同感，甚至是命运感，并不会让那些继续践行的人骄傲自满。恰恰相反，拥有高度领导意识的人可能会尤为积极地将自己推向这一核心位置，因为他们对此渴望已久。

安德鲁·罗伯茨在他近期出版的丘吉尔传记中描述了丘吉尔如何为自己制定了一条获得政治权力的战略路线，还有他从十几岁开始就为此付出了何种努力。[28]例如，丘吉尔前往印度服兵役时，随身携带着英国下议院的近期会议记录，并逐页翻读。而且他甚至写下了自己的演讲稿，一字一句地写下若他身处下议院会议现场会说的话，他满心期待自己的政治生涯并为之准备着。为求形式上的真实，他甚至将这些假想的演讲粘贴到会议记录里！

一个人的领导者身份认同感可能会激发其雄心壮志，并使其终获成功。但若一种身份过于固定，就可能会成为一种枷锁，并成为导致失败的潜在原因。心理学家罗德里克·克雷默在一项研究中以林登·约翰逊总统为研究对象,他提出,约翰逊对伟大总统的含义的理解导致他最终没能在总统职位上取得成功。[29]

无疑,约翰逊渴望超越前人,正如他所说的,成为"这个国家有史以来最伟大的国父"。在20世纪所有的美国总统中,在成就伟大的相关技能和知识方面,他可能是准备最充分的。约翰·F.肯尼迪遇刺后,他宣誓就职,此时他已积累了丰富的立法和政治经验,已经担任过参议院多数党领袖还有副总统。然而,约翰逊在越南战争中遭遇了严重挫败。越南战争是他从前任总统手中接手的一场战争,他并不希望其发生,但他也未能阻止战争升级,而这又对他其他方面的优势造成了损害,导致他的支持率一再降低。

克雷默认为,"在约翰逊看来,伟大总统有两个基石:一是历史性的国内成就,二是表现出保护国家不受危害的能力……因此,要实现伟大……必需发动一场成功的战争"。正是后一种总统身份,使林登·约翰逊选择在一场他明知会陷入泥潭的战争中不断加大投入。正如约翰逊曾经说过的那样:"对于一个对伟大、积极的总统在危机与挑战降临后需要做什么有着极为敏锐的认识的人来说,'走为上'的想法无疑是令人深恶痛绝的。"

善意,丑陋,邪恶

林登·约翰逊的失败可能在于其过分沉迷于一种概念,即成为一位伟大的总统意味着什么,而领导人挣扎和失败的原因实际上有很多。我们未曾全面描述领导者的缺点,但思考领导者如何利用社会身份，突出了数条他们可能走上的歧途。

最常见的情况是，担任领导职务的人全然忽略了社会身份，未能利用社会身份的潜力增进团结与信任，也未能围绕一个共同目标动员人们。根据我们的经验，即使是那些优秀的领导者，往往也将更多的精力放在如何提升变革型领导的个人能力上，而忽略了群体能力的提升。这种情形出现在很多老板身上，他们能够认真培养作为个体的追随者，并合理地表达对个体的认可，但却无法展示出一种振奋人心的集体愿景，以促使团队成员进行良好的合作。他们更倾向于与追随者建立稳固的一对一的关系来管理团队，却没能让成员形成一种整体凝聚力，实现一加一大于二的效果。

这些领导者错失了一个良机。当然了，比起那些会主动破坏社会身份，甚至割裂人际关系的领导者，上述领导者要好得多。人们将这种破坏性领导风格描述为"狭隘暴政"[30]：说这种领导风格是暴政，是因为这些领导者滥用职权以剥削其他人；而狭隘是因为他常因毫无必要而琐碎的小事破坏团队氛围。很不幸，我们大多数人都至少遇到过一个这样的人。

比吉特·许恩斯和扬·席林在一项工作场所破坏性领导力影响的荟萃分析中发现，员工对充满敌意和故意刁难人的主管持负面态度，并且可能拒绝跟随他们的领导。[31] 重要的是，他们还发现，若领导是破坏性的，那么员工对整个组织的态度也会更消极，并会出现更多的"反生产工作行为"。反生产工作行为是一种委婉措辞，用来描述极为恶劣的行为，包括怠工，甚至严重到彻底的欺诈和盗窃行为。这些发现表明，表现糟糕的老板不仅会破坏其与追随者间的关系，还会损害整个群体的认同感。

若善意的领导者对社会身份问题不够重视，那么他们最多成为良好的领导者，而无法成为伟大的领导者。专横且具有破坏性的领导者是丑陋的，他们绝对不是善意的，无论他们到哪里都很容易引起混乱。但仍存在第三种领导者，也是最危险的领导者——这类领导者清楚如何利用社会身份，善于带领追随者加强团结和增加凝聚力，但他们这样做却是出于腐败、不道德或邪恶的目的。所以说，正如我们看到的，社会身份可以是一种向善的力量，也可以是一种邪恶的力量。在错误的人那里，强大的身份故事可能会让群体误入歧途深渊。

暴政与反抗

9名年轻人一个接一个被分别围捕。帕洛阿尔托警方在他们的家中逮捕了他们，并指控他们持械抢劫和入室盗窃。此事件标志着心理学史上另一个最著名的实验就此展开。[32]

1971年夏天，一则广告征集志愿者进行"监狱生活心理学研究"，有18位健康的青年男子报名参加。该实验从8月下旬开始，为期一到两周，每天支付15美元报酬，旨在模拟监狱生活和在监狱工作。通过抛硬币，志愿者被随机分配扮演囚犯或狱警。

年轻的心理学家菲利普·津巴多极富个人魅力，他与其研究助理在斯坦福大学心理学系的地下室建造了一座逼真的模拟监狱，里面有牢房和镣铐。囚犯们被警方抓获（这是为加强现实感而特意设计的），然后他们被转移到了这座监狱。狱警在那里接收了他们，给他们录下指纹，对他们脱衣搜查，并以囚犯号码的形式赋予他们一种新身份。

根据大多数教科书对此传奇实验的记载，"狱警们并没有接受过专门的狱警培训"。实验人员给他们分发了墨镜和警棍后就让他们解散了，随后实验人员便开始观察。流传甚广的是，接下来几天里，狱警对待囚犯的态度开始变得越来越不尊重且越来越具备侵犯性。这引发了囚犯们的短暂暴动，随后狱警们便以不断升级的暴力行为进行镇压。表现恶劣的囚犯被关入"洞窟"，那是一个约 0.34 平方米的壁橱，狱警们将其改作单独禁闭室。其他人遭到了差辱，包括物理惩罚与性骚扰。狱警变得愈加野蛮，而囚犯却变得愈加顺从。

事情变得愈发不堪入目，仅仅 6 天后津巴多就不得不停止了实验。

基于这一版本的实验，可以得出显而易见的结论：人们会受到被赋予的角色的强烈影响，这种影响也许是自主形成的。让某人穿上制服戴上墨镜，然后称他或她为狱警，那么这个人几乎不可避免地就会残酷对待囚犯。

这种认为角色会造成不可避免的后果的观点已经被广泛传播。[33] 世界各地数以百万计的学生已经接受了这种观点：在法庭审理案件时此观点也接受过论证，流行电影也描绘过此观点，在畅销书中这种观点也曾被人们描述过，甚至这种观点还被提交给

第九章　有效领导力　　281

了国会。当权威地位人士行为不端时，人们往往会援引这种观点，即人们会自然地服从于他们的社会角色，此举会引发渎职行为或虐待行为。

但是，这种认为角色会造成不可避免的后果的观点，现在在你看来应该是值得商榷的。人们接受某一身份后的行为方式会受到群体规范和领导力的影响。事实上，领导者从根本上参与了特定类型规范的制定、推广和实施。

斯坦福监狱实验过去半个世纪之后，我们获取了新的信息，从而使我们能以完全不同的角度回顾这项研究。[34] 近期，杰伊与斯蒂芬·赖歇尔还有亚历克斯·哈斯拉姆一起进行了研究，分析了斯坦福大学档案馆新近公布的磁带和文件。事实证明，这项著名实验的参与者并不是在没有指导的情况下被放任的。事实恰恰相反。我们的分析揭示了身份领导力在实验结果中的显著作用。

这种领导力在囚犯抵达后不久就开始出现了。津巴多博士本人充当了监狱负责人的角色，而他的研究助理被任命为监狱长。实验开始后，负责人向狱警发出了明确的指示：

你可以让囚犯产生厌倦感，让他们产生一定程度的恐惧感，你可以制造一种任意妄为的观念，你可以认为他们的生活完全由我们控制……他们没有行动的自由，不经我们允许，他们什么都不能做，什么都不能说。

在档案中，我们发现了一段有趣的录音并对其进行了分析，录音记录了实验人员贾菲（扮演监狱长）与一名扮演狱警的实验参与者之间的对话。[35] 尽管人们普遍认为狱警自发对囚犯施暴，但事实并非如此。这个特别的狱警不愿意接受指定给他的角色，不愿意表现得攻击性十足，而这正与主导这项研究的研究人员的期望相悖。

监狱长贾菲对这名狱警说："我们的确想让你积极参与进来，因为狱警们必须明确他们每个人都要变成我们所说的那种强硬的狱警，到目前为止……"这名狱警回答说："我可不够强硬。"监狱长说："是的，嗯，你得试着让自己强硬起来。"

在他们的谈话中（此处描述的仅是其中一个简短片段），监狱长鼓励这名狱警去建立与实验人员相同的目标和价值观。这种策略就将该实验置于一个更广泛的有道德、有价值的目的中了。他还解释称，该实验旨在生成信息，以改善现实世界中的惩教系统。他说，他们的研究旨在通过揭露监狱暴行，从而使现实中的监狱更富人性化。这是一项崇高的使命！

最令人震惊的是（至少对我们而言是这样），监狱长利用身份领导力工具鼓励不情愿的狱警变得更具攻击性的方式。这位监狱长使用集体代词共 57 次（每 30 个单词就有一次），他借此传递了一个信息，即他和狱警处于同一个团队，他们在合力工作。我们之前也讨论过，这种公共语言会传递一种凝聚力和团结感。

这些材料的发现极大地改变了我们过去从这项著名研究中

得出的结论。许多狱警最终确实虐待了囚犯,但他们的行为绝不是不可避免或自发的。他们在领导者的劝诱下采取了激进行为,他们将该研究定性为"我们"对"他们",实验领导者在追随者抵制时进行了积极干预,使用了身份语言,并为暴行建立了规范。

斯坦福监狱实验是社会身份丑陋化过程的缩影。哈斯勒姆和赖歇尔描述了一系列阶段的逐步推进过程,领导者一步步将他们的群体引入邪恶深渊,最终导致暴力行为甚至种族灭绝。[36] 最初的手段很常见,而且相对温和。领导者在一定程度上通过在"我们"和"他们"之间设立边界以培养高度凝聚力的群体身份认同。边界本身并不存在问题。毕竟,运动队之间、公司之间以及国家之间的竞争,比如奥运会等赛事,都会使边界变得非常突出。

当领导者将外部人员定义为威胁时,当领导者使追随者相信外部人员对其热爱的群体构成了重大甚至是关乎生死的危险时,边界就会变得危险起来。尤其是领导者通过言论将原本应被纳入该群体的人排除在外时,往往会引起极为严重的危险。纵观历史,各种少数群体,包括移民、犹太人和第三性别群体,都因这种方式而成为目标。在通往暴力的道路上,一些团体会将外部人员称为叛徒,或以寄生虫、老鼠或蟑螂等词语进行贬低,这种情况并不罕见。

最后的阶段很快就接踵而至。领导者宣扬他们的群体的品德无比高尚。我们才是世界上善良的真正源泉,所以我们所做的任何事情都是善良的。我们必须不惜一切代价捍卫我们的美德，战胜他们的邪恶。自此开始，视暴力和残忍为美德就又前进了一小步。

我们是正义的唯一源泉，因此，如果外部人员威胁到我们的善良或生存时，他们就理应被压制、迫害甚至消灭。通过这种扭曲的观念，杀戮将作为道德上的善呈现给追随者，甚至他们也没有选择的余地。

历史上的领导者就是这样为残忍和侵略辩护的。领导者的行为和言论十分重要，大规模暴行永远不会凭空发生。

历史学家罗伯特·帕克斯顿在其著作《法西斯主义剖析》中描述了引发并维持法西斯运动的"动员激情"。[37] 他总结道："一种关于所属群体为受害者的信念，一种不受法律或道德限制而能对其内部和外部敌人采取任何行动的情绪……如果可能，可以经一致同意，使一个更纯粹的社区更紧密地融合，必要时可使用排他性暴力……领导者的本能优于抽象而普遍的理性。"

若无身份领导力，群体就不至于走到这一步，这提醒我们，社会身份是一种强大的工具，可能行善也可能作恶。然而，并没有哪个领导者的故事全然不受争议，也没有哪个故事这样动人心魄让人无法抗拒。本章的大部分内容都集中在领导者上，他们的生活和故事体现了其群体的包容性愿景。当然，他们中的很多人都遇到了其他潜在领导者的反对，那些反对者则有着不同的愿景，有时甚至是更具排斥性的愿景。

正如我们此前说的，领导力在诸多方面都可以被理解为一场

第九章 有效领导力

故事之战。我们有时是追随者，有时是领导者，我们有责任确定我们对这场战斗的立场。我们需明确要接受哪些身份故事，即那些关于我们来自何方要去往何处的故事，那些我们一定会畏惧什么又与之抗争的故事，以及那些为实现梦想努力的故事。

第十章

身份的未来

20世纪60年代末,美国规划师协会为庆祝其成立50周年,委托多位著名的学者和决策者撰写了一系列论文。[1] 协会请他们放眼未来,描绘50年后未来世界的样子。如今,半个多世纪已经过去,回头来看,这些大思想家当年的愿景和构想耐人寻味。他们的论文成了马克·吐温一则警句名言的有效佐证:"预测是很艰难的,特别是当它涉及未来的时候。"

其中一篇论文专门探讨了未来几十年技术进步可能带来的问题。[2] 论文中谈及的恐惧一部分是冷战产物,反映了作者对核技术开发和"末日机器"研发的担忧。其他预测则千奇百怪、近乎离奇:作者对超声速喷气机产生的冲击波忧心忡忡,还担心百万吨级油轮甚至百万吨级飞机将会带来的危险!

不过,这些思想家关注的是那些可能变成现实的重大问题。他们警告称:全球不平等现象正在加剧,民主体制面临的威胁正在增加。他们将可能发生的全球气候变化命名为"全球规模的生态根本性变化",并将其归入"疑难杂症"范畴。这些论文体现了他们对我们将面临的大规模气候挑战有着先见之明:"应及时发现长期性损害,防微杜渐。但人们总是难以采取有效手段来应对大规模的长期性问题,因为它们往往是'所有人的共同问题',因此在缺乏统筹的情况下,没有人将这些问题视为自己的问题。"

冒着再次证明马克·吐温正确的风险,我们接下来将提供一些有关未来的身份的结论性思考。即便我们仍无法知晓如何预测未来,但我们还是会讨论在人类目前面临的一些重大问题中社会身份扮演的角色。我们将讨论经济不平等和气候变化,并对民主问题提出一些想法。

遏制不平等

2016 年,美国前 350 强公司的 CEO 的平均收入是其公司员工平均收入的 224 倍。这一惊人差距反映了世界各地人们的收入甚至财富(人们持有的资产)的日益不平等现象。虽然全球范围内绝对贫困率不断下降,但在过去几十年中,许多国家的经济不平等程度却在增长。据估算,在 2018 年,全球一半人口财富相加甚至不足全球总财富的 1%,而最富有的 1/10 人口则占有全球总财富的 85%。

近期一份联合国报告指出，世界71%的人口生活的国家自1990年起不平等状况就不断加剧。[3] 高居榜首的正是世界上最富有的那些国家，其中便有英美两国，这些国家的高度富裕看似离我们很近，但却常常与遭受极度贫困以及经济不安全感的普通人相去甚远。

大量研究表明，经济不平等对个人和社会都会产生不利影响。不平等程度更高的国家往往暴力犯罪和精神疾病更加多发，婴儿死亡率更高且预期寿命更低。若比较美国各州，同样的关系依然成立。例如，更富裕但更不平等的加利福尼亚州，在这些指标上的表现比更贫穷但更平等的艾奥瓦州要差。事实上，这一比较道出了一个关键点：往往是不平等而非贫困才与社会层面的负面数据相关度更高。当富人的收入、资产与穷人以及越来越多的中产阶级的收入、资产存在巨大差异时，社会状况会愈加恶化。[4]

极度的不平等还可能对我们的身份认同产生影响，而我们的身份认同则会反过来影响我们应对和削弱经济不平等的能力。例如，关于前种影响，若一位CEO赚取价值数百万美元的薪水、股票期权和奖金，他应当会对生活心满意足；然而，作为一名领导者，这位CEO应当对这种不平等状况感到担忧。就像我们之前看到的，领导者能够团结、激励他们的追随者，使自己被他们视为"自己人"。

但是，一位收入达到大多数人224倍的人真能成为"自己人"吗？

第十章 身份的未来

近期有两项研究对该问题给出的答案是否定的。在第一个实验中,研究人员向受试者展示了两位 CEO 中其中一位的信息。[5] 这两位 CEO 都被研究人员命名为鲁本·马丁,且他们仅有一个不同点而剩下的情况都相同:只有一位鲁本是美国薪酬最高的 CEO 之一。在第二项研究中,员工报告了领导他们公司的 CEO 的薪酬。在上述两种情况下,人们对高薪 CEO 的认同感都有所降低,认为他们是优秀领导者的倾向也有所减弱。与薪酬更低的高管相比,人们相对不会认为那些高薪领导者能够"充当领头羊"或"创造凝聚力",即便他们与其他高管在其他方面完全相同。在这种情况下,组织内部的不平等可能会导致组织分裂,还可能会削弱领导人营造团结力和共同目标的能力。

在社会层面上,我们应当对不平等状况给底层人群的身份认同造成何种影响给予关注。正如我们已经了解到的,人类是追求社会地位的动物,人类会寻求能被正面认可和尊重的身份。在一定程度上,社会经济地位低便意味着社会地位更低,因此这种社会地位低的自我认同可能就会对幸福产生负面影响。事实上,在近期一项研究分析中,澳大利亚纽卡斯尔大学的心理学家发现,社会经济地位越低,人们越容易产生焦虑,并导致生活满意度降低。[6] 但是,只有认定社会阶层是自己身份认同的重要组成部分的那些人,并且经常将社会阶层纳入问题考虑范畴的那些人群,才会出现这种现象。

就此问题深入下去,长期以来社会评论家们一直推断,穷人的"相对剥夺感"(即他们感觉比他人获得的少)会引发不满情绪，从而进一步导致反社会态度和行为的形成。例如，人们通常认为穷人对少数群体和移民所持的态度更加消极。人们还认为穷人是民粹主义或专制主义政治运动的主要支持者，他们的忠诚只是受经济挫折而驱动生成的。

但事实证明，这些刻板印象经不起细究。社会心理学家弗兰克·莫尔斯和约兰达·耶滕在近期一本书中研究了大量证据后得出结论，虽然"相对剥夺感"有时会引发反移民态度或对专制者的个人崇拜，但"相对满足感"也可以产生同样的作用。[7]例如，研究发现，无论是生活条件下降还是生活条件改善的人们都表示，他们更支持使用暴力策略来确保其政治权力。莫尔斯和耶滕均认为，富裕阶层的这些出人意料的反应可能源自某种保护并稳固自身有利地位的强烈愿望，比如说该阶层会对少数群体、边缘化群体进行诋毁，称他们不配拥有良好待遇。

若不平等持续引发广泛的社会不满，并营造出一种当前经济层级难以维持的气氛，那么出于失去自身地位和特权的恐惧，富人的态度和行为可能便会受此影响。这确实是一种经济焦虑，但这种焦虑往往源自特权阶层的不稳固性，而非贫穷。我们无法忽略，抵制"黑人的命也是命"运动的顽固阻力仍然存在，其他领域推动平等进程的运动也遇到了极大阻力，这一切的根源都是某些阶层对失去地位的恐惧。

对社会运动的思考会引发如下问题：在经济上处于劣势的人群到何时才可以组织起来进行变革，去纠正并扭转近几十年来不断加剧的不平等现象。[8]正如我们之前探讨过的（尤其是第七章），当人们意识到成为某特定群类的一分子会影响他们在生活中的机遇和表现时，那他们就更可能围绕他们的社会经济阶层等形成一种集体认同感。

在不同社会中，社会阶层作为一个类别其显著程度也不同。例如，英国便存有一种古老的阶级制度。而美国则与之相反，存在一个谜一般的无阶级社会。所谓"美国梦"指的便是，任何孩子，无论其出身如何卑微，都有机会成长为总统、CEO、名人或任何其他领域的成功者。有诸多成功人士的故事成为"美国梦"强有力的佐证，在这些故事里中，个人勇气和运气在人们生活中起决定性作用。当我们相信我们在极大程度上能掌握自己的经济命运时，我们往往就不会与处境相似的人团结在一个共同的阶级或经济身份中，而是转而选择自力更生、更上一层楼。

当然，人们推动改善自身经济状况的变革，并不一定只能通过团结起来形成某一完整社会阶层才能实现。例如，围绕特定行业工作人员——钢铁工人、教师及邮政工作人员——的利益，人们会组织起工会。但在过去几十年里，随着不平等的加剧，美国的工会化率大幅下降。展望未来，我们还不知道所谓的"零工经济"的崛起将会如何影响工人保护自身权利和推动变革的能力。但我们有理由怀疑，此事至少在一定程度上取决于工人们是否认为他们有共同的命运。

尽管该经济类型有了新名称，但在任何意义上该类型的承包工作都不是新生物，只不过得益于现代技术的进步，零工经济正方兴未艾。将劳动力与短期工作（例如食物百货配送和网约车服务）融为一体的应用程序的开发，使零工经济得以蓬勃发展。由于零工员工基本上都是独立工作者，所以他们通常得不到额外福利或医疗保险，而且我们还难以确定他们是否能组织起来寻求更好的待遇。[9]传统出租车司机可以联合起来组成工会，而网约车司机又能否团结起来，为他们的集体利益而战呢？

对于推动变革的群体来说，他们必须相信变革是可行的。展望未来，我们特别注意到两件事，它们可能会转变人们的观念，使人们认为经济变革可行、必要并且不可阻挡。第一件事是新冠肺炎疫情，疫情不仅给公共卫生和公共医疗造成了灾难，还使世界经济陷入了危机，而危机之深尚不清晰。这场疫情加深了现有的不平等，并将其危害性公之于众。它还营造出一种可能性的氛围，即未来会与过去有所不同，这是一个需要牢牢掌握的时刻。正如小说家阿兰达蒂·罗伊所言，疫情"是一扇门，是一个世界通往另一个世界的大门"。[10]

可能让根本性经济变革的到来无法避免的第二件事是气候变化，大多数人认为，气候变化给经济带来的影响会使新冠肺炎疫情的影响相形见绌。

应对气候变化

冬日时分，知道我们在哪里长大的人几乎总是会说同样的话："对你们来说这一定是小菜一碟，毕竟你们来自加拿大！"若他们想突出表达讽刺，还可能会在这句话后面加一个："对吧？"事实无比可悲，在美国生活十多年后，我们已经弱不禁

"寒"了，况且纽约冬日的严寒岂是浪得虚名的。而另一个现实是，故乡的冬天也跟过去大不相同了。那些最冷的日子通常也没有我们小时候那样冷了，积雪也不像我小时候那样深。那座让多米尼克在小时候学会滑雪的山，如今也不能保证雪量充足以开放所有斜坡滑道了，甚至难以维持整个冬季的开放。

地球在发烧，且程度仍在加剧。自工业革命以来，全球平均气温已经上升了 0.8~1.2 摄氏度，科学家们现在已经几乎达成广泛共识，气温上升很大程度上是因人类活动所致。[11] 然而，尽管已有大量证据表明是人为原因导致的气候变化，许多人仍对此持怀疑态度，或者轻视其严重程度。事实上，即使在 21 世纪初期科学证据不断增多，仍有报告指出美国人中相信气候变化的严重性被夸大的比例也从 1998 年的 31% 增加到了 2010 年的 48%，尽管这一趋势已经逆转（2019 年认为气候变化的严重性被夸大的比例已降至 35%）。[12]

某些研究表明，经历过极端天气的人更可能会相信气候变化，但极端天气的影响似乎并不十分强烈。而涉及气候怀疑论时，目前尚不清楚个人经历会造成多大影响。影响此事的一项极为重要的因素是政治认同，至少在某些地方是这样的。在美国、英国、澳大利亚还有其他一些工业化国家，保守派比自由派更多地选择不相信是人为原因造成气候变化的。[13]

但并非所有地区都是如此。澳大利亚心理学家马修·霍恩西及其同事对 25 个不同国家的"气候信仰"进行了分析，发现在其中约 3/4 的国家里，政治身份认同并不是影响气候信仰的一个重要因素。[14] 在碳排放量较高的国家中,政治身份认同才更为重要。换言之,在经济上更依赖化石燃料消费的国家,减少碳排放将会对其日常经济生活产生更剧烈的影响,故其中的保守派更不愿相信气候变化是一个严重问题。

当然,我们不应该天真地认为这纯粹是一种心理现象。正如研究人员指出的:"可以从另一种角度解读这些数据,既得利益集团越庞大,就越有可能出现有组织、有资金支持的信息造假活动,旨在传播关于气候变化'没有科学依据'的消息。"[15] 但是,这些错误信息的宣传活动还需要受众,我们的研究表明,党派认同为许多人提供了接受(或拒绝)这些说法的机会。[16]

20世纪60年代的规划者曾尝试预测未来50年的事件,他们完全正确地认识到了人类在应对气候变化等长期而广泛的问题时面临的巨大困难。目前已有许多科学家表示,为了防止出现真正的破坏性灾难,避免最终导致地球基本上不再适宜人类居住,我们必须将工业化后的气温上升控制在1.5摄氏度以下。[17]

实现这一目标的任何希望都需要国家内部以及国家之间的大规模政治协作,而人们采取这些政治行动进而形成的身份认同是否具备有效处理这些挑战的能力,目前尚无定论。当然,正如我们之前探讨的那样,党派中左右两派的政治身份区分往往无益而有害。但是,在世界舞台上经常展现出的国家身份,也往往过于狭隘,无法在全球范围内让我们用最佳方式处理共同面对的问题。

避免气候灾难性崩溃符合所有国家的长期利益,但除非其他国家也这样做,否则做出艰难但必要的经济、社会及政治牺牲不

第十章 身份的未来　　295

符合任何国家的切身利益。像《巴黎协定》等国际协议就旨在解决此类困境。然而在 2017 年，世界第二大二氧化碳排放国美国（暂时）退出了该公约，此事表明，是否自愿遵守公约完全取决于签署国的态度，而其态度又取决于其变幻莫测的国内政治。

当人们认为其拥有共同身份时，他们才更容易互相合作并协调一致。促使我们采取行动的活跃状态身份往往便是那些将我们与他人区分开来的身份，这些身份可能会基于职业、宗教、种族、性别还有国家界限而形成。但是，就如我们之前探讨的，当人们认识到我们身处同一片天空，并最终面临同一种命运时，人们才会被共同命运驱使团结起来。目前，全球近 80 亿人共享着这颗环绕太阳公转的极为脆弱的星球，尽管气候变化对所有社区的影响各不相同，但在拯救气候的问题上，我们的利益是一致的。

我们能否充分利用共同威胁而团结一致？我们能否超越狭隘的身份认同？人类又能否承认作为地球居民的共同身份有助于拯救我们的世界？

也许没有人能比从太空望向地球的宇航员更加深刻地体会到真正的地球身份认同感了。弗兰克·博尔曼、詹姆斯·洛维尔和威廉·安德斯于 1968 年在阿波罗 8 号飞船上度过了平安夜。此事发生于人类首次登月的数月之前，他们的任务是绕月环行。他们的飞船环绕着月球飞行，月球的表面崎岖起伏，坑洼遍布，异星风貌扑面而来，三人都深深地着了迷。然后，弗兰克·博尔曼突然喊了起来："哦，天啊，快看那边的那片景象！地球升起来了。哇，这真漂亮！吉米，你还有彩色胶卷吗？快给我一卷彩色胶卷,吉米!"

宇航员们拍摄了一系列照片,记录了地球缓缓从月球地平线升起的过程。他们是有史以来第一批目睹地球升起的人类,他们在地球着陆后,带回来了一组被称为"有史以来最具影响力的自然风貌照片"。

在此后的半个世纪里,共有38个国家的数百名宇航员造访过太空。美国国家航空航天局采访了其中一批宇航员,发现他们中的许多人都经历了"真正具有变革性的经历,包括惊叹和敬畏,与自然融为一体,还有超越自我的、普世的手足情谊"。[18] 尽管这种敬畏和超越的感觉转瞬即逝,但研究人员还是发现这些宇航员在身份认同上经历了长期的变化。他们感受到了与整个人类更深层的联系。自从他们在太空俯瞰过地球之后,国家边界的重要性在他们的心中大大减弱了,在他们眼中,人类在地球上的分裂与冲突似乎不再那么重要了。就像一位宇航员所说:"等你在一个半小时内绕地球一周之后,你将意识到自己的身份与这一切有关。"

我们无法将所有人都送上太空。这也许很不幸,因为如果我们能够将道德圈扩大至更广泛的人群中,我们面临的最紧迫的一些问题,包括气候变化、全球疫情、恐怖主义以及核战争的可能性,可能会更容易解决。事实上,研究表明,人们不需要通过成为宇航员就能体验到人类或全球共同的身份认同感,而当人们拥有这种高度包容的自我意识时,就会更多地支持国际合作和环境保护。[19]

第十章　身份的未来

然而，在我们看来，这些能将全人类联系为一体的深层情感总是极度稀缺且转瞬即逝，无法支持我们共同度过长期而又艰巨的变革。为此，我们需要全球性的领导力，在足够多的世界人民中建立真正普遍的身份认同，以使人们能够克服自私与自身的狭隘。那么，人类的心理能力是否强大到能接受这么大规模的身份认同呢？是的，我们认为答案是肯定的。至于我们是否能够马上找到一种方法来建立这种身份认同，那又是另外一回事了。

民主略谈

2021年1月6日，美国的一群武装暴徒对一场国会联席会议发动袭击，试图推翻总统选举的结果。尽管最终这群暴徒被击退了，但这场对美国国会大厦的袭击还是威胁到了民主的核心，实施这种暴力行为的目的，是剥夺人民罢免其领导人并选举新任领导人上台的权利。

虽然美国的民主并未在那一天消逝，但为了两周后拜登总统的就职典礼能顺利进行，政府被迫从国民警卫队调遣了两万名士兵对华盛顿特区施行封锁，这恐怕称不上权力的和平过渡，也很难让我们继续相信美国的民主仍然健康和繁荣。

事实无可辩驳，在过去半个世纪的大部分时间里，民主都处于黄金时代。20世纪60年代末，仅有约40个国家属于民主国家，而至20世纪末，民主国家的数量已经上升到100个以上。2011年，一系列革命浪潮如滔滔洪水席卷了中东，这可能预示着新一轮民主化浪潮的到来。但在很大程度上，变革已宣告失败，一部分学者已经开始担忧：我们现在可能正处于一个民主倒退的时期。世界上的许多国家，如土耳其、巴西、匈牙利、印度、菲律宾等，民主参与制和民主问责制都走上了衰退之路。[20]

本章中我们提及的重大挑战——社会不平等和气候变化，都对民主造成了一定威胁。就像我们之前讨论过的，不平等固有的不稳定性会促使人们追随独裁者，还会使人们对移民和其他边缘化社群的态度变得愈加强硬。与此同时，全球变暖带来的挑战，包括愈加频繁的极端天气、不断上升的疾病发生率还有外来人口移民潮，也都有可能让那些强势而独断的领导人拥有更大的吸引力。

这些趋势还可能因技术进步而进一步加强。近期有一项研究发现，互联网时代到来后，政府在公民心中的公信力大多是衰减的。在欧洲，随着互联网接入人数不断扩增，反建制民粹主义政党获得的选票也与日俱增。[21]

为美国规划师协会撰稿的预测专家们也产生了类似的担忧。他们如此写道："世界局势正与日错综复杂，形势变化极其迅速而危险……我们可能会因被蒙蔽而破坏（或仅是无法继续承担）民主政治进程。重要的是我们应牢记，凯撒式暴君之所以频频登上历史舞台，都是源于人民群众对强硬派领导的迫切渴望。"[22]

过去那些推翻民主体制的手段如今已不再流行。[23] 例如，随着时间推移，军事政变的频率不断降低。而有些手段温和而又不引人注目，那就是通过削弱对行政权力的约束或操纵选举过程，

第十章　身份的未来

比如，通过限制性规则或直接恐吓降低某些群体的投票率以达到侵蚀民主体制的目的，这种现象的出现越加频繁。

政治学家戴维·瓦尔德纳和艾伦·卢斯特指出，当"主要政治角色不再愿意严格遵守规则，不再满足于输掉竞选后保持体面并选择参与下轮竞选"时，民主进程就会出现倒退。他们接着警告说："他们是受到约束，还是随心所欲不受阻碍直到令民主名存实亡，这两者只取决于权力的平衡。"[24]

他们的文章突出了两个重要问题。是何种缘由促使一些政治行动者想要颠覆民主规则？他们对民主规则的破坏又能在多大程度上被政治体系中的其他参与者挫败？我们猜测，身份动力学就是阐释这两个问题的关键。

比如说，如果某政党及其支持者认为竞争对手不仅仅与他们持不同的政策偏好，而且竞争对手"危险且疯狂"，那他们就更倾向于打破公平、透明的选举程序，这一问题会因两极分化而进一步加剧。[25]

当然，选民们并不能自发形成类似观念。包括政客和媒体人士在内的政治精英，经常利用身份动力学将追随者聚集并塑造一种排他性身份，以增强民众对其政策的支持。颇为讽刺的是，这些政策反过来却压制了民众的呼声。大规模的两极分化使得政党更容易传播关于竞争对手的错误信息、阴谋论以及更容易进行针对竞争对手的鼓动宣传。

与之对应的是，反民主的抵制力量能在多大程度上将利益目标各异的多元化人群团结起来并拥护共同目标，就能在多大程度上遏制民主倒退。那么，他们能举起民主自由的旗帜打造出一种共同身份吗？他们是否又能建立起促进公共利益、鼓励团结合作、减弱威权主义吸引力的机制呢？

你想成为谁？

无论是更好还是更坏些，未来最终都是我们抉择和创造的。最终都要由我们大家来决定如何应对不平等、气候变化、民主以及其他社会问题。我们认为，对社会身份动力学的充分理解有助于我们认识这些问题，并会在寻求解决方案方面起到至关重要的作用。

我们的社会身份会让我们接受错误信息，导致我们参与歧视，为自己的群体囤积资源。但它们也能激励我们自我牺牲，与他人团结一致，并为集体行动制定新的规范。当然，只有理解并接受这些身份动态的领导者，才能动员人们解决这些问题和无数其他难题。我们希望像你这样的读者能善用自己的身份。

贯穿本书，我们提出了一系列有关身份认同的原则。群体是我们身份的核心。我们生活中所属的那些最重要的群体极其稳定，因此我们最核心的社会身份也总是极其稳定的。而且，我们还随时准备着团结起来，这就使得我们能够在特定情形下形成共同身份时找到共同目标。在不同时期，我们会显著表现出不同的身份，而当我们激活一种特定的社会身份时，它会对我们产生深远影响。我们借由此种身份的视角体验这个世界，经历其形成的共享现实，并从该身份的象征和传统中获得快乐。为了保护这种社会身份的利益，我们不惜牺牲自身利益，甚至为之而战。我们的观念、信仰、情感和行为的改变，往往使我们契合所属的群体规范。而且，当你成为被追随的领导者时，通常的做法是激发"我们是谁"的共同意识。

尽管他们有能力塑造我们的思想和行为，我们的身份依旧是我们的能动性所在。无论我们通过拒绝或接受特定的自我概念，或者通过挑战我们所属的群体以实现进步，或是通过团结起来改变世界，我们都能够主宰我们的人生。

致谢

　　我们谨向我们的社群及其中可敬的人们致以感谢,他们为我们作为科学家、教师、公民乃至人类的身份做出了影响深远的贡献。

　　我们还要向我们的学术导师威廉·坎宁安、艾莉森·查斯汀、玛丽莲·布鲁尔、朱利安·塞耶和肯·迪翁致以感谢。你们不仅教授了我们汲取到的所有人类心理学知识,还为我们踩在巨人肩膀上更进一步指明了道路!

　　我们感谢多伦多大学心理学系将研究生时期的我们分配到同一间狭小的地下工作室。在那种潮湿发霉的环境中,共同的经历促使我们成了彼此坚不可摧的盟友。

　　我们特别要感谢我们的学生还有实验室的同人,他们孜孜不倦地提出问题，想法与精力近乎无穷无尽。若没有你们，本书中我们介绍的大部分学术成果都不会呈现于世！多米尼克要特别感谢娜塔莎·塔拉、尼克·昂森、林襄仪、贾斯汀·青木以及马修·库格勒。而杰伊要特别感谢的是珍妮·肖、安娜·甘特曼、汉娜·南、莱尔·哈克尔、丹尼尔·尤德金、朱利安·威尔斯、比利·布雷迪、迭戈·雷内罗、安妮·斯特尼斯科、伊丽莎白·哈里斯和克莱尔·罗伯逊、彼得·门德-谢德莱茨基、奥里尔·费尔德曼霍尔、安德里亚·佩里拉、菲利普·帕纳梅茨、金·道尔以及维多利亚·斯普林。

我们还要感谢我们的导师、同事、合作伙伴，以及纽约大学的、理海大学的以及其他更多的朋友。要感谢的人难以一一列举，正是你们才让我们的工作充满了乐趣和欢乐。

感谢迈克尔·沃尔、克里斯托弗·迈纳斯以及阿曼达·凯塞克，他们让我们在研究生院及毕业后面临的许多挑战中保持理智。

感谢我们杰出的经纪人吉姆·莱文。感谢我们耐心而睿智的编辑玛丽莎·维珍兰蒂，没有她的洞察力和帮助也就不会有本书的问世。同时，我们也非常感谢所有在本书写作过程中提供建议或阅读本书的人，包括哈利勒·史密斯、安妮·杜克、乔希·阿伦森、亚当·加林斯基以及莎拉·格雷维·戈特弗雷德森。

最重要的是，我们永远感谢有耐心和爱心的家人们。多米尼克要感谢詹妮、朱莉娅、托比、查尔斯以及艾莉森；而杰伊要感谢泰莎、杰克、安妮、马蒂、布伦达以及科林。

注释

第一章 "我们"的力量

1. Barbara Smit, *Pitch Invasion* (Harmondsworth, UK: Penguin, 2007).
2. Allan Hall, "Adidas and Puma Bury the Hatchet After 60 Years of Brothers' Feud After Football Match," *Telegraph*, September 22, 2009, https://www.telegraph.co.uk/news/worldnews/europe/germany/6216728/Adidas-and-Puma-bury-the-hatchet-after-60-years-of-brothers-feud-after-football-match.html.
3. Henri Tajfel, "Experiments in Intergroup Discrimination," *Scientific American* 223, no. 5 (1970): 96–103.
4. Henri Tajfel, "Social Identity and Intergroup Behaviour," *Social Science Information* 13, no. 2 (April 1, 1974): 65–93, https://doi.org/10.1177/053901847401300204.
5. Amélie Mummendey and Sabine Otten, "Positive-Negative Asymmetry in Social Discrimination," *European Review of Social Psychology* 9, no. 1 (1998): 107–43.
6. Jay J. Van Bavel and William A. Cunningham, "Self-Categorization with a Novel Mixed-Race Group Moderates Automatic Social and Racial Biases," *Personality and Social Psychology Bulletin* 35, no. 3 (2009): 321–35.
7. David De Cremer and Mark Van Vugt, "Social Identification Effects in Social Dilemmas: A Transformation of Motives," *European Journal of Social Psychology* 29, no. 7 (1999): 871–93, https://doi.org/10.1002/(SICI)1099-0992(199911)29:7<871::AID-EJSP962>3.0.CO;2-I.
8. Marilynn B. Brewer and Sonia Roccas, "Individual Values, Social Identity, and Optimal Distinctiveness," in *Individual Self, Relational Self, Collective Self*, ed. Constantine Sedikides and Marilynn B. Brewer (New York: Psychology Press, 2001), 219–37.
9. Lucy Maud Montgomery, *The Annotated Anne of Green Gables* (New York: Oxford University Press, 1997).
10. Jolanda Jetten, Tom Postmes, and Brendan J. McAuliffe, "'We're All Individuals': Group Norms of Individualism and Collectivism, Levels of Identification and Identity Threat," *European Journal of Social Psychology* 32, no. 2 (2002): 189–207, https://doi.org/10.1002/ejsp.65.
11. Hazel Rose Markus and Alana Conner, *Clash!: How to Thrive in a Multicultural World* (New York: Penguin, 2013).

12 Jeffrey Jones, "U.S. Clergy, Bankers See New Lows in Honesty/Ethics Ratings," Gallup.com, December 9, 2009, https://news.gallup.com/poll/124628/Clergy-Bankers-New-Lows-Honesty-Ethics-Ratings.aspx.

13 Alain Cohn, Ernst Fehr, and Michel André Maréchal, "Business Culture and Dishonesty in the Banking Industry," *Nature* 516, no. 7529 (December 4, 2014): 86–89, https://doi.org/10.1038/nature13977.

14 Zoe Rahwan, Erez Yoeli, and Barbara Fasolo, "Heterogeneity in Banker Culture and Its Influence on Dishonesty," *Nature* 575, no. 7782 (November 2019): 345–49, https://doi.org/10.1038/s41586-019-1741-y.

15 Alain Cohn, Ernst Fehr, and Michel André Maréchal, "Selective Participation May Undermine Replication Attempts," *Nature* 575, no. 7782 (November 2019): E1–E2, https://doi.org/10.1038/s41586-019-1729-7.

第二章　身份视角

1 Albert H. Hastorf and Hadley Cantril, "They Saw a Game; a Case Study," *Journal of Abnormal and Social Psychology* 49, no. 1 (1954): 129–34, https://doi.org/10.1037/h0057880.

2 Nima Mesgarani and Edward F. Chang, "Selective Cortical Representation of Attended Speaker in Multi-Talker Speech Perception," *Nature* 485, no. 7397 (May 2012): 233–36, https://doi.org/10.1038/nature11020.

3 Y. Jenny Xiao, Géraldine Coppin, and Jay J. Van Bavel, "Perceiving the World Through Group-Colored Glasses: A Perceptual Model of Intergroup Relations," *Psychological Inquiry* 27, no. 4 (October 1, 2016): 255–74, https://doi.org/10.1080/1047840X.2016.1199221.

4 Joan Y. Chiao et al., "Priming Race in Biracial Observers Affects Visual Search for Black and White Faces," *Psychological Science* 17 (May 2006): 387–92, https://doi.org/10.1111/j.1467-9280.2006.01717.x.

5 Leor M. Hackel et al., "From Groups to Grits: Social Identity Shapes Evaluations of Food Pleasantness," *Journal of Experimental Social Psychology* 74 (January 1, 2018): 270–80, https://doi.org/10.1016/j.jesp.2017.09.007.

6 Ibid.

7 Kristin Shutts et al., "Social Information Guides Infants' Selection of Foods," *Journal of Cognition and Development* 10, nos. 1–2 (2009): 1–17.

8 Géraldine Coppin et al., "Swiss Identity Smells like Chocolate: Social Identity Shapes Olfactory Judgments," *Scientific Reports* 6, no. 1 (October 11, 2016): 34979, https://doi.org/10.1038/srep34979.

9 Stephen D. Reicher et al., "Core Disgust Is Attenuated by Ingroup Relations," *Proceedings of the National Academy of Sciences* 113, no. 10 (March 8, 2016): 2631–35, https://doi.org/10.1073/pnas.1517027113.

10 Ibid.

11 Y. Jenny Xiao and Jay J. Van Bavel, "See Your Friends Close and Your Enemies Closer: Social Identity and Identity Threat Shape the Representation of Physical Distance," *Personality and Social Psychology Bulletin* 38, no. 7 (July 1, 2012): 959–72, https://doi.org/10.1177/0146167212442228.

12 Y. Jenny Xiao, Michael J. A. Wohl, and Jay J. Van Bavel, "Proximity Under Threat: The Role of Physical Distance in Intergroup Relations," *PLOS ONE*

11, no. 7 (July 28, 2016): e0159792, https://doi.org/10.1371/journal.pone.0159792.
13 "Trump Leads 'Build That Wall' Chant in California," NBC News, May 25, 2016, https://www.nbcnews.com/video/trump-leads-build-that-wall-chant-in-california-692809283877.
14 Xiao and Van Bavel, "See Your Friends Close and Your Enemies Closer."
15 Xiao, Wohl, and Van Bavel, "Proximity Under Threat."
16 Conor Friedersdorf, "The Killing of Kajieme Powell and How It Divides Americans," *Atlantic*, August 21, 2014, https://www.theatlantic.com/national/archive/2014/08/the-killing-of-kajieme-powell/378899/.
17 David Yokum, Anita Ravishankar, and Alexander Coppock, "A Randomized Control Trial Evaluating the Effects of Police Body-Worn Cameras," *Proceedings of the National Academy of Sciences* 116, no. 21 (2019): 10329–32.
18 Timothy Williams et al., "Police Body Cameras: What Do You See?," *New York Times*, April 1, 2016, https://www.nytimes.com/interactive/2016/04/01/us/police-bodycam-video.html.
19 Yael Granot et al., "Justice Is Not Blind: Visual Attention Exaggerates Effects of Group Identification on Legal Punishment," *Journal of Experimental Psychology: General* 143, no. 6 (2014): 2196–208, https://doi.org/10.1037/a0037893.
20 Emma Pierson et al., "A Large-Scale Analysis of Racial Disparities in Police Stops Across the United States," *Nature Human Behaviour* 4, no. 7 (July 2020): 736–45, https://doi.org/10.1038/s41562-020-0858-1.
21 Bocar A. Ba et al., "The Role of Officer Race and Gender in Police-Civilian Interactions in Chicago," *Science* 371, no. 6530 (February 12, 2021): 696–702, https://doi.org/10.1126/science.abd8694.
22 Mahzarin R. Banaji and Anthony G. Greenwald, *Blindspot: Hidden Biases of Good People* (New York: Bantam, 2016).

第三章　共享现实

1 Leon Festinger, Henry Riecken, and Stanley Schachter, *When Prophecy Fails* (New York: Harper and Row, 1964).
2 Solomon E. Asch, "Studies of Independence and Conformity: I. A Minority of One Against a Unanimous Majority," *Psychological Monographs: General and Applied* 70, no. 9 (1956): 1–70; Solomon E. Asch, "Opinions and Social Pressure," *Scientific American* 193, no. 5 (1955): 31–35.
3 Robert S. Baron, Joseph A. Vandello, and Bethany Brunsman, "The Forgotten Variable in Conformity Research: Impact of Task Importance on Social Influence," *Journal of Personality and Social Psychology* 71, no. 5 (1996): 915–27, https://doi.org/10.1037/0022-3514.71.5.915.
4 Joachim I. Krueger and Adam L. Massey, "A Rational Reconstruction of Misbehavior," *Social Cognition* 27, no. 5 (2009): 786–812, https://doi.org/10.1521/soco.2009.27.5.786.
5 Sushil Bikhchandani, David Hirshleifer, and Ivo Welch, "A Theory of Fads, Fashion, Custom, and Cultural Change as Informational Cascades," *Journal of Political Economy* 100, no. 5 (1992): 992–1026.

6   Dominic Abrams et al., "Knowing What to Think by Knowing Who You Are: Self-Categorization and the Nature of Norm Formation, Conformity and Group Polarization," *British Journal of Social Psychology* 29, no. 2 (1990): 97–119; Dominic J. Packer, Nick D. Ungson, and Jessecae K. Marsh, "Conformity and Reactions to Deviance in the Time of COVID-19," *Group Processes and Intergroup Relations* 24, no. 2 (2021): 311–17.
7   Jonah Berger and Chip Heath, "Who Drives Divergence? Identity Signaling, Outgroup Dissimilarity, and the Abandonment of Cultural Tastes," *Journal of Personality and Social Psychology* 95, no. 3 (September 2008): 593–607, https://doi.org/10.1037/0022-3514.95.3.593.
8   Philip Fernbach and Steven Sloman, "Why We Believe Obvious Untruths," *New York Times*, March 3, 2017, https://www.nytimes.com/2017/03/03/opinion/sunday/why-we-believe-obvious-untruths.html.
9   Jamie L. Vernon, "On the Shoulders of Giants," *American Scientist*, June 19, 2017, https://www.americanscientist.org/article/on-the-shoulders-of-giants.
10 Kenneth Warren, *Bethlehem Steel: Builder and Arsenal of America* (Pittsburgh: University of Pittsburgh Press, 2010).
11 Carol J. Loomis, Patricia Neering, and Christopher Tkaczyk, "The Sinking of Bethlehem Steel," *Fortune*, April 5, 2004, https://money.cnn.com/magazines/fortune/fortune_archive/2004/04/05/366339/index.htm.
12 Bill Keller, "Enron for Dummies," *New York Times*, January 26, 2002, https://www.nytimes.com/2002/01/26/opinion/enron-for-dummies.html; "Understanding Enron," *New York Times*, January 14, 2002, https://www.nytimes.com/2002/01/14/business/understanding-enron.html.
13 Dennis Tourish and Naheed Vatcha, "Charismatic Leadership and Corporate Cultism at Enron: The Elimination of Dissent, the Promotion of Conformity and Organizational Collapse," *Leadership* 1 (November 1, 2005): 455–80, https://doi.org/10.1177/1742715005057671.
14 Ibid.
15 Peter C. Fusaro and Ross M. Miller, *What Went Wrong at Enron: Everyone's Guide to the Largest Bankruptcy in U.S. History* (Hoboken, NJ: John Wiley and Sons, 2002).
16 Ned Augenblick et al., "The Economics of Faith: Using an Apocalyptic Prophecy to Elicit Religious Beliefs in the Field," National Bureau of Economic Research, December 21, 2012, https://doi.org/10.3386/w18641.
17 Festinger, Riecken, and Schachter, *When Prophecy Fails*.
18 Anni Sternisko, Aleksandra Cichocka, and Jay J. Van Bavel, "The Dark Side of Social Movements: Social Identity, Non-Conformity, and the Lure of Conspiracy Theories," *Current Opinion in Psychology* 35 (2020): 1–6.
19 Paul 't Hart, "Irving L. Janis' Victims of Groupthink," *Political Psychology* 12, no. 2 (1991): 247–78, https://doi.org/10.2307/3791464.
20 Keith E. Stanovich, Richard F. West, and Maggie E. Toplak, "Myside Bias, Rational Thinking, and Intelligence," *Current Directions in Psychological Science* 22, no. 4 (2013): 259–64.
21 Roderick M. Kramer, "Revisiting the Bay of Pigs and Vietnam Decisions 25 Years Later: How Well Has the Groupthink Hypothesis Stood the Test of Time?," *Organizational Behavior and Human Decision Processes* 73, nos. 2–3 (February 1998): 236–71, https://doi.org/10.1006/obhd.1998.2762.

22 Jonathan Haidt, "New Study Indicates Existence of Eight Conservative Social Psychologists," *Heterodox* (blog), January 7, 2016, https://heterodoxacademy.org/blog/new-study-indicates-existence-of-eight-conservative-social-psychologists/.
23 David Buss and William von Hippel, "Psychological Barriers to Evolutionary Psychology: Ideological Bias and Coalitional Adaptations," *Archives of Scientific Psychology* 6 (2018): 148–58, https://psycnet.apa.org/fulltext/2018-57934-001.html.
24 Jay J. Van Bavel et al., "Breaking Groupthink: Why Scientific Identity and Norms Mitigate Ideological Epistemology," *Psychological Inquiry* 31, no. 1 (January 2, 2020): 66–72, https://doi.org/10.1080/1047840X.2020.1722599.
25 Diego Reinero et al., "Is the Political Slant of Psychology Research Related to Scientific Replicability?" (2019), https://doi.org/10.31234/osf.io/6k3j5.
26 Eitan, Orly, Domenico Viganola, Yoel Inbar, Anna Dreber, Magnus Johannesson, Thomas Pfeiffer, Stefan Thau, and Eric Luis Uhlmann, "Is research in social psychology politically biased? Systematic empirical tests and a forecasting survey to address the controversy," *Journal of Experimental Social Psychology* 79 (2018): 188-99.
27 Niklas K. Steffens et al., "Our Followers Are Lions, Theirs Are Sheep: How Social Identity Shapes Theories about Followership and Social Influence," *Political Psychology* 39, no. 1 (2018): 23–42.
28 Packer, Ungson, and Marsh, "Conformity and Reactions to Deviance."
29 Gordon Pennycook et al., "Fighting COVID-19 Misinformation on Social Media: Experimental Evidence for a Scalable Accuracy-Nudge Intervention," *Psychological Science* 31, no. 7 (July 1, 2020): 770–80, https://doi.org/10.1177/0956797620939054.

第四章　避开回音室

1 Dan M. Kahan et al., "Motivated Numeracy and Enlightened Self-Government," *Behavioural Public Policy* 1 (September 2013): 54–86, https://doi.org/10.2139/ssrn.2319992.
2 Eli J. Finkel et al., "Political Sectarianism in America," *Science* 370, no. 6516 (October 30, 2020): 533–36, https://doi.org/10.1126/science.abe1715.
3 Elizabeth Ann Harris et al., "The Psychology and Neuroscience of Partisanship," PsyArXiv, October 13, 2020, https://doi.org/10.31234/osf.io/hdn2w.
4 Nick Rogers and Jason Jones, "Using Twitter Bios to Measure Changes in Social Identity: Are Americans Defining Themselves More Politically Over Time?" (August 2019), https://doi.org/10.13140/RG.2.2.32584.67849.
5 M. Keith Chen and Ryne Rohla, "The Effect of Partisanship and Political Advertising on Close Family Ties," *Science* 360, no. 6392 (June 1, 2018): 1020–24, https://doi.org/10.1126/science.aaq1433.
6 Shanto Iyengar et al., "The Origins and Consequences of Affective Polarization in the United States," *Annual Review of Political Science* 22, no. 1 (2019): 129–46, https://doi.org/10.1146/annurev-polisci-051117-073034.
7 Elaine Chen, "Group Think at the Inauguration?," *Only Human*, January 24,

2017, https://www.wnycstudios.org/podcasts/onlyhuman/articles/group-think-inauguration.
8   Finkel et al., "Political Sectarianism."
9   John R. Hibbing, Kevin B. Smith, and John R. Alford, *Predisposed: Liberals, Conservatives, and the Biology of Political Differences* (New York: Routledge, 2013).
10 Ryota Kanai et al., "Political Orientations Are Correlated with Brain Structure in Young Adults," *Current Biology* 21, no. 8 (April 26, 2011): 677–80, https://doi.org/10.1016/j.cub.2011.03.017.
11 H. Hannah Nam et al., "Amygdala Structure and the Tendency to Regard the Social System as Legitimate and Desirable," *Nature Human Behaviour* 2, no. 2 (February 2018): 133–38, https://doi.org/10.1038/s41562-017-0248-5.
12 H. Hannah Nam et al., "Toward a Neuropsychology of Political Orientation: Exploring Ideology in Patients with Frontal and Midbrain Lesions," *Philosophical Transactions of the Royal Society B: Biological Sciences* 376, no. 1822 (April 12, 2021): 20200137, https://doi.org/10.1098/rstb.2020.0137.
13 John T. Jost, Christopher M. Federico, and Jaime L. Napier, "Political Ideology: Its Structure, Functions, and Elective Affinities," *Annual Review of Psychology* 60, no. 1 (2009): 307–37, https://doi.org/10.1146/annurev.psych.60.110707.163600.
14 Dharshan Kumaran, Hans Ludwig Melo, and Emrah Duzel, "The Emergence and Representation of Knowledge About Social and Nonsocial Hierarchies," *Neuron* 76, no. 3 (November 8, 2012): 653–66, https://doi.org/10.1016/j.neuron.2012.09.035.
15 Nam et al., "Amygdala Structure."
16 M. J. Crockett, "Moral Outrage in the Digital Age," *Nature Human Behaviour* 1, no. 11 (November 2017): 769–71, https://doi.org/10.1038/s41562-017-0213-3.
17 Ibid.
18 "Average Person Scrolls 300 Feet of Social Media Content Daily," *NetNewsLedger* (blog), January 1, 2018, http://www.netnewsledger.com/2018/01/01/average-person-scrolls-300-feet-social-media-content-daily/.
19 William Brady, Ana Gantman, and Jay Van Bavel, "Attentional Capture Helps Explain Why Moral and Emotional Content Go Viral," *Journal of Experimental Psychology: General* 149 (September 5, 2019): 746–56, https://doi.org/10.1037/xge0000673.
20 Rich McCormick, "Donald Trump Says Facebook and Twitter 'Helped Him Win,'" *Verge*, November 13, 2016, https://www.theverge.com/2016/11/13/13619148/trump-facebook-twitter-helped-win.
21 William J. Brady et al., "An Ideological Asymmetry in the Diffusion of Moralized Content Among Political Elites," PsyArXiv, September 28, 2018, https://doi.org/10.31234/osf.io/43n5e.
22 Marlon Mooijman et al., "Moralization in Social Networks and the Emergence of Violence During Protests," *Nature Human Behaviour* 2, no. 6 (2018): 389–96.
23 William J. Brady and Jay J. Van Bavel, "Social Identity Shapes Antecedents and Functional Outcomes of Moral Emotion Expression in Online Networks," OSF Preprints, April 2, 2021, https://doi:10.31219/osf.io/dgt6u.

24 Andrew M. Guess, Brendan Nyhan, and Jason Reifler, "Exposure to Untrustworthy Websites in the 2016 US Election," *Nature Human Behaviour* 4, no. 5 (May 2020): 472–80, https://doi.org/10.1038/s41562-020-0833-x.

25 Andrea Pereira, Jay J. Van Bavel, and Elizabeth Ann Harris, "Identity Concerns Drive Belief: The Impact of Partisan Identity on the Belief and Dissemination of True and False News," PsyArXiv, September 11, 2018, https://doi.org/10.31234/osf.io/7vc5d.

26 Mark Murray, "Sixty Percent Believe Worst Is Yet to Come for the U.S. in Coronavirus Pandemic," NBCNews.com, March 15, 2020, https://www.nbcnews.com/politics/meet-the-press/sixty-percent-believe-worst-yet-come-u-s-coronavirus-pandemic-n1159106.

27 Jay J. Van Bavel, "In a Pandemic, Political Polarization Could Kill People," *Washington Post*, March 23, 2020, https://www.washingtonpost.com/outlook/2020/03/23/coronavirus-polarization-political-exaggeration/.

28 "Donald Trump, Charleston, South Carolina, Rally Transcript," *Rev* (blog), February 28, 2020, https://www.rev.com/blog/transcripts/donald-trump-charleston-south-carolina-rally-transcript-february-28-2020.

29 Anton Gollwitzer et al., "Partisan Differences in Physical Distancing Predict Infections and Mortality During the Coronavirus Pandemic," PsyArXiv, May 24, 2020, https://doi.org/10.31234/osf.io/t3yxa.

30 Damien Cave, "Jacinda Ardern Sold a Drastic Lockdown with Straight Talk and Mom Jokes," *New York Times*, May 23, 2020, https://www.nytimes.com/2020/05/23/world/asia/jacinda-ardern-coronavirus-new-zealand.html.

31 David Levinsky, "Democrat Andy Kim Takes His Seat in Congress," *Burlington County Times*, January 3, 2019, https://www.burlingtoncountytimes.com/news/20190103/democrat-andy-kim-takes-his-seat-in-congress.

32 Bryce J. Dietrich, "Using Motion Detection to Measure Social Polarization in the U.S. House of Representatives," *Political Analysis* (November 2020): 1–10, https://doi.org/10.1017/pan.2020.25.

33 Christopher A. Bail et al., "Exposure to Opposing Views on Social Media Can Increase Political Polarization," *Proceedings of the National Academy of Sciences* 115, no. 37 (September 11, 2018): 9216–21, https://doi.org/10.1073/pnas.1804840115.

34 Douglas Guilbeault, Joshua Becker, and Damon Centola, "Social Learning and Partisan Bias in the Interpretation of Climate Trends," *Proceedings of the National Academy of Sciences* 115, no. 39 (September 25, 2018): 9714–19, https://doi.org/10.1073/pnas.1722664115.

35 Erin Rossiter, "The Consequences of Interparty Conversation on Outparty Affect and Stereotypes," Washington University in St. Louis, September 4, 2020, https://erossiter.com/files/conversations.pdf.

36 Hunt Allcott et al., "The Welfare Effects of Social Media," *American Economic Review* 119 (March 2020): 629–76, https://doi.org/10.1257/aer.20190658.

37 Abraham Rutchick, Joshua Smyth, and Sara Konrath, "Seeing Red (and Blue): Effects of Electoral College Depictions on Political Group Perception," *Analyses of Social Issues and Public Policy* 9 (December 1, 2009): 269–82, https://doi.org/10.1111/j.1530-2415.2009.01183.x.

第五章　身份的价值

1. "What Is Truly Scandinavian?," Scandinavian Airlines, 2020, https://www.youtube.com/watch?v=ShfsBPrNcTI&ab_channel=SAS-ScandinavianAirlines.
2. "Nordic Airline SAS Criticised for Saying 'Absolutely Nothing' Is Truly Scandinavian," *Sky News*, February 14, 2020, https://news.sky.com/story/nordic-airline-sas-criticised-for-saying-absolutely-nothing-is-truly-scandinavian-11933757. Reaction to the ad was particularly negative among and may have been exacerbated by right-wing groups. The airline responded, "SAS is a Scandinavian airline that brings travelers to, from and within Scandinavia, and we stand behind the message in the film that travel enriches us...When we travel, we influence our surroundings and we are influenced by others."
3. "I Am Canadian—Best Commercial Ever!," CanadaWebDeveloper, April 2014, https://www.youtube.com/watch?v=pASE_TgeVg8&ab_channel=CanadaWebDeveloper.
4. George A. Akerlof and Rachel E. Kranton, *Identity Economics: How Our Identities Shape Our Work, Wages, and Well-Being* (Princeton, NJ: Princeton University Press, 2011).
5. "The Psychology of Stealing Office Supplies," BBC.com, May 24, 2018, https://www.bbc.com/worklife/article/20180524-the-psychology-of-stealing-office-supplies.
6. "Lukacs: Buckeyes Tradition 40 Years in the Making," ESPN.com, September 12, 2008, https://www.espn.com/college-football/news/story?id=3583496.
7. "College Football's Winningest Teams over the Past 10 Years: Ranked!," *For the Win* (blog), August 19, 2015, https://ftw.usatoday.com/2015/08/best-college-football-teams-past-10-years-best-record-boise-state-ohio-state-most-wins.
8. Robert Cialdini et al., "Basking in Reflected Glory: Three (Football) Field Studies," *Journal of Personality and Social Psychology* 34 (1976): 366–75, https://www.academia.edu/570635/Basking_in_reflected_glory_Three_football_field_studies.
9. Leor M. Hackel, Jamil Zaki, and Jay J. Van Bavel, "Social Identity Shapes Social Valuation: Evidence from Prosocial Behavior and Vicarious Reward," *Social Cognitive and Affective Neuroscience* 12, no. 8 (August 1, 2017): 1219–28, https://doi.org/10.1093/scan/nsx045.
10. Robert D. Putnam, *Bowling Alone: The Collapse and Revival of American Community* (New York: Simon and Schuster, 2000).
11. Kurt Hugenberg et al., "The Categorization-Individuation Model: An Integrative Account of the Other-Race Recognition Deficit," *Psychological Review* 117, no. 4 (2010): 1168.
12. Jay J. Van Bavel et al., "Motivated Social Memory: Belonging Needs Moderate the Own-Group Bias in Face Recognition," *Journal of Experimental Social Psychology* 48, no. 3 (2012): 707–13.
13. Katherine E. Loveland, Dirk Smeesters, and Naomi Mandel, "Still Preoccupied with 1995: The Need to Belong and Preference for Nostalgic Products," *Journal of Consumer Research* 37, no. 3 (2010): 393–408.
14. Maya D. Guendelman, Sapna Cheryan, and Benoît Monin, "Fitting In but Getting Fat: Identity Threat and Dietary Choices Among U.S. Immigrant

Groups," *Psychological Science* 22, no. 7 (July 1, 2011): 959–67, https://doi.org/10.1177/0956797611411585.
15 Marilynn B. Brewer, "The Social Self: On Being the Same and Different at the Same Time," *Personality and Social Psychology Bulletin* 17, no. 5 (October 1, 1991): 475–82, https://doi.org/10.1177/0146167291175001.
16 Karl Taeuscher, Ricarda B. Bouncken, and Robin Pesch, "Gaining Legitimacy by Being Different: Optimal Distinctiveness in Crowdfunding Platforms," *Academy of Management Journal* 64, no. 1 (2020): 149–79.
17 Steven E. Sexton and Alison L. Sexton, "Conspicuous Conservation: The Prius Halo and Willingness to Pay for Environmental Bona Fides," *Journal of Environmental Economics and Management* 67, no. 3 (2014): 303–17.
18 Rachel Greenspan, "Lori Loughlin and Felicity Huffman's College Admissions Scandal Remains Ongoing," *Time*, March 3, 2019, https://time.com/5549921/college-admissions-bribery-scandal/.
19 Paul Rozin et al., "Asymmetrical Social Mach Bands: Exaggeration of Social Identities on the More Esteemed Side of Group Borders," *Psychological Science* 25, no. 10 (2014): 1955–59.
20 Cindy Harmon-Jones, Brandon J. Schmeichel, and Eddie Harmon-Jones, "Symbolic Self-Completion in Academia: Evidence from Department Web Pages and Email Signature Files," *European Journal of Social Psychology* 39 (2009): 311–16.
21 Robert A. Wicklund and Peter M. Gollwitzer, "Symbolic Self-Completion, Attempted Influence, and Self-Deprecation," *Basic and Applied Social Psychology* 2, no. 2 (June 1981): 89–114, https://doi.org/10.1207/s15324834basp0202_2.
22 Margaret Foddy, Michael J. Platow, and Toshio Yamagishi, "Group-Based Trust in Strangers: The Role of Stereotypes and Expectations," *Psychological Science* 20, no. 4 (April 1, 2009): 419–22, https://doi.org/10.1111/j.1467-9280.2009.02312.x.
23 Toshio Yamagishi and Toko Kiyonari, "The Group as the Container of Generalized Reciprocity," *Social Psychology Quarterly* 63, no. 2 (2000): 116–32, https://doi.org/10.2307/2695887.

第六章 战胜偏见

1 Chris Palmer and Stephanie Farr, "Philly Police Dispatcher After 911 Call: 'Group of Males' Was 'Causing a Disturbance' at Starbucks," *Philadelphia Inquirer*, April 17, 2018, https://www.inquirer.com/philly/news/crime/philly-police-release-audio-of-911-call-from-philadelphia-starbucks-20180417.html; "Starbucks to Close All U.S. Stores for Racial-Bias Education," Starbucks.com, April 17, 2018, https://stories.starbucks.com/press/2018/starbucks-to-close-stores-nationwide-for-racial-bias-education-may-29/; Samantha Melamed, "Starbucks Arrests in Philadelphia: CEO Kevin Johnson Promises Unconscious-Bias Training for Managers," *Philadelphia Inquirer*, April 16, 2018, https://www.inquirer.com/philly/news/pennsylvania/philadelphia/starbucks-ceo-kevin-johnson-philadelphia-arrests-black-men-20180416.html.
2 "Subverting Starbucks," *Newsweek*, October 27, 2002, https://www.newsweek.com/subverting-starbucks-146749.

3   Rob Tornoe, "What Happened at Starbucks in Philadelphia?," *Philadelphia Inquirer*, April 16, 2018, https://www.inquirer.com/philly/news/starbucks-philadelphia-arrests-black-men-video-viral-protests-background-20180416.html.
4   "Starbucks to Close All U.S. Stores." https://stories.starbucks.com/press/2018/starbucks-to-close-stores-nationwide-for-racial-bias-education-may-29.
5   Mahzarin R. Banaji and Anthony G. Greenwald, *Blindspot: Hidden Biases of Good People* (New York: Bantam, 2016); Bertram Gawronski and Jan De Houwer, "Implicit Measures in Social and Personality Psychology," in *Handbook of Research Methods in Social and Personality Psychology*, ed. Harry Reis and Charles Judd (New York: Cambridge University Press, 2014).
6   Po Bronson, "Is Your Baby Racist?," *Newsweek*, September 6, 2009, https://www.newsweek.com/nurtureshock-cover-story-newsweek-your-baby-racist-223434.
7   Leda Cosmides, John Tooby, and Robert Kurzban, "Perceptions of Race," *Trends in Cognitive Sciences* 7, no. 4 (2003): 173–79.
8   Donald E. Brown, "Human Universals, Human Nature and Human Culture," *Daedalus* 133, no. 4 (2004): 47–54.
9   Jim Sidanius and Felicia Pratto, *Social Dominance: An Intergroup Theory of Social Hierarchy and Oppression* (New York: Cambridge University Press, 2001).
10 Gunnar Myrdal, *An American Dilemma*, vol. 2 (Rutgers, NJ: Transaction Publishers, 1996).
11 Nathan Nunn, "Slavery, Inequality, and Economic Development in the Americas," *Institutions and Economic Performance* 15 (2008): 148–80; Nathan Nunn, "The Historical Roots of Economic Development," *Science* 367, no. 6485 (2020).
12 Avidit Acharya, Matthew Blackwell, and Maya Sen, "The Political Legacy of American Slavery," *Journal of Politics* 78, no. 3 (2016): 621–41.
13 B. Keith Payne, Heidi A. Vuletich, and Kristjen B. Lundberg, "The Bias of Crowds: How Implicit Bias Bridges Personal and Systemic Prejudice," *Psychological Inquiry* 28, no. 4 (2017): 233–48.
14 Rachel Treisman, "Nearly 100 Confederate Monuments Removed in 2020, Report Says; More than 700 Remain," National Public Radio, February 23, 2021, https://www.npr.org/2021/02/23/970610428/nearly-100-confederate-monuments-removed-in-2020-report-says-more-than-700-remai.
15 Elizabeth A. Phelps et al., "Performance on Indirect Measures of Race Evaluation Predicts Amygdala Activation," *Journal of Cognitive Neuroscience* 12, no. 5 (2000): 729–38.
16 William A. Cunningham et al., "Separable Neural Components in the Processing of Black and White Faces," *Psychological Science* 15, no. 12 (2004): 806–13.
17 Jay J. Van Bavel, Dominic J. Packer, and William A. Cunningham, "The Neural Substrates of In-Group Bias: A Functional Magnetic Resonance Imaging Investigation," *Psychological Science* 19, no. 11 (2008): 1131–39.
18 Ibid.; Jay J. Van Bavel and William A. Cunningham, "Self-Categorization with a Novel Mixed-Race Group Moderates Automatic Social and Racial Biases," *Personality and Social Psychology Bulletin* 35, no. 3 (2009): 321–35; Jay J. Van Bavel and William A. Cunningham, "A Social Identity Approach to Person Memory: Group Membership, Collective Identification, and Social Role Shape Attention and Memory," *Personality and Social Psychology Bulletin* 38, no. 12 (2012): 1566–78.
19 João F. Guassi Moreira, Jay J. Van Bavel, and Eva H. Telzer, "The Neural De-

velopment of 'Us and Them,'" *Social Cognitive and Affective Neuroscience* 12, no. 2 (2017): 184–96.
20 Anthony W. Scroggins et al., "Reducing Prejudice with Labels: Shared Group Memberships Attenuate Implicit Bias and Expand Implicit Group Boundaries," *Personality and Social Psychology Bulletin* 42, no. 2 (2016): 219–29.
21 Calvin K. Lai et al., "Reducing Implicit Racial Preferences: I. A Comparative Investigation of 17 Interventions," *Journal of Experimental Psychology: General* 143, no. 4 (2014): 1765.
22 Salma Mousa, "Building Social Cohesion Between Christians and Muslims Through Soccer in Post-ISIS Iraq," *Science* 369, no. 6505 (2020): 866–70.
23 Ala' Alrababa'h et al., "Can Exposure to Celebrities Reduce Prejudice? The Effect of Mohamed Salah on Islamophobic Behaviors and Attitudes," *American Political Science Review* (2021): 1–18.
24 Emma Pierson et al., "A Large-Scale Analysis of Racial Disparities in Police Stops Across the United States," *Nature Human Behaviour* 4, no. 7 (July 2020): 736–45, https://doi.org/10.1038/s41562-020-0858-1.
25 Keith Barry and Andy Bergmann, "The Crash Test Bias: How Male-Focused Testing Puts Female Drivers at Risk," *Consumer Reports*, October 23, 2019, https://www.consumerreports.org/car-safety/crash-test-bias-how-male-focused-testing-puts-female-drivers-at-risk/.
26 Deborah Vagins and Jesselyn McCurdy, "Cracks in the System: 20 Years of the Unjust Federal Crack Cocaine Law," American Civil Liberties Union, October 2006, https://www.aclu.org/other/cracks-system-20-years-unjust-federal-crack-cocaine-law.
27 Julia Stoyanovich, Jay J. Van Bavel, and Tessa V. West, "The Imperative of Interpretable Machines," *Nature Machine Intelligence* 2, no. 4 (2020): 197–99.
28 Katrine Berg Nødtvedt et al., "Racial Bias in the Sharing Economy and the Role of Trust and Self-Congruence," *Journal of Experimental Psychology: General* (February 2021).
29 Lynne G. Zucker, "Production of Trust: Institutional Sources of Economic Structure, 1840–1920," *Research in Organizational Behavior* (1986): 53–111; Delia Baldassarri and Maria Abascal, "Diversity and Prosocial Behavior," *Science* 369, no. 6508 (2020): 1183–87.
30 Shiang-Yi Lin and Dominic J. Packer, "Dynamic Tuning of Evaluations: Implicit Racial Attitudes Are Sensitive to Incentives for Intergroup Cooperation," *Social Cognition* 35, no. 3 (2017): 245–72.

第七章　寻求团结

1 Sylvia R. Jacobson, "Individual and Group Responses to Confinement in a Skyjacked Plane," *American Journal of Orthopsychiatry* 43, no. 3 (1973): 459.
2 Ibid.
3 Martin Gansberg, "37 Who Saw Murder Didn't Call the Police," *New York Times*, March 27, 1964, https://www.nytimes.com/1964/03/27/archives/37-who-saw-murder-didnt-call-the-police-apathy-at-stabbing-of.html.
4 Mark Levine, "Helping in Emergencies: Revisiting Latané and Darley's Bystander Studies," in *Social Psychology: Revisiting the Classic Studies*, ed. J. R.

Smith and S. A. Haslam (Thousand Oaks, CA: Sage Publications, 2012), 192–208.
5   Bibb Latané and John M. Darley, "Group Inhibition of Bystander Intervention in Emergencies," *Journal of Personality and Social Psychology* 10, no. 3 (1968): 215.
6   Levine, "Helping in Emergencies."
7   Richard Philpot et al., "Would I Be Helped? Cross-National CCTV Footage Shows That Intervention Is the Norm in Public Conflicts," *American Psychologist* 75, no. 1 (2020): 66.
8   Peter Fischer et al., "The Bystander-Effect: A Meta-Analytic Review on Bystander Intervention in Dangerous and Non-Dangerous Emergencies," *Psychological Bulletin* 137, no. 4 (2011): 517.
9   Peter Singer, *The Expanding Circle: Ethics, Evolution, and Moral Progress* (Princeton, NJ: Princeton University Press, 2011).
10 Mark Levine et al., "Identity and Emergency Intervention: How Social Group Membership and Inclusiveness of Group Boundaries Shape Helping Behavior," *Personality and Social Psychology Bulletin* 31, no. 4 (2005): 443–53.
11 John Drury et al., "Facilitating Collective Psychosocial Resilience in the Public in Emergencies: Twelve Recommendations Based on the Social Identity Approach," *Frontiers in Public Health* 7 (2019): 141; John Drury, "The Role of Social Identity Processes in Mass Emergency Behaviour: An Integrative Review," *European Review of Social Psychology* 29, no. 1 (2018): 38–81; John Drury, Chris Cocking, and Steve Reicher, "The Nature of Collective Resilience: Survivor Reactions to the 2005 London Bombings," *International Journal of Mass Emergencies and Disasters* 27, no. 1 (2009): 66–95.
12 Drury, Cocking, and Reicher, "The Nature of Collective Resilience."
13 Diego A. Reinero, Suzanne Dikker, and Jay J. Van Bavel, "Inter-Brain Synchrony in Teams Predicts Collective Performance," *Social Cognitive and Affective Neuroscience* 16, nos. 1–2 (2021): 43–57.
14 Suzanne Dikker et al., "Brain-to-Brain Synchrony Tracks Real-World Dynamic Group Interactions in the Classroom," *Current Biology* 27, no. 9 (2017): 1375–80.
15 Jackson Katz, *Macho Paradox: Why Some Men Hurt Women and How All Men Can Help* (Napierville, IL: Sourcebooks, 2006).
16 Henri Tajfel and John Turner, "An Integrative Theory of Intergroup Conflict," *Social Psychology of Intergroup Relations* 33 (1979): 47; B. Bettencourt et al., "Status Differences and In-Group Bias: A Meta-Analytic Examination of the Effects of Status Stability, Status Legitimacy, and Group Permeability," *Psychological Bulletin* 127, no. 4 (2001): 520.
17 John T. Jost and Mahzarin R. Banaji, "The Role of Stereotyping in System-Justification and the Production of False Consciousness," *British Journal of Social Psychology* 33, no. 1 (1994): 1–27; Aaron C. Kay and Justin Friesen, "On Social Stability and Social Change: Understanding When System Justification Does and Does Not Occur," *Current Directions in Psychological Science* 20, no. 6 (2011): 360–64.
18 Kees Van den Bos and Marjolein Maas, "On the Psychology of the Belief in a Just World: Exploring Experiential and Rationalistic Paths to Victim Blaming," *Personality and Social Psychology Bulletin* 35, no. 12 (2009): 1567–78; Bernard Weiner, Danny Osborne, and Udo Rudolph, "An Attributional Ana-

lysis of Reactions to Poverty: The Political Ideology of the Giver and the Perceived Morality of the Receiver," *Personality and Social Psychology Review* 15, no. 2 (2011): 199–213.

19 Kelly Danaher and Nyla R. Branscombe, "Maintaining the System with Tokenism: Bolstering Individual Mobility Beliefs and Identification with a Discriminatory Organization," *British Journal of Social Psychology* 49, no. 2 (2010): 343–62.

20 Cheryl R. Kaiser et al., "The Ironic Consequences of Obama's Election: Decreased Support for Social Justice," *Journal of Experimental Social Psychology* 45, no. 3 (2009): 556–59.

21 Amy R. Krosch et al., "On the Ideology of Hypodescent: Political Conservatism Predicts Categorization of Racially Ambiguous Faces as Black," *Journal of Experimental Social Psychology* 49, no. 6 (2013): 1196–1203; Jojanneke Van der Toorn et al., "In Defense of Tradition: Religiosity, Conservatism, and Opposition to Same-Sex Marriage in North America," *Personality and Social Psychology Bulletin* 43, no. 10 (2017): 1455–68.

22 "Protesters' Anger Justified Even if Actions May Not Be," Monmouth University Polling Institute, June 2, 2020, https://www.monmouth.edu/polling-institute/reports/monmouthpoll_us_060220/.

23 Emina Subašić et al., "'We for She': Mobilising Men and Women to Act in Solidarity for Gender Equality," *Group Processes and Intergroup Relations* 21, no. 5 (2018): 707–24; Emina Subašić, Katherine J. Reynolds, and John C. Turner, "The Political Solidarity Model of Social Change: Dynamics of Self-Categorization in Intergroup Power Relations," *Personality and Social Psychology Review* 12, no. 4 (2008): 330–52.

24 John Drury et al., "A Social Identity Model of Riot Diffusion: From Injustice to Empowerment in the 2011 London Riots," *European Journal of Social Psychology* 50, no. 3 (2020): 646–61; Cliff Stott and Steve Reicher, *Mad Mobs and Englishmen? Myths and Realities of the 2011 Riots* (London: Constable and Robinson, 2011).

25 John Drury et al., "Re-Reading the 2011 English Riots—ESRC 'Beyond Contagion' Interim Report," January 2019, https://sro.sussex.ac.uk/id/eprint/82292/1/Re-reading%20the%202011%20riots%20ESRC%20Beyond%20Contagion%20interim%20report.pdf.

26 Stephen Reicher et al., "An Integrated Approach to Crowd Psychology and Public Order Policing," *Policing* 27 (December 2004): 558–72; Clifford Stott and Matthew Radburn, "Understanding Crowd Conflict: Social Context, Psychology and Policing," *Current Opinion in Psychology* 35 (March 2020): 76–80.

27 Maria J. Stephan and Erica Chenoweth, "Why Civil Resistance Works: The Strategic Logic of Nonviolent Conflict," *International Security* 33, no. 1 (2008): 7–44; Erica Chenoweth and Maria J. Stephan, *Why Civil Resistance Works: The Strategic Logic of Nonviolent Conflict* (New York: Columbia University Press, 2011).

28 Matthew Feinberg, Robb Willer, and Chloe Kovacheff, "The Activist's Dilemma: Extreme Protest Actions Reduce Popular Support for Social Movements," *Journal of Personality and Social Psychology* 119 (2020): 1086–111.

29 Omar Wasow, "Agenda Seeding: How 1960s Black Protests Moved Elites, Public Opinion and Voting," *American Political Science Review* 114, no. 3 (2020): 638–59.

第八章　培养异见

1. Lily Rothman, "Read the Letter That Changed the Way Americans Saw the Vietnam War," *Time,* March 16, 2015, https://time.com/3732062/ronald-ridenhour-vietnam-my-lai/; John H. Cushman Jr, "Ronald Ridenhour, 52, Veteran Who Reported My Lai Massacre," *New York Times,* May 11, 1998, https://www.nytimes.com/1998/05/11/us/ronald-ridenhour-52-veteran-who-reported-my-lai-massacre.html.
2. Ron Ridenhour, "Ridenhour Letter," http://www.digitalhistory.uh.edu/active_learning/explorations/vietnam/ridenhour_letter.cfm.
3. Ronald L. Ridenhour, "One Man's Bitter Porridge," *New York Times,* November 10, 1973, https://www.nytimes.com/1973/11/10/archives/one-mans-bitter-porridge.html.
4. Jeffrey Jones, "Americans Divided on Whether King's Dream Has Been Realized," Gallup.com, August 26, 2011, https://news.gallup.com/poll/149201/Americans-Divided-Whether-King-Dream-Realized.aspx.
5. Benoît Monin, Pamela J. Sawyer, and Matthew J. Marquez, "The Rejection of Moral Rebels: Resenting Those Who Do the Right Thing," *Journal of Personality and Social Psychology* 95, no. 1 (2008): 76; Kieran O'Connor and Benoît Monin, "When Principled Deviance Becomes Moral Threat: Testing Alternative Mechanisms for the Rejection of Moral Rebels," *Group Processes and Intergroup Relations* 19, no. 5 (2016): 676–93.
6. Craig D. Parks and Asako B. Stone, "The Desire to Expel Unselfish Members from the Group," *Journal of Personality and Social Psychology* 99, no. 2 (2010): 303.
7. Jasmine Tata et al., "Proportionate Group Size and Rejection of the Deviate: A Meta-Analytic Integration," *Journal of Social Behavior and Personality* 11, no. 4 (1996): 739.
8. José Marques, Dominic Abrams, and Rui G. Serôdio, "Being Better by Being Right: Subjective Group Dynamics and Derogation of In-Group Deviants When Generic Norms Are Undermined," *Journal of Personality and Social Psychology* 81, no. 3 (2001): 436; Arie W. Kruglanski and Donna M. Webster, "Group Members' Reactions to Opinion Deviates and Conformists at Varying Degrees of Proximity to Decision Deadline and of Environmental Noise," *Journal of Personality and Social Psychology* 61, no. 2 (1991): 212; Matthew J. Hornsey, "Dissent and Deviance in Intergroup Contexts," *Current Opinion in Psychology* 11 (2016): 1–5.
9. Charlan J. Nemeth and Jack A. Goncalo, "Rogues and Heroes: Finding Value in Dissent," in *Rebels in Groups: Dissent, Deviance, Difference, and Defiance,* ed. Jolanda Jetten and Matthew Hornsey (Chichester, UK: Wiley-Blackwell, 2011), 17–35; Charlan Jeanne Nemeth and Joel Wachtler, "Creative Problem Solving as a Result of Majority vs. Minority Influence," *European Journal of Social Psychology* 13, no. 1 (1983): 45–55.
10. Linn Van Dyne and Richard Saavedra, "A Naturalistic Minority Influence Experiment: Effects on Divergent Thinking, Conflict and Originality in Work-Groups," *British Journal of Social Psychology* 35, no. 1 (1996): 151–67.
11. Randall S. Peterson et al., "Group Dynamics in Top Management Teams: Groupthink, Vigilance, and Alternative Models of Organizational Failure and

Success," *Organizational Behavior and Human Decision Processes* 73, nos. 2–3 (1998): 272–305.
12   Codou Samba, Daan Van Knippenberg, and C. Chet Miller, "The Impact of Strategic Dissent on Organizational Outcomes: A Meta-Analytic Integration," *Strategic Management Journal* 39, no. 2 (2018): 379–402.
13   Ibid.
14   Solomon E. Asch, "Opinions and Social Pressure," *Scientific American* 193, no. 5 (1955): 31–35; Solomon E. Asch, "Studies of Independence and Conformity: I. A Minority of One Against a Unanimous Majority," *Psychological Monographs: General and Applied* 70, no. 9 (1956): 1–70.
15   Stanley Milgram, "Behavioral Study of Obedience," *Journal of Abnormal and Social Psychology* 67, no. 4 (1963): 371; Stanley Milgram, *Obedience to Authority* (New York: Harper and Row, 1974).
16   Dominic J. Packer, "Identifying Systematic Disobedience in Milgram's Obedience Experiments: A Meta-Analytic Review," *Perspectives on Psychological Science* 3, no. 4 (2008): 301–4; Jerry M. Burger, "Replicating Milgram: Would People Still Obey Today?," *American Psychologist* 64, no. 1 (2009): 1.
17   Stephen D. Reicher, S. Alexander Haslam, and Joanne R. Smith, "Working Toward the Experimenter: Reconceptualizing Obedience Within the Milgram Paradigm as Identification-Based Followership," *Perspectives on Psychological Science* 7, no. 4 (2012): 315–24.
18   Bert H. Hodges et al., "Speaking from Ignorance: Not Agreeing with Others We Believe Are Correct," *Journal of Personality and Social Psychology* 106, no. 2 (2014): 218; Bert H. Hodges and Anne L. Geyer, "A Nonconformist Account of the Asch Experiments: Values, Pragmatics, and Moral Dilemmas," *Personality and Social Psychology Review* 10, no. 1 (2006): 2–19.
19   Dominic J. Packer, "On Being Both with Us and Against Us: A Normative Conflict Model of Dissent in Social Groups," *Personality and Social Psychology Review* 12, no. 1 (2008): 50–72; Dominic J. Packer and Christopher T. H. Miners, "Tough Love: The Normative Conflict Model and a Goal System Approach to Dissent Decisions," *Social and Personality Psychology Compass* 8, no. 7 (2014): 354–73.
20   Dominic J. Packer, Kentaro Fujita, and Alison L. Chasteen, "The Motivational Dynamics of Dissent Decisions: A Goal-Conflict Approach," *Social Psychological and Personality Science* 5, no. 1 (2014): 27–34.
21   Ibid.
22   Darcy R. Dupuis et al., "To Dissent and Protect: Stronger Collective Identification Increases Willingness to Dissent When Group Norms Evoke Collective Angst," *Group Processes and Intergroup Relations* 19, no. 5 (2016): 694–710.
23   Dominic J. Packer, "The Interactive Influence of Conscientiousness and Openness to Experience on Dissent," *Social Influence* 5, no. 3 (2010): 202–19.
24   Amy C. Edmondson, "Speaking Up in the Operating Room: How Team Leaders Promote Learning in Interdisciplinary Action Teams," *Journal of Management Studies* 40, no. 6 (2003): 1419–52.
25   Amy C. Edmondson and Zhike Lei, "Psychological Safety: The History, Renaissance, and Future of an Interpersonal Construct," *Annual Review of Organizational Psychology and Organizational Behavior* 1, no. 1 (2014): 23–43.
26   Charles Duhigg, "What Google Learned from Its Quest to Build the Perfect

Team," *Sunday New York Times Magazine*, February 25, 2016, https://www.nytimes.com/2016/02/28/magazine/what-google-learned-from-its-quest-to-build-the-perfect-team.html.

27　American Foreign Service Association, "Constructive Dissent Awards," 2019, https://www.afsa.org/constructive-dissent-awards.

28　Monin, Sawyer, and Marquez, "The Rejection of Moral Rebels"; Alexander H. Jordan and Benoît Monin, "From Sucker to Saint: Moralization in Response to Self-Threat," *Psychological Science* 19, no. 8 (2008): 809–15.

第九章　有效领导力

1　Sinéad Baker, "'We're Just Having a Bit of an Earthquake Here': New Zealand's Jacinda Ardern Was Unfazed When an Earthquake Hit during a Live Interview," *Business Insider*, May 25, 2020, https://www.businessinsider.com.au/earthquake-interrupts-jacinda-ardern-in-live-interview-new-zealand-2020-5.

2　Michelle Mark, "Iconic Photo of Boy Feeling Obama's Hair Was Taken 10 Years Ago," *Insider*, May 9, 2019, https://www.insider.com/photo-of-boy-feeling-obamas-hair-taken-10-years-ago-2019-5.

3　Howard E. Gardner, *Leading Minds: An Anatomy of Leadership* (New York: Basic Books, 1995).

4　Taylor Branch, *Parting the Waters: America in the King Years 1954–63* (New York: Simon and Schuster, 2007).

5　Henry Mintzberg, *Mintzberg on Management: Inside Our Strange World of Organizations* (New York: Simon and Schuster, 1989).

6　"Truman Quotes," *Truman Library Institute* (blog), 2021, https://www.trumanlibraryinstitute.org/truman/truman-quotes/.

7　Julian Barling, *The Science of Leadership: Lessons from Research for Organizational Leaders* (New York: Oxford University Press, 2014).

8　Xiao-Hua Frank Wang and Jane M. Howell, "Exploring the Dual-Level Effects of Transformational Leadership on Followers," *Journal of Applied Psychology* 95, no. 6 (2010): 1134; Xiao-Hua Frank Wang and Jane M. Howell, "A Multilevel Study of Transformational Leadership, Identification, and Follower Outcomes," *Leadership Quarterly* 23, no. 5 (2012): 775–90.

9　Niall O'Dowd, "Mary Robinson, the Woman Who Changed Ireland," *Irish Central*, March 8, 2021, https://www.irishcentral.com/opinion/niallodowd/mary-robinson-woman-changed-ireland.

10　"Address by the President, Mary Robinson, on the Occasion of Her Inauguration as President of Ireland," Office of the President of Ireland, December 3, 1990, https://president.ie/index.php/en/media-library/speeches/address-by-the-president-mary-robinson-on-the-occasion-of-her-inauguration.

11　Viviane Seyranian and Michelle C. Bligh, "Presidential Charismatic Leadership: Exploring the Rhetoric of Social Change," *Leadership Quarterly* 19, no. 1 (2008): 54–76.

12　Niklas K. Steffens and S. Alexander Haslam, "Power Through 'Us': Leaders' Use of We-Referencing Language Predicts Election Victory," *PLOS ONE* 8, no. 10 (2013): e77952; Martin P. Fladerer et al., "The Value of Speaking for 'Us':

The Relationship Between CEOs' Use of I- and We-Referencing Language and Subsequent Organizational Performance," *Journal of Business and Psychology* 36, no. 2 (April 2021): 299–313, https://doi.org/10.1007/s10869-019-09677-0.
13   Leon Festinger, Henry Riecken, and Stanley Schachter, *When Prophecy Fails* (New York: Harper and Row, 1964).
14   Roderick M. Kramer, "Responsive Leaders: Cognitive and Behavioral Reactions to Identity Threats," in *Social Psychology and Organizations*, ed. David De Cremer, Rolf van Dick, and J. Keith Murnighan (New York: Routledge, 2011).
15   Kimberly D. Elsbach and Roderick M. Kramer, "Members' Responses to Organizational Identity Threats: Encountering and Countering the *Business Week* Rankings," *Administrative Science Quarterly* 41 (1996): 442–76.
16   Ibid.
17   David De Cremer and Tom R. Tyler, "On Being the Leader and Acting Fairly: A Contingency Approach," in *Social Psychology and Organizations*, ed. David De Cremer, Rolf van Dick, and J. Keith Murnighan (New York: Routledge, 2011).
18   Kurt T. Dirks, "Trust in Leadership and Team Performance: Evidence from NCAA Basketball," *Journal of Applied Psychology* 85, no. 6 (2000): 1004.
19   Ibid.
20   S. Alexander Haslam, Stephen D. Reicher, and Michael J. Platow, *The New Psychology of Leadership: Identity, Influence and Power* (New York: Routledge, 2020); Michael A. Hogg, "A Social Identity Theory of Leadership," *Personality and Social Psychology Review* 5, no. 3 (2001): 184–200.
21   Ashleigh Shelby Rosette, Geoffrey J. Leonardelli, and Katherine W. Phillips, "The White Standard: Racial Bias in Leader Categorization," *Journal of Applied Psychology* 93, no. 4 (2008): 758.
22   David E. Rast III, "Leadership in Times of Uncertainty: Recent Findings, Debates, and Potential Future Research Directions," *Social and Personality Psychology Compass* 9, no. 3 (2015): 133–45.
23   Michelle K. Ryan and S. Alexander Haslam, "The Glass Cliff: Evidence That Women Are Over-Represented in Precarious Leadership Positions," *British Journal of Management* 16, no. 2 (2005): 81–90; Michelle K. Ryan et al., "Getting on Top of the Glass Cliff: Reviewing a Decade of Evidence, Explanations, and Impact," *Leadership Quarterly* 27, no. 3 (2016): 446–55; Alison Cook and Christy Glass, "Above the Glass Ceiling: When Are Women and Racial/Ethnic Minorities Promoted to CEO?," *Strategic Management Journal* 35, no. 7 (2014): 1080–89.
24   Tom R. Tyler and E. Allan Lind, "A Relational Model of Authority in Groups," *Advances in Experimental Social Psychology* 25 (1992): 115–91.
25   Daan Van Knippenberg, "Leadership and Identity," in *The Nature of Leadership*, 2nd ed., ed. David Day and John Antonakis (London: Sage, 2012).
26   Robert A. Burgelman and Andrew S. Grove, "Strategic Dissonance," *California Management Review* 38, no. 2 (1996): 8–28.
27   Martin Gilbert, "I Shall Be the One to Save London," *Churchill Project* (blog), April 14, 2017, https://winstonchurchill.hillsdale.edu/shall-one-save-london/.
28   Andrew Roberts, *Churchill: Walking with Destiny* (New York: Penguin, 2018); Erik Larson, *The Splendid and the Vile: A Saga of Churchill, Family, and Defiance During the Blitz* (New York: Crown, 2020).

29. Roderick M. Kramer, "The Imperatives of Identity: The Role of Identity in Leader Judgment and Decision Making," in *Leadership and Power: Identity Processes in Groups and Organizations,* ed. Daan Van Knippenberg and Michael A. Hogg (London: Sage, 2003), 184.
30. Blake Ashforth, "Petty Tyranny in Organizations," *Human Relations* 47, no. 7 (1994): 755–78.
31. Birgit Schyns and Jan Schilling, "How Bad Are the Effects of Bad Leaders? A Meta-Analysis of Destructive Leadership and Its Outcomes," *Leadership Quarterly* 24, no. 1 (2013): 138–58.
32. Craig Haney, W. Curtis Banks, and Philip G. Zimbardo, "A Study of Prisoners and Guards in a Simulated Prison," *Naval Research Reviews* 9, nos. 1–17 (1973); "The Mind Is a Formidable Jailer," *New York Times,* April 8, 1973, https://www.nytimes.com/1973/04/08/archives/a-pirandellian-prison-the-mind-is-a-formidable-jailer.html; "Stanford Prison Experiment," https://www.prisonexp.org.
33. Philip G. Zimbardo, *The Lucifer Effect: Understanding How Good People Turn Evil* (New York: Random House, 2007).
34. S. Alexander Haslam and Stephen D. Reicher, "When Prisoners Take over the Prison: A Social Psychology of Resistance," *Personality and Social Psychology Review* 16, no. 2 (2012): 154–79; Stephen Reicher and S. Alexander Haslam, "Rethinking the Psychology of Tyranny: The BBC Prison Study," *British Journal of Social Psychology* 45, no. 1 (2006): 1–40; S. Alexander Haslam, Stephen D. Reicher, and Jay J. Van Bavel, "Rethinking the Nature of Cruelty: The Role of Identity Leadership in the Stanford Prison Experiment," *American Psychologist* 74, no. 7 (2019): 809.
35. Haslam, Reicher, and Van Bavel, "Rethinking the Nature of Cruelty." Stanford University Libraries (2018). Interviews from the Stanford Prison Experiment (audio recording; Source ID: SC0750_s5_b2_21). http://purl.stanford.edu/wn708sq0050.
36. Stephen Reicher, S. Alexander Haslam, and Rakshi Rath, "Making a Virtue of Evil: A Five-Step Social Identity Model of the Development of Collective Hate," *Social and Personality Psychology Compass* 2, no. 3 (2008): 1313–44.
37. Robert O. Paxton, *The Anatomy of Fascism* (New York: Vintage, 2007).

第十章　身份的未来

1. William Ewald, ed., *Environment and Change: The Next Fifty Years* (Bloomington: Indiana University Press, 1968).
2. Herman Kahn and Anthony Wiener, "Faustian Powers and Human Choices: Some Twenty-First Century Technological and Economic Issues," in ibid.
3. *World Social Report 2020: Inequality in a Rapidly Changing World* (United Nations, February 2020), https://doi.org/10.18356/7f5d0efc-en.
4. Keith Payne, *The Broken Ladder: How Inequality Affects the Way We Think, Live, and Die* (New York: Penguin, 2017); Richard Wilkinson and Kate Pickett, *The Spirit Level: Why Greater Equality Makes Societies Stronger* (New York: Bloomsbury, 2011).
5. Niklas K. Steffens et al., "Identity Economics Meets Identity Leadership: Ex-

ploring the Consequences of Elevated CEO Pay," *Leadership Quarterly* 30 (June 2020).
6   Mark Rubin and Rebecca Stuart, "Kill or Cure? Different Types of Social Class Identification Amplify and Buffer the Relation Between Social Class and Mental Health," *Journal of Social Psychology* 158, no. 2 (2018): 236–51.
7   Frank Mols and Jolanda Jetten, *The Wealth Paradox: Economic Prosperity and the Hardening of Attitudes* (New York: Cambridge University Press, 2017); Frank Mols and Jolanda Jetten, "Explaining the Appeal of Populist Right-Wing Parties in Times of Economic Prosperity," *Political Psychology* 37, no. 2 (2016): 275–92; Bernard N. Grofman and Edward N. Muller, "The Strange Case of Relative Gratification and Potential for Political Violence: The V-Curve Hypothesis," *American Political Science Review* 67, no. 2 (1973): 514–39.
8   Jolanda Jetten et al., "A Social Identity Analysis of Responses to Economic Inequality," *Current Opinion in Psychology* 18 (2017): 1–5.
9   A critical analysis of the gig economy is provided by Alexandrea J. Ravenelle in "Sharing Economy Workers: Selling, Not Sharing," *Cambridge Journal of Regions, Economy and Society* 10, no. 2 (2017): 281–95.
10 Arundhati Roy, "Arundhati Roy: 'The Pandemic Is a Portal,'" *Financial Times*, April 3, 2020, https://www.ft.com/content/10d8f5e8-74eb-11ea-95fe-fcd274e920ca.
11 Intergovernmental Panel on Climate Change, *Special Report on Global Warming of 1.5° C*, United Nations, 2018, https://www.ipcc.ch/sr15/.
12 Gallup Polling, https://news.gallup.com/poll/1615/Environment.aspx.
13 Matthew J. Hornsey and Kelly S. Fielding, "Understanding (and Reducing) Inaction on Climate Change," *Social Issues and Policy Review* 14, no. 1 (2020): 3–35; Kimberly Doell et al., "Understanding the Effects of Partisan Identity on Climate Change," PsyArXiv, January 26, 2021, doi:10.31234/osf.io/5vems.
14 Matthew J. Hornsey, Emily A. Harris, and Kelly S. Fielding, "Relationships Among Conspiratorial Beliefs, Conservatism and Climate Scepticism Across Nations," *Nature Climate Change* 8, no. 7 (2018): 614–20.
15 Ibid.
16 Kimberly C. Doell et al., "Understanding the Effects of Partisan Identity on Climate Change," *Current Opinion in Behavioral Sciences* 42 (2021): 54–59.
17 Intergovernmental Panel on Climate Change, *Special Report on Global Warming*.
18 Frank White, *The Overview Effect: Space Exploration and Human Evolution* (Reston, VA: American Institute of Aeronautics and Astronautics, 2014); David B. Yaden et al., "The Overview Effect: Awe and Self-Transcendent Experience in Space Flight," *Psychology of Consciousness: Theory, Research, and Practice* 3, no. 1 (2016): 1.
19 Nancy R. Buchan et al., "Globalization and Human Cooperation," *Proceedings of the National Academy of Sciences* 106, no. 11 (2009): 4138–42; Nancy R. Buchan et al., "Global Social Identity and Global Cooperation," *Psychological Science* 22, no. 6 (2011): 821–28.
20 David Waldner and Ellen Lust, "Unwelcome Change: Coming to Terms with Democratic Backsliding," *Annual Review of Political Science* 21 (2018): 93–113; Nancy Bermeo, "On Democratic Backsliding," *Journal of Democracy* 27, no. 1 (2016): 5–19.
21 Sergei Guriev, Nikita Melnikov, and Ekaterina Zhuravskaya, "3G Internet and

Confidence in Government," *Quarterly Journal of Economics* (2021), https://doi.org/10.1093/qje/qjaa040.
22 Kahn and Wiener, "Faustian Powers and Human Choices."
23 Bermeo, "On Democratic Backsliding."
24 Waldner and Lust, "Unwelcome Change."
25 Jennifer McCoy, Tahmina Rahman, and Murat Somer, "Polarization and the Global Crisis of Democracy: Common Patterns, Dynamics, and Pernicious Consequences for Democratic Polities," *American Behavioral Scientist* 62, no. 1 (2018): 16–42.